지식의 재탄생

Reinventing Knowledge

지식의 재탄생

공간으로 보는 지식의 역사

이언 F. 맥닐리, 리사 울버턴 지음 | 채세진 옮김

살림

차례

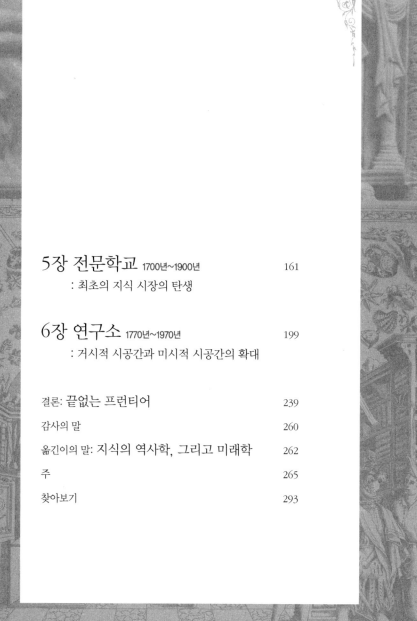

서문: 서양의 지적 전통

세상의 모든 지식을 인터넷 공간에 올려놓는다고 상상해 보자. 세상의 모든 책과 전문 분야의 논문, 고대 문명의 문서와 유물, 미술 작품과 음반, DNA 염기쌍 배열과 마이크로칩에 담긴 모든 청사진 등을 인터넷 공간에 담는 것이다. 우리가 '지식'이라고 부르는 모든 것이 디지털화되면서, 완벽한 색인 체계 속에서 쉽게 검색이 가능한 시스템이 갖춰지게 될 것이다. 실제로 구글Google과 같은 인터넷 거인들에게는 이러한 생각이 더는 공상 과학 소설 속의 상상이 아니라 가까운 미래의 현실이다. 구글은 이미 세계에서 가장 큰 도서관 몇 곳의 전체 소장물을 스캐닝하느라 여념이 없다.

이제 사이버공간의 또 다른 공상가 집단에 의해 고안된 대안적 프로젝트를 생각해 보자. '만 년의 도서관10,000 Year Library(미국의 저술가 스튜어트 브랜드가 언급한 개념-옮긴이)'은 지식을 단순하게 현재에 고착시키는 것보다는 먼 미래를 위해 보존하는 것을 목적으로 삼는다.[1] 이 프로젝트를 통해 우리는 미래로 우편물을 보내고, 미래의 후손들이 과거로부터 우편물을 받을 수 있으며, 타임캡

술의 제작 및 보존으로 과거의 기억을 떠올려 볼 수도 있다. 또한 전 세계적인 대재앙이 닥쳤을 때 문명을 재건하기 위한 각종 안내서를 비축할 수도 있다. 만 년의 도서관은 기술에 대한 확신이 아니라 테크놀로지의 아킬레스건에 대한 인류의 인식이 반영되어 있다. 만 년의 도서관의 목적은 속도전에 매몰된 우리 사회가 잊어버린 시간의 본질을 깨우치자는 것이다. 현재의 '정보화 시대'는 광섬유 케이블을 빛의 속도로 통과해 가는 전자 펄스와 같은 찰나의 정보만을 양성하고 있는 것일지도 모르기 때문이다.

우리는 정치, 문화, 과학기술의 변화가 지식의 생산, 보존, 전달에 관한 근본적인 의문을 불러일으키는 시기를 통과하며 살고 있다. 하나의 문화로서의 인류를 재생산할 수 있는 확실한 환경을 만들기 위해서는 어떻게 해야 할까? 우리의 모든 지식을 체계화하고 후대에 온전히 전달하기 위해서는 어떤 새로운 기관이 필요할까? 전통적인 도서관은 용도폐기 신세가 되는 것일까? 대학은 얼마나 변해야 할까? 과학적 진보가 우리의 삶을 향상시킬 것이라는 기대는 여전히 유효한 것일까? 디지털 매체는 지식을 생산하고 보급하는 데 있어 어떤 역할을 하게 될까?

이 책에서 우리는 이러한 질문에 어떤 역사의 불빛이 답을 던져주었던가를 묻게 될 것이다. 그러나 미래에 지식이 어디를 향해 나아갈까를 염려하는 대신, 과거에 지식을 둘러싸고 벌어졌던 극적 사건과 발전 과정을 상기하고 싶다. 자기만족에 불과한 교육제도의 발전을 열거하는 대신, 수백 년 전, 심지어 수천 년 전에 직면했던 유사한 격변으로 우리의 지적인 삶이 얼마나 달라지고 흥미진진해졌으며 간혹 위험에까지 처하게 되었는지를 알리고 싶다. 대학 기부금이 수십억 달러를 넘어서고, 높은 수준을 자랑하는 정부 연구 기관들이 지천이며, 디지털 매체와 무선 통신이 이미 보편화된 시대 이전의 학자들은 선구자이자 반역자였으며 지식은 얻기 힘든 보물이었다. 새로운 사상을 두려워하

는 사람들의 적개심 때문이든, 집단적인 문명의 기억을 체계적으로 보존하고
싶어 하지 않는 사람들의 단순한 무지 때문이든, 고대의 학자들이 수집한 지식
은 폐기되어 고사될 위험에 놓여 있었다. 그리고 또다시 현재의 우리는 모든
지식을 체계화해야 한다는 위압적인 과제에 직면한 상태이다. 당연지사 훨씬
더 불리한 조건 아래에서도 그에 걸맞은 배짱을 보여 주었던 사람들의 사례를
연구해야만 한다.

이 책은 로마 제국이 멸망해 갈 때 지식을 보존하기 위해 여러 가지 체계들
을 고안한 중세 기독교 수사들에서부터, 신교와 구교 사이의 전쟁으로 인해 분
열되어 가던 초기 근대 유럽의 통합을 위해 국제적인 '서신 공화국Republic of
Letters'(계몽주의 시대에 영향력 있는 철학자와 사상가들 사이에서 서신을 통해 왕래가
증가한 현상을 가리키는 표현-옮긴이)의 기초를 세운 학자들에 이르기까지의 다양
한 인물들의 이야기를 담고 있다. 스승들과 다툼을 벌이기를 마다하지 않았으
며, 빼어난 제자 엘로이즈Héloise를 유혹하고, 궁극에는 자신의 저서가 불타 없
어지는 것을 지켜봐야 했고, 연인의 삼촌에 의해 거세당하는 고통까지 겪은 오
만한 중세 논리학자 피에르 아벨라르Pierre Abélard도 그중 한 명이다. 또한 원자
의 구조를 밝혀내기 위해 말 그대로 자신을 방사선에 중독 시켜 죽음에 이른,
최초의 여성 과학자 가운데 한 명인 마리 퀴리Marie Curie의 공적 투쟁과 사적 투
쟁도 담겨 있다.

이들을 비롯한 많은 사람들이 이룩한 가장 믿기 힘든 노력의 결과 중 하나가
이른바 서구의 지식인들이 공통적으로 추구하는 지식 체계이다. 아벨라르 같
은 중세 신학자들과 퀴리 같은 원자 물리학자들이 지식을 추구하는 이유는 전
혀 달랐다. 한쪽은 신을 이해하기 위해서였고, 다른 한쪽은 자연의 비밀을 파
헤치기 위해서였다. 그럼에도 양쪽 모두는 흔히 '서양의 지적 전통'이라고 불
리는 것, 우리가 이 책을 통해 이야기해야 하는 내용에 크게 기여했다. 우리가

흔히 '서구'라고 부르는 요체는 일련의 문화적 가치나 국가별 위치보다도 지식을 체계화하려는 노력과 투자에 기인하는 바가 크다. 고대 그리스의 지도자들, 프랑스의 귀족들, 구소련의 기관원들, 캘리포니아의 통근자들, 심지어는 쿠알라룸푸르의 말라야 대학교 학생들까지 포함하는 집단을 상상해 보라. 이 '서구인'들은 언어, 민족성, 생활양식이 극단적으로 다르다. 역사적으로 그들은 유럽에 집중되어 있었으나 이후 열강의 식민지를 통해 전 세계로 퍼져 나갔다. 이제 대다수의 사람들이 민주주의, 현실주의, 자연과학, 개인주의라는 소위 서구의 가치에 동참하고 있다. (물론 여전히 정반대의 가치를 고수하는 사람들도 있다.) 그들이 주로 향유하는 것은 공통의 지적 유산이다. 하지만 그러한 유산을 어떻게 정의할 수 있을까? 서구의 지적 유산은 어디를 향해 가고 있는 것일까? 만약 그것이 어디에서 왔는지를 알 수 있다면, 어디로 향하고 있는지에 대한 경험적인 추측 역시 가능할 것이다.

바로 이것이 이 책의 지향점이다. 이 책은 서구의 전통이라고 할 수 있는 것들 중에서 지식으로서의 가치가 있다고 생각되는 모든 것의 생산, 보존, 전달 과정을 추적한다. 그러한 지식은 플라톤의 아카데메이아에서 법과 정치, 사랑과 시에 대해 열띤 토론을 벌였던 모든 주제에서부터 그 이후 지식이라는 이름으로 추가되고 삭제되었던 모든 내용을 포함한다. 하지만 이 책이 우리의 학문적 실천을 자극하는 철학적 개념을 다루고 있다 해서, 이 책이 철학의 역사를 다룬다고 생각하면 큰 오산이다. 또한 세대에서 세대로 지식이 전달되는 방식이 지식의 내용과 분리될 수는 없다는 주장을 펼치기는 하지만, 그렇다고 이 책이 교육의 역사를 다루는 것도 아니다. 가장 확실하게 말할 수 있는 것은, 사적 영역의 지식, 다시 말해 신문을 읽는다거나, 오토바이를 고친다거나, 아이를 키운다거나, 예술 작품을 만들어 내면서 얻을 수 있는 형태의 지식은 거의 건드리지 않는다는 것이다. 그보다는 공적 영역의 지식, 즉 보다 광범위한 사람들을 위해 체계적으로 보존되고 만들어진 종류의 지식이 우리의 영역이다. 백과전서 수준의 광범위함을 다루지만, 불가피하게 접근 방식은 선택적일 수 있다. 기독교 신학이나 핵물리학, 호메로스 시에 나오는 그리스어나 회사법, 대륙 간 지도 제작이나 심리 연구에서 지식의 사례를 취하기도 할 것이다.

이 책은 서구에 관한 책이다. 그렇지만 세계의 다른 훌륭한 문화들과 비교함으로써 이 '서구'라는 용어에 대한 이해를 도모한다. 이러한 목적을 위해 우리는 세 가지 문화로 그 예를 압축시켜 보았다. 중국 문화, 이슬람 문화, 인도 문화가 그것이다. 중국은 세계에서 가장 오래된 전통을 보유한 국가 중의 하나이다. 중국의 학문과 문명은 서양과 평행을 이루며 지속되어 오다가 20세기에 이르러 다른 길을 걷기 시작했다. 이슬람 문화는 근동의 일신교에 기원을 두고 있다는 점과 그리스의 학문과 철학을 수용했다는 점에 있어서 서양과 공통점을 갖는다. 세계에서 가장 오래된 토착적 지식 체계 가운데 하나를 소유한 인도는 산스크리트어에 기반을 둔 문화를 형성했으나, 다른 문화로부터 상당히 많은 영향을 받았다. 서양을 포함한 이 네 곳에서는 문명사회의 보편적인 문제를 해결하기 위한 학술 기관이 각각의 전통에 기반을 두어 생겨났다. 여기에는 구전되던 철학적 전통을 성문화된 학문으로 전환하는 행위인 지식 생산법, 그리고 사본을 제작하고 경전의 기준을 세우고 자국어의 의미 및 감각을 확실하게 유지하는 행위인 지식 보존법 및 직접 토론과 논쟁을 통해 잃어버린 것들을 되살리거나 직접 대면이 불가능한 경우 활자를 통해 동일한 효과를 성취하는 지식 전달법이 포함된다. 이러한 문제들에 대한 다른 문화의 해법에 주기적으로 시선을 돌려 보면 유럽과 미국 등등의 서구 문화의 본질적인 우월성이 아니라 오히려 역사적 특수성에 주목하게 된다.

따라서 이 책은 지식을 관장했던 기관들의 역사이기도 하다. 이 책은 고대 이후 서양의 지적 생활을 지배해 온 여섯 종류의 기관, 즉 도서관, 수도원, 대학, 서신 공화국, 전문학교, 연구소에 대한 상세한 기술이다. 이 기관들은 모두 학자들과 나머지 사회 구성원들 사이의 접점으로서의 역할을 수행하며 대대로 지식을 보호해 왔다. 각각의 기관들은 지식의 총체였으며, 선조들의 명예를 떨어뜨리거나 한계를 노출시키는 역사적 격변에 대응하기 위해 서로 규합하기도 했다. 또한 기존의 지식 습득 방법에 대한 불만과 환멸을 새로운 이데올로기로 바꾸어 놓기도 했다. 안정의 시대에 이러한 기관들은 학문을 선도했다. 격변의 시대에는 개인과 소규모 집단들이 새로운 기관을 세움으로써 지식을 재발명했다. 이 책에서 우리는 이러한 전환과 혁신의 순간을 통해 우리만의 독점적인 시선을 갖추게 될 것이다. 일단 틀을 완성하고 나면 그다음부터는 그 틀에 맞춰 동일한 기본 업무를 반복할 수 있기 때문이다. 지식이 다시 재발명될 때까지 말이다.

기관에 초점을 맞춤으로써 우리는 개성이나 사상, 유파가 아닌 지식 추구자들이 학문을 연마했던 방법에 보다 집중할 수 있다. 독자들은 이 책에 등장하는 퀴리나 성 아우구스티누스와 같은 이름이나 지동설, 테일러주의(근로 의욕과 능률을 높이는 합리적인 작업 관리법으로, 미국의 F. W. 테일러가 고안했다.-옮긴이)와 같은 이론의 상당수를 이미 익숙하게 들어 봤을 것이다. 반면, 뉴턴이나 다윈, 아인슈타인과 같은 '거장'들은 아주 짤막하게 언급만 될 뿐이다. 그들의 이론이 역사에 중차대한 공헌을 했음은 의심의 여지가 없지만, 이미 현존하는 기관에 안착한 이론이라고 보기 때문이다. 이른바 흔히 알려진 '위대한 인물'이나 '대단한 사상'은 의도적으로 피하면서 지성의 역사에 접근하고자 한다. 대신, 종종 의도적인 방향성 없이, 역사 속에서 주축을 이루었던 모든 학자 집단 사이에서 일어난 변화를 조사한다. 따라서 갈릴레이와 데카르트는 서신 공화국에 대한 장에서 카메오 역할을 할 뿐이며, 그것도 그들의 학설보다는 문체 때문에 언급될 뿐이다. 반면, 그보다 덜 유명한 인물들, 역사적 과도기에 사상을 발전시키기 보다는 기관을 조직하는 데 큰 기여를 했던 팔레론의 데메트리오스Demetrios of Phaleron나, 빌헬름 폰 훔볼트Wilhelm von Humboldt, 버니버 부시Vannevar Bush와 같은 인물들에 집중하게 될 것이다. 무대 뒤에 있는 설계자로서 제도적 혁신에 심대한 영향을 끼친 인물들인 만큼 주목의 가치가 충분하다.

대단하든 대단찮든, 사상은 그것을 체계화하는 기관을 통해서만 그 효과를 전달할 수 있다. 가장 영향력 있는 사상 가운데 일부는 사람들이 지식을 추구하는 방법, 즉 누가 지식을 추구하는가, 어디에서 어떻게 지식을 추구하는가, 지식을 얻었다는 판단은 어떻게 내리는가에 대한 답을 재조직할 수 있는 능력을 지녔다. 시대를 막론하고 지식을 추구하는 사람들이라면 탐구를 시작하기 전에 어떤 기본적인 문제를 해결해야 한다. 동료들과 직접 대면하여 구두로 논쟁할 것인가, 아니면 멀리 있는 독자들을 위해 홀로 책을 쓸 것인가? 자연의 법칙을 발견했을 때 철저하게 조사할 것인가, 그저 얼렁뚱땅 넘겨 예상치 못한 일을 야기할 것인가? 동시대인들과 맞설 것인가, 과거와 미래의 학자들을 대신하여 애쓸 것인가? 고고한 진실을 지키기 위해 결속을 다질 것인가, 아니면 모두의 이익을 위해 지식을 보급할 것인가? 이는 세기를 거듭하면서 지적인 삶이 구성되고 재구성되는 과정에 영향을 미치는 문제들 가운데 일부에 지나지 않는다. 비유하자면 지식인들은 지식을 추구하는 과정에서 기관의 건축가들과 서로 다른 집을 짓는다. 하지만 자재는 서로 공유한다. 여기에는 말하기와 쓰기, 관념과 대상, 공간의 제약과 시간의 횡포를 극복하기 위한 준비가 포함된다. 중요한 것은 개인의 자유와 대중적 요구 사이에서의 결단과 누구를 넣고 누구를 빼느냐에 관한 결정이다. 우리는 이것을 지식 세계에 대한 여성의 다양한 접근 방법을 조사함으로써, 그리고 지식 세계에 대한 남성과 여성의 기여를 통제하는, 성性 의식이 짙게 밴 이데올로기를 검토함으로써 두드러지게 한다.

학구적 천재들의 가장 참신한 실험, 가장 근본적인 발견, 가장 위대한 업적은 평범한 사람들에게 지대한 영향을 끼친다. 범인들이 미처 생각하고 예지하지 못했던 부분을 보여주기 때문이다. 기관은 기관의 규칙에 따라 사는 사람들이나, 심지어는 그 규칙에 반항하는 사람들에게도 의미를 부여한다. 나아가 지식의 체계화에 있어서 격변은 학문을 천직으로 여기는 사람이라면 누구나 그 진가를 알아볼 수 있는 제도적 혁신으로부터 발생한다. 예를 들면, 인류학에서부터 동물학에 이르기까지 각각의 고유한 학문 분야에서 이루어진 성과를 두루 살펴보는 것은 피상적으로조차 불가능하다. 그러나 1800년 이후 드디어 대중교육이 선보였을 때, 이 모든 분야를 섭렵하기 위해 전문화라는 당연한 결과가 생겨났다. 그러한 통찰은 지성의 역사 전체를 밝혀, 그것의 모든 비밀을 비전문가조차 이해할 수 있게 한다. 이것은 사상의 절대적 권위가 그 결과의 조잡하고 구체적인 세부 사정으로 환원될 수 있다는 뜻이 아니다. 중세 대성당과 현대 마천루의 건축 기술 사이에는 석재에서 철재라는 근본적인 도구의 변화가 있었다. 그리고 이러한 관찰이 중세나 현대 건축가들의 업적을 설명하기에 충분하지는 않지만, 그렇다 해도 저마다의 천재적인 기술을 조명하는 데 도움은 될 수 있다. 비슷한 방법으로 이 책은 지식에 대한 편견을 제거하고 발전을 향한 뼈대를 그리고자 한다. 그래서 지식을 구성하는 자재의 목록을 작성하려고 하며, 이러한 자재를 강력한 정치적, 사회적, 문화적 영향력으로 전환하는 기관들을 조사하고자 한다.

약 2,300년 전, 지식이 처음으로 한 사람의 지성이라는 한계를 넘어 범위를 확장한 순간부터, 또는 하나의 학자 집단의 지성들이 대면 토론을 시작한 순간부터, 지식의 체계화는 지식 그 자체만큼 중요해졌다. 방 한구석에 세상의 모든 훌륭한 책들을 쌓아 올리는 것으로는 부족하다. 겨우 그 정도로 지식에 대한 열망이 생겨날 것으로 판단한다면 큰 오산이다. 알렉산드리아에 역사상 최초의 도서관을 세운 사람들이 잘 알고 있었다시피, 누군가는 어떻게든 지식을 범주화하고 체계화해야 했다. 그러지 않으면 그 의미를 이해할 방법도, 다른 지식 체계와의 관계를 파악할 방법도 없기 때문이다. 최초의 대학을 세운 사람들이 알고 있었다시피, 누군가는 활발한 강의와 토론을 통해 지식을 표현해야 했다. 그러지 않으면 그것은 진부해지고 생명력을 잃고 살아 있는 세계와 점점 동떨어지기 때문이다. 그리고 19세기에 과학 연구소를 세운 사람들이 알고 있었다시피, 누군가는 지식의 질을 높이는 실용적인 연구에 매진해야 한다. 그렇지 못하면 수많은 절박한 사회적 요구 속에서 지식을 지원해야하는 근본적 이유가 사라지기 때문이다.

우리가 지적인 활동들을 체계화하는 방법은 우리가 새로운 지식을 어떻게 창조하는지, 그리고 그것을 어떻게 일상생활의 도덕적, 실용적 기준에 맞추는지에 있어서도 결정적이다. 최근에 우리는 지식을 생산하고 보존하고 전달하는 방법을 새롭게 바꾸어 놓을 엄청난 잠재력을 지닌 인터넷이라는 신기술의 출현을 목도했다. 하지만 기술의 혁신 자체만으로는 지식의 진보를 보증하기 어렵다. 우리는 심각한 오류를 저지를 위험성을 각오한 채, 전자 매체를 통한 값싼 정보가 체계화된 지식에 대한 민주주의 사회의 요구를 만족시킨다고 생각하고 있다. 과거 세대는 자신의 능력만으로 지식을 얻어야 했기 때문에, 자기가 아는 바를 당연한 것으로 받아들이지 않았다. 그들의 노력과 고뇌를 떠올려 보는 것은 우리가 '정보 시대'와 관련하여 진정으로 참신한 것과 허황되고 덧없는 것을 구별해내야 하는 것보다 더 중요하다.

확실히 현대의 대학은 아무리 지식에 대한 포괄적인 권리를 가졌다 해도, 앞서 사라진 모든 것의 극치나 정점은 아니다. 지식의 역사는 비연속적이며, 선택되지 못한 길들로 가득하다. 지금의 체계는 가능한 모든 것 가운데 최선이 아닐지도 모른다. 앞으로 이어질 내용은 놀라우면서도 뛰어난 방법으로 지식을 추구한 사람들에 대한 이야기로 채워져 있다. 예전에 유럽과 인도의 학생들은 수동적으로 강의를 듣는 것이 아닌 구두로 논쟁하는 방식에 자연스럽게 이끌렸다. 과거 유럽과 중국의 상류층 인사들은 학구적인 전통을 이어 가기 위해 사회적 책임들로 가득한 바쁜 생활 속에서도 여가 시간을 따로 마련했다. 과거 유럽과 이슬람의 과학자들은 자연에 대한 지배와 조작을 종교적인 또는 인본주의적인 이해와 대립하는 것이 아닌 상호 보완적인 것으로 보았다. 지식을 추구하는, 가르치고 배우는 많은 대안적 방법들이 현재 지식 체계의 밑바탕에 깔린 역사 속에 사라졌거나 묻혀 버렸다. 지적인 삶이 실제로 구조적인 변화를 겪고 있다면, 잠재적으로 불안정한 상황을 미래에는 활발하게 지식을 추구할 수 있는 상황으로 바꿔야 한다.

가장 중요한 것은 우리가 과거로부터 물려받은 기관들의 역사 속에 묻혀 있는, 종종 무시되곤 했던 핵심 원리를 밝혀내야 한다는 것이다. 그러므로 이 책의 각 장에선 최초에 각 기관을 만들어낸 것이 무엇인지 강조하면서 그 기관에 대해 새로운 측면에서 이야기할 것이다. 지식의 재발명은 언제나 예측하기 어려운 시점에, 보편적인 천재나 지식인들의 활동을 통해서가 아니라, 폭넓은 세상의 변화 속에서 생겨났다. 하지만 새로운 학문 기관이 구체적인 모습을 갖출 때마다 지식은 놀라운 영향력을 발휘했다. 기관들은 저마다 지적인 삶의 형태를 매우 포괄적으로 바꾸었고, 그래서 가장 영구적이고 굳건한 지적 관습조차도 기관의 지도 아래 개혁과 혁신을 받아들여야 했다. 조만간 우리도 인지하게 되겠지만, 오늘날의 숭고하면서도 고상한 '지식 사회' 조차 단순히 수천 년이나 된 오래된 패턴의 반복양상일 수도 있기 때문이다.

1장

지식의 집대성과
기록의 탄생

도서관

기원전 300년~기원후 500년

학문의 구술口述 문화를 성문成文 문화로 변화시킴으로써
도서관은 그리스의 지적 전통을 휴대 가능한 유산으로 변모시켰다.

서양 세계에서 가장 유명한 도서관을 세운 남자는 화장을 하고, 머리를 금발로 물들였으며, 유부녀나 사춘기 소년들과 정사를 즐기며 정치적 음모로 점철된 삶을 살았다. 그는 알렉산드리아에 도서관을 지을 것을 제안했으며, 서구의 지적 전통에서 가장 덜 알려졌으면서도 가장 중추적인 인물 중의 한 명인 팔레론의 데메트리오스(기원전 약 360~280)다. 데메트리오스의 경력은 아테네에서 시작된다. 그는 아리스토텔레스Aristoteles가 아테네에 설립한 유명한 야외 학교 리케이온Lykeion의 학생이었다. 기원전 317년, 데메트리오스는 아리스토텔레스의 또 다른 제자 알렉산드로스 대왕Alexandros the Great의 간접적인 도움으로 아테네의 통치자가 되었다. 당시 그리스는 마케도니아의 지배를 받고 있었고, 이전까지 민주주의를 유지하고 있었던 아테네는 마케도니아의 명령에 복종하는 신세였다. 얼마간은 꼭두각시 독재자로서, 얼마간은 철학자 왕으로서, 데메트리오스는 아테네를 고압적으로 지배했다. 그는 권력을 잡은 지식인의 표상이 되었다. 요란스러운 주연과 연회로 유명했던 데메트리오스는 다소

위선적이게도 복식과 오락에서의 무절제와 사치에 대해 강도 높은 탄압을 시작했다. 기원전 307년에 이르기까지 그는 너무나 많은 적을 만들었고, 결국 테베로 망명해야 했다.[1]

이 무렵, 알렉산드로스 대왕은 이미 죽은 지 오래였고, 그의 사령관들은 아시아에서 그가 남긴 유산을 나눠 먹기에 바빴다. 훗날 프톨레마이오스 1세 Ptolemaeos I가 되는 이집트의 사령관이 데메트리오스에게 알렉산드리아로 이주할 것을 권했다. 리케이온의 지도자가 비슷한 제안을 거절한 뒤의 일이었다. 데메트리오스는 흔쾌히 응했고, 사실상 프톨레마이오스의 궁정 철학자가 되었다. 왕위 계승 논쟁에서 프톨레마이오스 2세를 지지하지 않음으로써 어리석게도 또다시 스스로를 욕보이기 전, 그는 알렉산드리아 도서관과 그에 못지않게 유명한 박물관의 건립을 제안하고 감독했다.

도서관에 대한 이야기를 하는 데에는 적어도 세 가지 방법이 있다. 제각각의 관점이긴 하지만 공통적으로 일치하는 부분도 있다. 첫 번째는 제도적 관점에서의 접근 방법이다. 도서관이 어떻게 설립되었고 어떻게 자금을 유치했는지, 책이 어떻게 만들어지고, 수집되고, 복사되고, 분류되고, 보관되었는지, 학자들이 어떻게 도서관을 이용했는지에 대한 이야기이다. 이런 이야기는 아마 고대 메소포타미아의 도서관에 대한 이야기로 시작될 것이다. 그리고 이 세상의 모든 지식을 알렉산드

팔레론의 데메트리오스. 아리스토텔레스의 제자였던 그는 이집트로 건너가 알렉산드리아 도서관의 건립을 제안했다.

리아에 집적시키겠다는 프톨레마이오스 부자의 전례 없는 결정에서 절정에 이르고, 고대의 지식을 지중해 지역은 물론 그 너머로까지 전달하고 확장한 이슬람 학문의 황금기로 결론을 맺을 것이다.

두 번째는 지적 관점에서의 접근 방법으로, 우선 책을 수집하는 것에 대한 이성적 근거로 시작된다. 도서관을 설립하고 운영하는 것은 결국 엄청나게 지루한 일이며, 그 효용을 정당화하기 위해서는 철저한 헌신이 필요하다. 특히 도서관이라는 것은 글쓰기가 지식을 체계화하는 가장 좋은 방법이라는 신념에 기초를 둔다. 하지만 1800년경에 이르러서도 여전히 계몽주의 성향의 백과사전 편집자들과 낭만주의 성향의 대학 강사들은 글쓰기가 더 나은지 말하기가 더 나은지에 대해 서로 다른 의견을 보였다. 소크라테스Socrates와 플라톤Platon 같은 철학사의 위인들이 엉터리로 글을 쓰는 것보다는 오히려 토론을 더 선호했다는 점을 고려하면, 그들의 직계 후계자들이 그리스 최초의 도서관을 세우기로 결심했다는 것은 특별한 설명이 필요할 정도로 급진적인 발전이다. 대부분의 고대 사회와 마찬가지로 그리스 사회는 구술口述 전통, 즉 호메로스Homeros 서사시의 암기와 암송에 기반을 두고 있었다. 사람들이 『일리아스』와 『오디세이아』를 듣는 것으로 교양을 쌓고, 서사시가 가장 효과적으로 표현되는 방식이 연극 공연이라면, 서사시를 기록해야 할 이유는 불분명하다. 바로 여기에 데메트리오스를 아리스토텔레스와 연결하는 직접적인 고리가 있다. 글쓰기를 말하기만큼 전면적으로 지지하기 위한 이 둘의 공통된 결론은 모든 것을 기록하는 것, 그것을 도서관에 보관하는 것, 그리고 학문을 구술 논의보다는 텍스트의 분석과 종합으로 보는 것이다.

알렉산드로스 대왕의 소년 시절 스승이었던 아리스토텔레스를 언급하는 것은 우리에게 마케도니아의 세계 정복과 세 번째 접근 방법, 즉 정치적이라고 할 수 있는 관점에서의 접근 방법을 떠올리게 한다. 알렉산드로스의 후계자들,

특히 이집트와 소아시아의 통치자들은 그리스 문화를 도시국가 혹은 폴리스 정치의 한계로부터 해방시켰다. 그들이 세운 도서관은 헬레니즘 제국이라는 완전히 다른 사회적 환경에서 처음으로 지식이 왕성하게 꽃필 수 있게 했다. 그때 이후로 도서관은 오늘날에 이르기까지 놀랄 만큼 다양한 정치체제로부터 지원을 받았다. 하나의 기관이 2천 년 넘게 훌륭히 존속해 왔다는 것은 단순히 학자들과 학계의 관심만이 아닌 사회 전반의 관심을 이끌어냈다는 것을 의미한다. 그 기관은 틀림없이 고대인들의 가슴속 깊은 열망을 실현시키고, 세력가들의 소망을 반영했으며, 사회 정치적 권력 체계의 훌륭한 조화를 도출시켰을 것이다. 프톨레마이오스 부자가, 아니 알렉산드로스의 후계자들이 도서관을 설립하기로 결정한 이유를 알아챈다면, 우리는 거대 정치권력이 경쟁자들과의 싸움을 위해 학문을 권장했다는 것을 이해할 수 있다.

그러면 정치학을 우리의 길잡이로 삼아 제도적 발전과 지적 근거를 유념하면서 헬레니즘 제국 도서관의 기원을 개괄해 보자. 학구적 지식은 맨 처음 아테네의 폴리스 사회에서 비롯되었다. 그러나 도서관이 등장하고 학문과 관련한 전형적인 형태를 갖추기 위해서는 이 시대, 즉 고대 그리스의 쇠퇴가 필연적이었다. 대규모로 계획된 호화스러운 기관으로서 도서관은 그리스 학문의 패권을 당당하게 주장한 헬레니즘 제국 창건자들의 부와 야망을 반영했다. 고대 세계의 그 무엇도 이들의 업적에 필적할 수 없었다. 다만 중국은 예외인데, 통일국가 시대의 중국 또한 거대한 도서관을 통해 지식의 체계화에 힘썼다. 뿐만 아니라 문화적 표준화와 함께 고전 철학이 종말을 맞이하고 학문에 대한 황제의 후원 아래 새로운 학문이 그 자리를 대신했다. 그렇지만 중국의 도서관과 헬레니즘 제국의 도서관의 심원한 차이를 들여다보면 서양에서 발생한 학문 문화에 관한 독특한 역사적 사실을 알 수 있다. 서양 학문 문화의 최초 중심지는 아테네가 아닌 알렉산드리아였다. 알렉산드리아의 도서관은 고대 지중해 연안의 다른 세 제국의 문명, 로마와 기독교 국가와 이슬람 국가의 모델이 되었다. 그러나 이들 모두는 그리스의 유산에 기초하고 있었다.

고대 폴리스에서의 말하기와 글쓰기

우리가 대개 서양 문명의 원천으로 여기는 민족인 고대 그리스인의 가장 유감스러운 특징 중의 하나가 사생활과 가정생활, 그리고 여성, 아동, 노예 계급에 대한 심각한 폄하이다. 그들에게 진정으로 중요한 것은 공적 생활뿐이었고, 이는 남성의 영역이었다. 수많은 항아리와 조각상에 생생하게 묘사된 남근 찬양 의식은 직설적이고 공격적인 남성성을 드러내고 있다.[2] 현대의 감수성으로는 용인하기 힘들겠지만, 그리스인들은 성인 남성과 사춘기가 지난 소년 사이의 남색 관계에 거침이 없었다. 왜 그리스 철학은 언제나 성문화된 형태를 취했는가 하는 의문을 제기하는 동안에도, 만연한 여성 혐오와 동성애는 그리스 철학의 강렬함과 찬란함의 밑바탕에 잠재하고 있었다.

고대 그리스인들의 동성애는 군대의 전우애에서 기인한다. 성인 남성과 15세에서 19세의 청소년들은 서로에게 자신의 능력을 입증하려 했고, 나이가 많은 쪽은 나이 어린 전우를 보살폈다. 때로 이러한 관계는 노골적인 신체적 접촉의 형태로 나타났으며, 그럴 경우 대개는 멸시를 받았다. 동성 간의 성교는 불륜이나 육욕이라는 인간적인 약점으로 여겨졌다. 그리스의 훈련은 남성의 성적 유대를 선배와 후배의 유대로 바꾸도록, 남색 관계를 스승과 제자의 관계로 만들도록 설계되었다.[3] (이와 유사한 성적 유대와 교육적 유대의 혼합은 레스보스 섬의 여성들 사이에 널리 퍼져 있었다.) 육체 훈련은 정신 훈련만큼 중요했다. 체조 gymnastics는 나체라는 뜻의 단어 짐노스gymnos에서 유래했는데, 그리스인들에게

이 단어는 남성의 운동법을 의미했다. 하지만 시간이 흐름에 따라 효과적인 말솜씨를 능란하게 구사하는 것이 훌륭한 격투기 솜씨보다 더 중요하게 되었다.

말하기는 아테네에서 일상적으로 발생하는 개인의 소규모 정치 활동에 있어 중심적인 기능을 수행했다. 오랫동안 그리스 폴리스는 참주나 귀족의 지배를 받았지만, 기원전 6세기경의 정치적 충돌을 거치면서 민주정치가 수립되었다. 전제정치에서 민주정치로의 변화로 인해 효과적인 대중 연설에 대한 교육의 필요성이 대두되었다. 우리는 그리스 민주주의의 반복되는 찬사에 너무 매몰된 나머지 그것에 내재된 고유의 약점을 놓치곤 한다. 장기간에 걸친 전쟁에서 전투로 단련되었고 전통의 권위에 얽매이지 않으며 현대의 기준으로는 보잘것없는 일군의 사람들을 좁은 공간에 모아놓았다 치자. 그들은 아마도 서로를 아주 격렬하게 때려눕히기 시작할 것이다. 그런 분위기에서 말로 경쟁하는 것은 마을 광장에서 정치적 토론을 할 때와 마찬가지로 폭력적인 충돌을 비폭력적인 충돌로 돌릴 수 있는 수단이 된다.

그리스의 정치, 사회, 교육에서 보이는 이러한 양상은 호메로스의 작품이라고 생각되는 서사시 『일리아스』와 『오디세이아』에 전부 담겨 있다. 두 작품 모두 남성의 정체성을 중심으로 전개되는데, 『일리아스』는 전쟁에서의 전우애를 중심으로, 『오디세이아』는 인내심 깊은 아내 페넬로페를 뒤로 하고 10년 동안이나 탐험과 모험을 즐긴 한 남자의 고독한 개인주의를 중심으로 이야기가 전개된다. 또한 두 서사시는 그리스의 정치적 결속에도 초점을 맞춘다. 소아시아의 트로이 병사들에 맞서 그리스 도시국가들이 치른 전쟁을 이야기하면서, 두 작품은 내전으로 인해 쇠망해 가고 있던 그리스를 단결시킨 집단 정체성을 입증한다. 여러 세대를 지나는 동안, 두 서사시는 그리스인의 정체성을 떠올리는 역사의 보고가 되었다. 두 서사시 모두 유랑 시인들의 구전 활동을 통해서 후세로 전파되었다.

그렇지만 경쟁적인 말하기를 위해서는 방랑 시인이 아니라 지도자가 필요했고, 그런 역할을 수행한 것이 바로 소피스트들Sophists이었다. 문장가의 경쟁자인 그들은 기원전 5세기 후반 그리스 전역에서 민주주의의 성지 아테네로 모여들었다. 소피스트들은 이미 출세에 힘쓰는 사람들이 자주 찾아가던 공공장소인 연무장에 모였다. 고용된 전문가로서 그들은 서사시와 고대 시, 특히 호메로스에 대해 설명하며 고객들에게 말 잘하는 법을 가르쳤다. 소피스트들이 전수한 기술, 어떤 논쟁에서도 이길 수 있는 능력은 폴리스에서 영향력과 권력을 얻는 길이었다. 언제나 그랬듯 근대의 태동 이전에는 문학적 지식이 과학적 지식보다 더 중요했다. 효과적인 말하기는 사람들에 대한 지배력을 가져다주었다. 이것은 첨단 기술의 시대 이전에는 과학이 주는 자연에 대한 지배력보다 훨씬 더 가치 있는 것이었다.

소피스트들은 설득 기술과 화법 교육의 체계화를 통해 민주주의가 안고 있는 문제들을 다루며 최초의 원문 연구 학자가 되었다.[4] 호메로스에 대한 연구를 수행하기 위해서는 이야기를 빈틈없이 적확하고 체계적으로 이해해야만 했다. 그러기 위해서는 문법과 수사학, 나아가서 지금은 언어학이라고 부르는 분야에 대한 이해가 필수적이었다. 이를 위해 소피스트들은 문자 언어, 특히 책에 대한 의존을 키웠다. 소피스트들은 치밀한 언어적 차별화로 악명을 떨치게 되었고, 시를 사용한 인용과 예증으로 법률가 못지않은 논쟁을 펼쳤다. 참고 문헌으로서 책은 소피스트 스타일의 논쟁에 없어서는 안 되는 보조재였다.

그러나 소피스트들은 사소한 것까지 트집을 잡고 따지고 드는 사람들이었다. 돈이라면 어떤 일이든 마다하지 않았으며, 빈정거림에 부당한 이득마저 저어하지 않았다. 바로 이러한 모습이 엘리트 철학자 소크라테스가 민주주의의 미래에 대해 의심을 거두지 않았던 이유였다. 소크라테스는 문자 언어에 대한 소피스트들의 과장된 신념이 신체의 기억력을 약화한다고 믿었다. 보수적인 사람이었던 소크라테스는 남자들 사이에서의 활동적이면서 성적인 언어적 유대에 다시 귀를 기울였다. 소크라테스의 방법, 즉 집요한 문답법은 스승과 제자 사이의 생산적인 의견 충돌에 기초한 구술 교육법이다. 이것은 말하기를 통해 결국 진실에 이르게 된다는 소크라테스 철학의 믿음을 반영했다. 또한 발화의 진실성을 판단하기 위해서는 화자의 평판, 다시 말해 서로 대면한 상태에서 발화의 주요 기질을 고려해야 할 것이다. 이에 반해서 문자 언어는 발화의 주체가 누구이든, 기본적으로는 그 사람의 행동, 명예, 성격과 물리적으로 분리되어 있기 때문에 불신과 왜곡이 일어난다고 믿었다.

글쓰기에 대한 소크라테스의 원칙적인 경멸 때문에, 우리가 소크라테스에 대해 알 수 있는 방법은 그의 제자, 즉 플라톤의 기록에 의지해야 한다. 플라톤은 말하기라는 방법론을 먼발치에서 조망하며 새로운 국면을 조성하는 데 결정적인 역할을 했다. 플라톤의 대화는 성문화된 형태를 취했고, 그 본질상 경쟁자들(소크라테스를 포함한) 사이의 충돌과 의견 차이를 조정하여 그들의 논쟁을 논리적으로 해결해 갔다. 이에 못지않게 중요한 사실은 플라톤의 대화를 통해 소크라테스의 철학이 소피스트들의 학문과 확연히 다른 길을 걷게 되었다는 점이다. 플라톤과 그의 동료들은 호메로스의 서사시에 사용된 동사의 시제를 철저히 분석하는 대신 소크라테스 이전의 자연주의 철학과 연관된 형이상학적 성찰의 방법을 사용했다. (자연주의 철학자들은 원자나 수數, 흙, 공기, 불, 물 같은 원소들이 실재實在의 근본적 구성 요소인가 하는 문제를 놓고 논쟁을 펼쳤다.) 본질적으로 그들은 관념적 성찰을 즐기는 소크라테스 이전 철학자들의 성향과 실용적 학문을 강조하는 소피스트의 성향을 융합했다.[5] 이것은 인생을 사는 최선의 방법, 인격을 형성하는 최선의 방법, 사회를 구성하는 최선의 방법, 제도를 설계하는 최선의 방법 등 실용적 질문들에 대한 새로우면서도 체계적인 관점을 이끌어 냈다. 플라톤의 대화는 이러한 성과를 당연한 것으로 보이게 했다.

구술 논쟁의 내용을 그대로 옮겨 적기보다는 그 내용에 의거하여 재현하는 플라톤의 대화 방식은 쉽게 도달할 수 없는 수준의 통찰력을 선보였다. 이 교묘한 환상은 소피스트 고유의 영역까지 위협했고, 진정한 지혜와 단순한 수사라는 두 가지 다른 학문 사이의 영원히 해소되지 않는 긴장을 야기했다. 고대 학문의 이데올로기, '철학'은 공익을 위하는 마음에서 나오는 지혜에 대한 사랑을 소피스트의 기회주의와 사리사욕에 맞세우려는 계획된 시도로서 나타났다.

제도적으로 플라톤과 그의 추종자들이 대화를 통해 창조했으며, 추후 후손들이 모방을 하게 된 제도는 철학을 연구하는 학교였다. 플라톤은 경쟁자들에게도 자신의 아카데메이아Academeia에 참여하도록 청함으로써 지혜에 대한 자신의 애착을 입증했다. 아카데메이아는 아테네의 작은 숲에서 구성된 학자들의 모임으로, 거의 모든 학구적인 분야를 자유롭게 넘나들었다. 플라톤의 제자이자 경쟁자인 아리스토텔레스가 플라톤의 뒤를 이어 아카데메이아의 수장이 되지 못하자, 이번에는 아리스토텔레스의 추종자들이 그들의 학교 리케이온을 만들었다. 두 기관 모두 명칭의 유래와 그리스 교육법의 고전적 이상을 따랐다는 점에서 연무장과 밀접한 연관성을 드러낸다. 그러면서 의식儀式에 대한 사랑과 사람들 사이의 공공연한 충돌 속에서 새로운 구술 전통을 세웠다. 지식을 체계화하기 위한 기관으로서 학교는 개인적인 경쟁에도 불구하고 카리스마적인 설립자를 중심으로 뭉친 개개인들로부터 열정적인 참여를 끌어낸다. 같은 이유로 학교의 기관으로서의 연속성은 지도자나 탁월한 일원의 사망 또는 탈퇴에 의해 위협을 받는다. 지적 견해를 놓고 벌이는 그 자신의 경쟁은 차치하더라도 아테네와 그 밖의 다른 곳에서 학교가 지나치게 많다는 것을 발견했을 때 아리스토텔레스는 바로 이 문제에 직면했다.

아리스토텔레스는 자신의 학문을 철저하게 글쓰기에 기초함으로써 경쟁자들을 흡수할 수 있었다. 그는 경쟁 학교에서 주장하는 견해들을 집대성하기로

산치오 라파엘로의 〈아테네 학당〉. 논쟁적인 말하기를 즐겼던 고대 그리스인의 지식에 대한 갈망은 글로 후대에 전달됨으로써 모든 학문의 태동과 그 유지를 가능케 했다.

결심했다. 그가 택한 방법은 개별 학설들을 분류하고, 그것들의 명백한 모순을 밝히기 위해 차이점과 유사점을 논하는 것이었다.[6] 이런 이유 때문에 많은 사람들이 아리스토텔레스의 책에서 거슬릴 정도로 침착한 논조를 느낀다. 극단적으로 현실적인 그의 철학은 냉정한 분류로 가득하다. (예를 들면 그는 원인原因의 유형을 질료인質料因, 형상인形相因, 운동인運動因, 목적인目的因으로 구분했다.) 그리고 그의 철학은 플라톤을 활기차게 만들던 의견 차이에 별다른 관심을 두지 않는다. 어떤 사람들은 아리스토텔레스가 경외심을 불러일으킬 만큼 포용력이 넓어서 플라톤에게는 부족했던 것, 즉 식물과 동물에서부터 정치적 구조에 이르기까지 모든 것에 대해서 백과전서적인 세부 항목을 전부 통합할 수 있다는 것을 깨닫는다. 어쨌든 이런 특징은 말하기에서 글쓰기로 전환하는 데 더할 나위 없이 적합하다. 말하기는 한쪽 입장에만 치우치기 쉽고 똑같은 문제점에서 동어 반복이 될 수 있다. 반면, 글쓰기는 포괄적이고 보편적인 접근을 가능하게 한다.

이처럼 아리스토텔레스의 책에서는 소규모로 구현된 부분이 도서관에서는 대규모로 구현되었다. 도서관은 아리스토텔레스와 그의 제자 알렉산드로스의 헬레니즘 문화와의 연결고리이다. 모든 도서관은 별 어려움 없이 문서들을 소장하고, 제안자들이 직접 설명했다면 서로 격렬하게 대비되었을 생각들을 한곳에 모아 둔다. 서가에 놓인 고대의 사유는 지금도 어느 누군가가 그 안의 모순을 찾아내서 먼지를 털어주기를 기다리고 있다. 도서관은 새로운 단일성을 제안하는 방식—예를 들어 물 대신 공기를 물질의 근본적 구성 요소로서 제시하는 대담한 철학처럼—이 아니라, 그 안에서 모든 학설이 적절한 자리를 차지하는 잘 짜인 지적 체계를 구성하는 방식이다. 학교는 사라지거나 파멸하는 데 반해 도서관은 존속한다. 학교는 고정된 논쟁을 계속하고 지적 계통을 고수하는 데 반해 도서관은 새로운 지식을 받아들이고 사람들을 학문으로 인도한다. 도서관은 구술 경쟁에서 비롯된 그리스의 학문이 그리스 밖으로 전파되는 것을 가능하게 했다. 바다를 건넌 글쓰기는 철학적 견해뿐만 아니라 그리스 바깥 세상의 일반적인 세속적 지식까지 축적이 가능토록 했다.

알렉산드리아: 그리스 밖으로

고대의 책은 최초의 헬레니즘 제국 도서관이 생기기 훨씬 전부터 일반 시장에서 유통되고 있었지만, 책을 수집하는 것은 개인사에 불과했지 공공의 목적은 아니었다. 책, 아니 정확히 말하자면 파피루스 두루마리는 상업공간으로서의 책방에서 일하거나 부유한 귀족에 딸린 숙련된 필경사들이 제작하는 것이었다. 글쓰기라는 육체적 행동은 다른 모든 육체노동과 마찬가지로 불명예스러운 일이었고, 교양 있는 사람들에게 멸시를 받았다. 책을 '쓴' 학자들은 사실 그것을 필경사에게 받아쓰게 했다. 정치와 철학에서 말하기를 강조한 것과 더불어, 이 때문에 고대 아테네에서 책은 권위 있는 지식의 보고가 될 수 있는 또는 그렇다고 여길 수 있는 범위에 한해서 제작되었다. 폴리스에서 제국으로 바뀌고, 알렉산드리아·페르가몬 등지에 도서관이 설립되고서야 비로소 책의 수집이 공적인 일이 된다.

기원전 323년, (아리스토텔레스보다 1년 앞서) 알렉산드로스 대왕이 사망하면서 그의 몇몇 후계자들 사이에서 본격적인 권력 다툼이 시작되었다. 폴리스와 도시 생활은 계속되었으나, 보다 큰 규모의 정치적 조직화가 지배적이었다. 전에는 도시들이 경쟁했으나 이제는 대개 민주 시민의 모임보다는 부유한 통치자나 가문의 후원 아래 제국들이 경쟁했다. 폴리스를 대체한 이 새로운 국가들은 어떤 식으로든 그리스 언어와 문화의 중요성을 훼손하지 않으면서 문화적 경쟁의 수준을 개인의 차원에서 왕조의 차원으로 높였다. 이러한 왕조들은 처음으로 그 설립자보다 오래 존속하는 기관들을 세우기 위해 자원을 운용했으며, 그 기관들을 후원하는 보다 장기적인 국운에 큰 관심을 두었다. 그중 가장 부유하고 가장 강력한 국가는 이집트였다. 이집트의 프톨레마이오스 왕조는 삼각주가 바다와 만나는 곳에 위치한 군사행정의 전초지 알렉산드리아를 수도로 삼고 나일 계곡을 지배했다. 다른 세력가들과 안티오크, 페르가몬, 마케도니아 및 그리스에서 경쟁하면서 프톨레마이오스 왕조는 그들의 수도를 야심만만한 그리스 이민들을 끌어들일 만큼 매력적인 곳으로 만들었다. 알렉산드리아는 그들의 지도 아래 성장하여 오랜 역사의 아주 훌륭한 다문화 도시가 되었다.

프톨레마이오스 왕조의 왕들은 매우 교양 있는 통치자들이었으며, 학자들을 위한 천국으로 뮤즈Muse에게 바치는 신전인 박물관museum을 세우고 그에 대한 지원을 아끼지 않았다. 황실의 후원은 아테네 철학자들의 자기희생적인 공공심에서 벗어나 학자들로 하여금 사생활, 특히 그들의 수입에 새롭게 관심을 갖도록 하는 결정적 변화를 야기했다. 정치가 경쟁적인 말하기보다는 궁전에서 꾸며지는 음모에 더 집중하기 시작하자 확실히 일찍이 고대 폴리스에서 중요시한 인격 형성에 대한 관심은 줄어들었다. 여러 언어 집단으로 이루어진 복잡한 항구 도시의 부산함과는 거리가 먼 왕실 관할 구역에 틀어박혀 뭐든 하고 싶은 대로 마음껏 할 수 있도록 허락된 박물관 회원들은 엄청난 세금 혜택을 누렸다. 그리고 기숙사, 식당, 개인 하인, 강의실, 주랑과 공터를 원하는 대로 쓸 수 있었으며, 무엇보다도 그 유명한 도서관을 자유롭게 이용할 수 있었다. 어떤 사람들은 그에 대한 불쾌함을 표명하며 박물관을 정치적으로 거세된 책벌레들의 새장이라고 부르기도 했다. 그러나 박물관은 그리스식 생활의 안락과 문화적 편의를 제공함으로써 세계 전역으로부터 인재를 불러들이기 위한 핵심 정책이 되었다. 좀 더 작은 규모로 들어가면, 그리스 이민을 지배층으로 흡수하기 위해 알렉산드리아에 세운 수많은 연무장, 공중목욕탕, 극장과 축제도 같은 맥락에서 계획된 일이라 할 수 있다.

프톨레마이오스 왕조는 어떻게든 그리스 최고의 학자들을 수도로 끌어들이고 싶어 했고, 그들에게 상당한 보수를 지급하는 것도 주저하지 않았다. 황실의 후원 아래 활약한 학자들 중에는 고대 기하학을 집대성한 유클리드Euclid, 우연히 지구가 둥글다는 것을 깨닫고 매우 정확하게 지구의 둘레를 측정한 에라토스테네스Eratosthenes, 유체 역학에 대한 연구로 유명한 박식가 아르키메데스Archimedes가 있다. 후에 로마에 예속된 알렉산드리아는 고대 의학의 거장 갈레노스Galenos, 천동설의 설계자 클라우디오스 프톨레마이오스Claudios Ptolemaeos를 후원했다.

그러나 팔레론의 데메트리오스야말로 중추적인 인물이었다. 누구도 그 이상으로 아리스토텔레스에서 도서관으로 이어지는 연관성을 구현하지 못했고,

폴리스에서 제국으로 전환되는 변화를 구체화하지 못했다. 그의 주도 아래 프톨레마이오스 왕조는 가능한 한 많은 책을 그러모으기 시작했다. 그들은 지중해 시장에서 구할 수 있는 것이라면 무엇이든지 사들이며 무차별적인 금액을 지불했다. 그들은 심지어 항구에 배가 들어오면 그 안에 있는 두루마리 책들을 내놓으라고 명령

알렉산드리아 도서관. 고대 세계에서 가장 거대한 규모를 자랑했던 알렉산드리아 도서관은 기원전 3세기에 세상의 모든 지식을 집대성하겠다는 야심찬 꿈의 결집에 의해서 건설되었다.

하고 압수하여 필사했다. 그러고 나서 나중에 원본이 아닌 필사본을 주인에게 돌려주었다. 책은 학자보다 훨씬 더 좋은 투자 대상이었다. 학자는 경쟁적인 세계에서 이곳저곳으로 갈팡질팡하지만, 책은 오직 쌓일 뿐이다. 증명할 수 없기는 하나, 고대의 기록들을 보면 절정기에 알렉산드리아 도서관이 보유한 책의 수는 50만 권 이상이라고 한다. 대부분의 책 한 권이라는 게 몇 개의 두루마리를 합한 구성인지라 오늘날의 기준으로 보면 보유한 장서의 실제 수량은 3분의 1 정도에 불과하겠지만, 그렇다 하더라도 알렉산드리아 도서관은 여전히 고대의 가장 방대한 도서관이었다.

헬레니즘 학문

제국의 후원 아래 추구한 그리스의 지식은 보다 정치색이 제거된 성격을 띠었다. 열정적인 말하기는 결국 학술적인 글쓰기에 자리를 내주었고, '철학'에 대한 포괄적인 추구는 알렉산드리아를 유명하게 만든 문학, 문헌학, 시학, 지리학, 민족학, 의학, 수학, 실험 과학과 같은 다양한 학문 사이에서 흩어져 버렸다. 철학은 학문적 연구 중에서 거의 유일하게 번영을 이루지 못했다. 적어도 초기에는 그랬다. 철학은 구술에 의한 상호작용에 기초하며, 이론의 여지는 있지만 텍스트가 부족할 때 발전한다. 학술 도서관의 유혹이 없다면 학자는 자기 자신의 지적 자원에 의지할 수밖에 없다. 반대로 알렉산드리아에 훌륭한 학술 기관들이 선택이 불가능할 정도로 산재해 있었을 때, 공적 주지주의는 사적 호기심 앞에 쉽게 희생되었고, 철학은 보다 명백하게 이론적인 것으로 변질되어 갔다.

대조, 번역, 종합, 이것이 알렉산드리아에서 처음 확립된 학문의 특별한 형식이었다. 단지 두루마리를 쌓아 두는 장소를 넘어 도서관은 그것들을 대조하고 맞추어 보는, 즉 사본을 편집하고 다시 필사하는, 그 내용을 재구성하고 주석과 해석을 붙이는 장소가 되었다. 인쇄 기술의 시대 이전에는 가장 충실하게 필사된 텍스트조차 원본으로 되돌릴 수 없을 만큼 부정확했다. 특히 위대한 고전들은 손쓸 수 없을 정도로 다양한 이본의 형태로 지중해 지역에 유포되었다. 알렉산드리아에서는 호메로스 서사시의 믿을 만한 정본을 확정하는 것이 자존심이 걸린 특별한 중점 과제가 되었다. 알렉산드리아의 학자들은 호메로스의 전반적인 우매함을 밝히는 것에 만족하는 페르가몬의 학자들을 경멸하면서, 모든 단락, 모든 문장, 모든 단어를 올바르게 이해하는 것을 특히 중요하게 여겼다.[7] 이 때문에 그들은 매우 빈번하게 관련 텍스트에 도움이 되기보다는 해가 되는 추론을 내렸다. 『일리아스』에서 아프로디테가 헬레네를 위해 의자를 나르는 구절은 여신은 수치스럽게 인간 따위에게 봉사하지 않을 것이라는 비평가들의 믿음을 깼다.[8] 그러나 가치 있는 윤리적 교훈에 대한 정확성과 엄밀성을 높이겠다는 결정은 프톨레마이오스의 이집트에서 고대 아테네의 말하기가 사라지고 그 자리를 텍스트 중심의 학문 문화가 대신했다는 사실을 잘 설명한다.

호메로스의 서사시를 편집하는 것보다 훨씬 더 중요한 것은, 비非그리스 문화 속에서 그리스 학문의 주도권을 확립하기 시작한 번역 작품이었다. 알렉산드리아는 다수의 억압받는 이집트 원주민과 소수의 부유하고 영향력 있는 유대인을 포함하고 있는 다문화 중심지였다. 또한 위치적으로는 위대한 문명을 이룩한 페르시아와 메소포타미아에 매우 가까웠다. 이런 독특한 환경 속에서 프톨레마이오스 왕조는 지중해 연안의 다양한 민족이 소유한 가장 중요한 책들을 그리스어로 옮기기 시작했다. 그 안에는 로마의 법, 이집트의 역사, 바빌로니아의 천문학, 그리고 가장 중요한 히브리의 성서가 들어 있었다. 데메트리오스는 어쩌면 70인역 성서의 제작을 제안했을지도 모른다. '70인역 성서'라는 이름은 번역 작업에 열두 지파에서 각각 여섯 명씩 총 72명의 유대인 학자가 참여했다는 전설에서 유래되었는데, 전하는 바에 따르면 히브리 성서를 그리스어로 번역하기 위해 이들을 팔레스타인에서 알렉산드리아로 데려왔다고 한다. 이들은 서로 격리되어 있었지만 72명 모두가 정확하게 똑같은 번역문을 만들어 냈다고 전해진다. 이것은 번역의 정확성뿐만 아니라 번역에 대한 신神의 허락도 입증한다.

결국 70인역 성서는 알렉산드리아에서 날로 성장하는 유대인 공동체의 세습재산이 되었다. 그들은 이미 히브리어를 대신해서 그리스어를 제1언어로 채용하기 시작했다. 그러나 그들의 첫 번째 작품은 프톨레마이오스 왕조의 관심사를 뚜렷하게 반영했다. 헬레니즘 제국의 통치자들은 '외국의 지혜'에 관한 순수한 지적 호기심과 종속된 백성을 다스리기 위해서는 그들의 법과 관습에 대한 지식이 필요하다는 정치적으로 날카로운 통찰력을 겸비하고 있었다.[9] 초기 도서관의 활동에 대한 우리의 몇 안 되는 근거 자료 가운데 하나인 아리스테아스Aristeas의 편지로 알 수 있듯, 프톨레마이오스는 강제로 자신의 군대에서 복무하는 수많은 유대인들은 물론이고 페르시아인에 의해 예루살렘에서 이집트로 강제 이주한 유대인들한테도 충성을 얻고 싶어 했다. "이제 짐은 이들과 유대인들에 대한 감사의 마음을 온 세계에 그리고 앞으로 태어날 세대에 보이기를 열망하여, 너희들의 법을 너희들 사이에서 사용되는 히브리어에서 그리스어로 번역하겠노라고 결심했다. 그리고 이 도서들은 다른 칙허 도서들과 함께 짐의 도서관에 보관될 것이다."[10] 몇 세기 후, 유대인 필론Philon이나 기독교인 오리게네스Origenes를 포함해 알렉산드리아의 가장 유명한 철학자 가운데 일부는 그리스 철학을 신의 계시와 맞추고 히브리의 일신교로부터 진정한 신학을 이끌어 내기 위해 70인역 성서에 의지했다. 70인역 성서보다 헬레니즘 학문이 다민족 제국의 정치에 말려들게 된 방식을 더 간명하게 보여 주는 작품은 거의 없다.

알렉산드리아 학문의 궁극적인 업적은 집대성이었다. 이것은 아리스토텔레스의 백과사전적 접근법의 영향을 그대로 반영한다. 끝없는 서가를 따라 돌아다니는 사치스러운 쾌락을 누리며 학자들은 선배들이 온 세상을 뒤져 발견한 지식들을 신중하게 선택했다. 이 분야의 최고 전문가는 칼리마코스Callimachos (기원전 305~240)였다. 그는 학식의 깊이를 보여 주는 시로도 유명하며, 알렉산드리아 최초의 도서 목록 『피나케스Pinakes』의 편찬자로도 널리 알려져 있다. 칼리마코스의 '목록'들은 머리글자를 기준으로 한 알파벳순 정렬—이것 자체도 알렉산드리아 최초의 사서에 의해 발명되었다—을 능가하는 굉장한 진보였다. 이 목록들을 통해 칼리마코스는 도서관의 두루마리들 속에서 강, 도시, 신화, 어류, 의식, 신, 별난 단어, 온 세상 사람들의 생소한 관습들을 찾을 수 있었다. '단맛이 나는 소금물', '식물처럼 자라는 귀금속' 같은, 자연과 인간의 경이들은 그가 창안한 '역설 문학paradoxography'이라 불리는 장르의 주요 주제가 되었다.[11] 칼리마코스는 이 모든 정보를 참고문헌 삼아 지척에 두었다. 그의 시가 인유법과 매혹적인 사실들로 가득 찼음은 의심의 여지가 없다. 학자의 입장에서 귀중한 시집들이 손상되는 것이 달갑지만은 않겠지만, 칼리마코스가 만든 주제별 분류법과 상호 참조법은 다른 도서관의 학자들이 알렉산드리아 도서관의 장서를 이용하는 불편함을 상당 부분 해결해 주었다. 어떤 신랄한 독설가는 이렇게 썼다. "칼리마코스의 병사들이여, '민min'과 '스핀sphin'(고대의 대명사들)을 좋아하고 키클롭스가 개를 키웠는지를 연구하는 것을 좋아하는 너희 엄격한 언어 조합의 사냥꾼들이여, 바라건대 영원히 닳아 없어지기를."[12]

목록에 의해서든, 계보에 의해서든, 듀이 십진법에 의해서든, 지식의 범주화는 현대 학자들 사이에서 실제의 중요성과는 매우 동떨어진 매력을 발산하고 있다. 분류 체계는 임의적인 편의 도구이다. 중요한 것은 역사가 시에 의해 분류되는지 혹은 고대의 정신에 관해 전하는 바에 의해 분류되는지가 아니라, 어떻게 하면 방황하는 지식인들이 쉽고도 빠르게 책에 접근할 수 있도록 만드느냐이다. 프톨레마이오스의 알렉산드리아에서 나오는 구체적인 종합 학문의 특성으로 판단하자면, 이는 정확하게 칼리마코스의 『피나케스』와 그와 유사한 작업들이 성취하는 바이다. 고대 세계 최고의 지도 제작법과 민족지학 가운데 일부는 자료를 모으기 위해 위험을 무릅쓰고 성벽 밖이나 박물관 밖으로 나간 적이 없는 학자들이 만들었다고 해도 과언이 아니다. 그들은 단지 도서관이 보유한 가장 신뢰할 만한 최고의 지도와 여행기를 그러모아 지도를 제작했다. 유클리드의 기하학도 같은 범주, 즉 독창적인 작업이라기보다는 종합적인 작업에 속한다. 그럼에도 불구하고 유클리드의 기하학은 역사상 가장 영향력 있는 수학 교과서로서 자리매김하고 있다.

알렉산드리아에서 비판적 독서는 '한발 더 나아간 글쓰기를 위한 원천'이 되었고, 주석, 소사전, 색인 같은 새로운 장르를 만들어 냈다.[13] 지금도 여전히 학자적 정신의 악덕이자 미덕인 박학다식과 절충주의, 체계 구축에 대한 기호는 새로운 학문 양식의 표시였다. 이것은 좋든 나쁘든 철학자의 양식과는 거리가 멀었다. 그러나 어떤 경우에든 진정한 철학이 5세기의 아테네 같은 온실 밖에서 살아남을 수 있었다는 것은 믿기 어려운 일이다. 통치자들의 후원은 이 모든 지식을 (수정된 형태로) 우리를 포함한 다른 사람들이 이용할 수 있게 만들었다.

문화적 후원

이집트의 프톨레마이오스 왕조부터 이탈리아의 메디치가家, 아시아의 술탄과 황제에 이르기까지 위대한 통치자들이 무슨 이유로 학구적 학문을 후원했는지 궁금해하는 것은 당연하다. 고등 학문이 그처럼 대규모의 재정적·정치적 지원 아래 번영한 것은 단순한 우연, 다시 말해 우연히 정신적 삶에 흥미를 가진 유력한 인물의 순전한 호의의 결과라고는 할 수 없다.

그에 대한 한 가지 설명은 솔직하게, 아니 냉소적일 정도로 정치적이다. 즉, 통치자들이 자신의 명성을 높이고 반대로 경쟁자들은 비열한 호전가로 묘사하기 위해 문화 자본에 투자한다는 것이다. 특히 헬레니즘 세계(또는 르네상스 시대의 이탈리아나 전국 시대의 중국)처럼 문화적으로는 통합되어 있지만 정치적으로는 분열되어 있는 세계에서는 고등 학문의 중심인물들이 경쟁자들 사이의 균형을 깨뜨렸다. (그러지 않았다면 제한된 숫자의 경쟁자들이 서로 대등하게 경쟁하며 균형을 이루었을 것이다.) 그러나 종교의 후원을 받거나 기념비적인 건축물을 건설하는 등의 다른 방법은 훨씬 더 많은 사람들에게 왕의 도량을 전함으로써 그러한 목적을 보다 직접적으로 성취한다. 프톨레마이오스 왕조에 앞서 이집트를 다스린 파라오들은 거대한 피라미드와 사원 단지를 건설함으로써 정확히 이것을 실행했다. 서남아시아 전역에서는 왕이 주관하는 이런 종류의 후원이 족히 천 년은 지속하였을법한 전통이었으며, 프톨레마이오스 왕조 또한 이 사실을 잘 알고 있었다.

좀 더 납득할 만한 설명은 권력 언어와 교역 언어를 확립하는 과정에서 학자들이 특별한 역할을 한다는 주장이다. 알렉산드로스 이후 그리스어는 동지중해의 링구아 프랑카lingua franca(공통 언어가 없는 집단이 서로 의사소통을 하기 위해 사용하는 언어-옮긴이)로서 아직 아람어(예수 그리스도의 언어)를 대체하지 못하고 있었다. 하지만 그리스 도시국가 출신의 여러 다양한 행정관들, 선원들, 상인들, 장인들이 그들의 재능을 제국을 위해 발휘할 수 있다면 대체는 충분히 가능할법했다. 민족적으로 이질적인 주류 인구 속에 정착된 박물관과 도서관은 그들에게 프톨레마이오스 왕조가 알렉산드리아 항구에 세운 거대한 등대만큼 확실하게 표지가 되어 주었다. 반면, 외국 사람과 외국 언어에 스스로를 적응시키고 있는, 층이 얇은 정복자들에게 새장 속의 학자들이 정말로 위안이 되는 존재였는지는 의심스럽다.

어쨌든 이 모든 설명은 왜 특히 글쓰기—성문 학문, 책 수집에 대한 열광과 정밀함에 대한 기호, 그 밖에 도서관이 상징하는 모든 것—가 프톨레마이오스 왕조에 그들의 목적을 성취할 수 있는 가장 효과적인 수단을 제공했는지 해명하지 못한다. 이에 대한 답을 찾기 위해 우리는 고대 세계에서 가장 글쓰기가 축이 된 문명, 중국으로 시선을 돌려 헬레니즘 문명의 정반대 상황을 살펴보아야 한다. 당시 중국에는 문화적 균일성이 이미 존재하고 있었으나 정치적 경쟁이 끝난 지는 얼마 되지 않았다.

그리스 vs. 중국

언뜻 보기에 고대 중국은 동양의 전제군주가 가하던 획일적 억압에 대해 프톨레마이오스 왕조의 도량이, 아니면 적어도 당시 그리스의 경쟁력이 가진 이점을 확증하는 것처럼 보인다. 중국의 전국 시대는 고대 그리스와 마찬가지로 철학적으로 융성한 시대였다. 이 시대는 플라톤과 거의 동시대 인물인 공자의 시대였으며, 법가, 도가, 묵가 등등의 역동적인 경쟁 학파들이 활발한 활동을 벌이던 시대였다. 그러나 기원전 221년, 진시황이 이 시대에 종지부를 찍었다. 진시황은 전국 시대의 제후국들을 복종시키고 중국 최초의 통일 제국을 이룩한 인물이다. 그런 뒤에 조예 깊은 법가 학자인 승상 이사李斯가 진秦나라의 국가 철학을 내세우며 모든 경쟁 학문, 특히나 유가를 탄압했다. 철학자이자 세력가로서 분서焚書를 명령한 인물도 승상 이사이다. 황제에게 올린 악명 높은 진정서에서 이사는 개인적인 학문을 자유로이 허용하는 것은 학자들이 황제의 명령 대신 자기 자신의 학설에 의지한다는 것을 의미한다고 설명했다. 직접적인 상관관계는 철학적 학설의 다양성과 중국의 분열 사이에서 끌어낼 수 있었다. 오직 하나의 요청만이 남았다. "폐하의 종이 진언하옵니다. 진나라에 대한 기록을 제외하고 사관史官이 기록한 모든 책을 불태우소서. 공적인 학자들의 통제 아래에서 활동하는 자들을 제외하고 고전 문헌과 다양한 철학자들의 논문을 보관하고 있는 모든 자들은 태수의 명령 아래 그 모든 책들을 불태우도록 명해 주십시오." 불복종에 대한 처벌 또한 가혹했다. "그들 가운데 감히 고전

문헌에 대해 논하는 자는 처형하여 그 몸을 장터에 매달아 공시해야 하옵니다. 현재를 비판하기 위해 과거를 들먹이는 자는 친족과 함께 멸해야 하옵니다."[14] 이러한 대학살 속에서 다양성과 이견은 소멸했고, 그렇게 논쟁은 사라졌다. 그리고 정치적 통일이 문화적 일치라는 엄청난 값을 치르고서 이루어졌다. 천만다행히도 프톨레마이오스 왕조에는 결코 그러한 계획을 시행하려는 생각을 지닌 사람이 없었다.

이사를 반反데메트리오스로서 악마화하고 싶은 유혹이 아무리 크더라도, 그의 분서 정책은 보다 긍정적인 또 하나의 문화 정책, 즉 중국 문자의 표준화와 불가분의 관계로 연결되어 있다. 중국의 아름답고 복잡한 문자는 오랫동안 글쓰기에 대해 지중해의 다소 실리적인 알파벳보다 더 큰 매력을 발산해 왔다. 그리스의 글쓰기가 페니키아 상인들의 업무적 속기速記에서 발전된 반면, 중국의 표의문자는 영원한 미적·종교적 숭배의 대상이었다. 상商나라로 시작된 상고의 왕조들은 미래의 세대는 물론 조상 및 신과 소통하기 위해 돌, 비취, 특히 청동에 비문을 새겼다. 학구적 수양을 위한 기품 있는 예술인 서예에는 노예에게 받아쓰게 하는 그리스 학자에게는 상상할 수 없는 위신이 수반되었다. 그러나 한자는 많은 역사적, 기능적, 심지어는 지역적 변형이 일어났다. 이사와 동료들은 이러한 변형들을 제거하고 글자를 보다 쓰기 쉽게 만들었다. 그리고 곡선적인 전서체 글자를 오늘날의 한자와 같은 확연히 각진 글자로 대체하여, 몇 세대 후에 절정에 이르게 되는 새로운 경향을 이끌었다.[15] 분서를 명령한 것과 마찬가지로 그는 이를 통해 역사의 혼란을 해소하고 진나라를 이후 중국의 발전에 있어 시발점으로 세울 작정이었다.

그렇게 함으로써 이사가 중국 문명을 구했다고 해도 과언이 아니다. 중국 문명은 글쓰기 체계의 통일에 의지하기 때문이다. 한자는 글자가 말소리와 임의적 관계를 맺는 순전한 문자 언어였고 지금도 그렇다. 한자에는 자모字母뿐만 아니라 음절표도 없다. 문자를 보는 것으로는 그것을 어떻게 발음하는지에 대해 믿을 만한 도움을 전혀 얻을 수 없다. 거꾸로 말해, 발음된 각각의 음절은 다수의 문자들에 대응한다. 이와는 대조적으로 그리스어든, 히브리어든, 로마어든, 아니면 다른 언어든, 알파벳은 발음에 대해 적어도 대강의 길잡이를 제공하며, 그 나름대로 학자는 물론 일반인이 쓰는 일상 언어와 연관되어 있다. 한국, 일본, 만주, 몽골, 베트남을 포함하는 한자 문화권은 연합된 고대 지중해 지역과 근동 지역만큼이나 언어적으로, 지형적으로, 기후적으로, 인종적으로 다양하다. 하지만 후자는 결코 일관된 단일체로 간주되지 않았으며, 물론 그리스인의 지배를 받을 때도 마찬가지였다. 반면에 중국(또는 최소한 중국 본토)은 일관된 단일체로 간주되었고 지금도 그렇다. 이것은 중국의 학자들이 서로 다른 방언을 사용했기 때문이다. 정확히 말하자면 그들은 대면하여 서로를 이해할 수 없었고, 글쓰기라는 완전히 상상적인 세계에서 소통해야 했기 때문이다. 이러한 소통은 그들에게 결속과 공통의 유대감을 주었다. 그것은 그들이 매일같이 만나는 교육받지 못한 유목민들과는 절대 공유할 수 없는 것이었다. 중국은 학자들의 제국이었다. 중국의 통일은 텍스트에 의거하는 전통에 기초했다. 여러 왕조가 흥망성쇠를 거듭했지만, 중국의 고전을 이해할 수 있는 문자는 격변의 시대에도 통일된 중국 문명이라는 꿈을 계속 이어 가게 했다.

격변의 시대에 진의 분서는 결코 이례적인 사건이 아니라 통치의 가장 좋은 실례였다. 분서는 과거의 지혜를 근절하는 데 목적이 있었지만, 오히려 과거의 지혜를 보존하는 뜻밖의 결과를 낳았다. 분서 정책이 시행되었지만, 의학, 약학, 점복占ト, 농업에 대한 글쓰기는 허용되었고, 뿐만 아니라 불길을 '개인적인 학문'에만 겨누었기 때문에 국가기관에 소속된 학자는 정책에서 예외였다. 이렇게 제한되고 비효율적인 정책 시행으로 인해 많고 많은 책들이 살아남았다. 전체적으로 볼 때 분서 정책은 중국의 문학적 유산에 해를 끼쳤다기보다는 이

후의 왕조들이 하나같이 잃어버렸다고 생각되는 지식을 복구하겠다는 결정을 내리도록 하는 데 더 큰 역할을 했다.

중국 최초의 황실 도서관은 한漢나라에서 시작된다. 한나라는 진나라에 이어 중국을 지배했으며, 진나라가 파괴한 모든 것을, 특히 유가의 고전들을 복구하려고 했다. 이 과업을 맡은 한나라 학자들은 원문에 의거한 편집과 대조라는 문제에 직면했다. 상황은 알렉산드리아 학자들의 경우보다 더욱 나빴다. 중국의 일반적인 필기도구였던 죽간과 비단은 그리스인이 사용한 파피루스와 양피지보다 훨씬 부패하기 쉬웠다. 또한 중국의 책은 지중해 지역의 책에 비해 혼란의 요소가 많았다. 글자는 보통 죽간에 세로로 새겨졌고, 그런 다음 여러 개의 죽간이 하나로 묶였다. 따라서 끈이 끊어지면 텍스트는 산산조각이 나고 논리적 일관성은 사라졌다. 가장 긴 책조차도 한 묶음의 죽간보다 더 적은 수의 10피트짜리 두루마리로 구성되는 그리스 책의 경우에는 순서를 잃어버리는 것이 그다지 큰 문제가 되지 않았다. 심지어 현대의 몇몇 중국학자들은 이론의 여지는 있으나, 잃어버린 텍스트를 종합하고 그 내용을 재배열하고 때로는 없어진 부분을 제작하는 한나라의 복구 작업이 의심스러운 추론과 주관적인 편집자의 결정에 기초하기 때문에 진나라의 분서 자체보다 고대 문학작품의 신뢰성에 더 해를 끼쳤다고 믿기도 한다.[16]

그러나 한나라의 황실 도서관은 알렉산드리아에서 찾아볼 수 있는 일종의 문헌학적 철저함을 쉽게 앞서는 정치적 논리를 따랐다. 황실 도서관은 중국의 문학적 유산을 지키기 위해서뿐만 아니라 잃어버린 황금기의 완벽한 반영으로서 그것을 고스란히 재구성하기 위해서도 더없이 중요했다. 현재를 위한 이런 가공의 복제는 혼란기에도 안정기에도 길잡이가 되어 주었다.[17] 영속성과 정전화正典化에 대한 욕구는 학문적 후원이라는 한漢 왕조의 가장 인상적인 활동을 설명한다. 그것은 확실히 범위와 전망의 측면에서 알렉산드리아 도서관에 비길 만한 것이었다. 한나라의 학자들은 유가의 고전 전집을 공들여 복구한 뒤, 그것을 거대한 석판에 새겼다. 여섯 편의 유가 고전을 이루고 있는 20만 자 이상의 글자를 기록하는 작업은 175년에 시작되어 8년 동안 계속되었으며, 냉장고만 한 크기의 석판 40~50개가 소요되었다.[18] 이 석판들은 뤄양洛陽에 있는 태학太學 학사 바로 근처에 가지런히 배치되었다. 중국 전역에서 수천 명의 학자들이 비문碑文의 탁본을 뜨기 위해 그곳으로 모여들었다. 통일 제국만이 그러한 위업을 연출하기 위한 자원과 수단—노동력, 물질 재료, 헌신과 체계화—을 지배할 수 있었다. 통일 제국만이 명령에 의해 특별한 일련의 작품을 정전화하겠다는 결정을 시행할 수 있었다. 통일 제국만이 단 하나의 문학 텍스트 전집으로 가르치고 시험함으로써(이는 유가의 시험 체계의 기초로, 1905년에 이르기까지 행정 관료를 선발하는 기준이었다.) 몇 세기 후에는 충성스러운 학자 관료들로 이루어진 광범위한 엘리트 계층을 배출해 내기 시작할 수 있었다.

영구적인 재료의 사용은 헬레니즘의 학문 세계에는 알려지지 않았다. 그로 인해 가능한 기계적인 복사는 말할 것도 없다. 중국인들은 돌, 청동, 비취에 글자를 새겼다. 한편, 메소포타미아인들은 점토판에 쐐기문자를 썼고, 파라오의 지배 아래 이집트인들은 오벨리스크와 사원에 상형문자를 새겼다. 그리스인들 역시 수많은 비문을 제작했다. 그러나 영속성을 띤 글쓰기는 결코 그리스나 헬레니즘의 문화가 지닌 '학구적' 전통의 일부가 아니었다. 다양하고 사실상 무한한 학구적 글쓰기는 영구적인 공공의 비문을 손쉽게 고찰과 토론의 대상으로 만들었다.

알렉산드리아의 학자들은 그들의 업적을 돌에 새길 기회가 있었다 하더라도 틀림없이 거절했을 것이다. 여기에서 우리는 이러한 비교가 가능하다. 중국의 도서관은 조국에서 사라져 가고 있으며 부분적으로는 이미 소실된 지적 전통의 쇠퇴를 막기 위해 설립된 반면, 헬레니즘의 도서관은 현존하는 일련의 지식을 신뢰할 만한 수준으로 복제할 수 있고 물리적으로 휴대할 수 있게 하려는 목적에서 발전했다. 그리스인은 기질 때문에도 환경 때문에도 현재에 살았다. 위대한 아시아 제국들의 변방에서 새롭게 세계무대에 등장한 이들은 중국의 학문 문화를 매우 단호하게 역사적 과거를 재건하는 방향으로 이끄는 역사성과 정착성에 대한 감각이 없었다.

그리스인들이 미래지향적이고 혁신적이며 모험적으로 변한 이유가 이것이다. 뿐만 아니라 그리스인들은 역사에 대해 박학하면서도 놀라울 정도로 순진무구하다. 고대 아테네의 가장 유명한 역사가는 투키디데스Thucydides와 헤로도토스Herodotos였다. 투키디데스는 직접 목격한 사건에 대해서만 기술했고, 남을 쉽게 믿는 것으로 유명한 헤로도토스는 타민족에 관해서 기술했다. 괴물과 경이로 둘러싸인 친숙한 에게 해 주변 세계를 배경으로 공들여 완성한 서사시에서 그리스인들은 타민족을 지배하고 이해하기 위한 어떠한 가르침도 얻을 수 없었다. 게다가 이집트에서는 그들이 자신들의 것보다 훨씬 더 오래된 것으로 인정하는 문명과 직면했다. 피라미드의 나라를 지배하면서 프톨레마이오스 왕조는 파라오의 방식을 좇았으며, 박물관도 테베에 있는 람세스의 신전을 본떠서 지었을지 모른다.[19] 무엇보다도 외국에 있는 그리스인들은 자신들의 역사에 관해 새로운 자의식을 갖게 되었다.[20] 알렉산드리아인들은 최초로 그리스의 업적을 규범화했다. 그들은 창조적인 자신만의 학문을 고찰하고자 했으며 그리스 문화가 지닌 지혜의 불꽃이 지금 우리가 '서구'라고 부르는 정치제도로 옮겨 갈 수 있는 전례를 세우고자 했다.

파괴와 손실에 관한 이야기들

알렉산드리아 도서관의 파괴에 관해 우리는 거의 아는 바가 없다. 몇 가지 설명이 분분하지만 만족스러운 설명은 없다. 그중 한 가지 예를 들자면 율리우스 카이사르Julius Caesar의 책임론이다. 정적 폼페이우스Pompeius를 추격해 이집트로 들어간 로마의 위대한 장군은 곧 프톨레마이오스 왕조의 마지막 군주 클레오파트라Cleopatra와 어울렸고, 기원전 47년경 클레오파트라의 권력 장악을 지원했다. 뒤따른 전쟁에서 카이사르는 자신이 왕궁 단지 내에 갇힌 것을 알게 되었고, 자신의 배로 돌아가는 길을 불태워야만 했다. 왕궁 단지에는 박물관이 있었고 박물관에는 도서관이 있었기 때문에, 많은 책들이 연기 속에서 사라졌다고 한다. 문학 작품 속에서 추리력을 발휘했던 어떤 학자들은 그 큰 화재는 틀림없이 왕궁 단지에서 멀리 떨어진 몇몇 부두 창고들에 국한되었을 것이라고 주장하며 이 이야기의 정확성을 의심한다.[21] 또 어떤 학자들은 카이사르의 파괴적 행위에 대한 기본적인 사실을 인정하면서도 진부하고 거짓인 일화를 반복한다. 일화에 따르면, 약 10년 후 마르쿠스 안토니우스Marcus Antonius가 클레오파트라에게 구애하고 있을 때, 그는 페르가몬에 있는 경쟁 도서관에서 20만 권의 책을 훔쳐 그것을 과거의 손실에 대한 보상으로 알렉산드리아 도서관에 주었다. 이 일화가 참이든 거짓이든, 경쟁 도서관으로부터 넘어온 책은 기원전 30년 로마가 마침내 프톨레마이오스 왕조의 이집트를 정복한 뒤에도 알렉산드리아 도서관이 명맥을 이어 가는 데 도움이 되었다.

와전된 이야기들은 가장 중요한 진실을 암시할 뿐, 정확한 포착은 달성하지 못하고 있다. 바로 그리스의 도서관이 로마의 아테네 정복과 함께 막대한 이득을 취하게 되었다는 것이다. 로마의 장군 술라Sulla는 그리스의 책을 매우 좋아해서 아테네를 정복한 뒤 아리스토텔레스의 저작 원본 전부를 포함해 도서관의 장서들을 모조리 이탈리아로 실어 날랐다. 이후 로마의 황제들은 몇 세기 동안 계속해서 알렉산드리아에 도서관 책임자를 임명했고, 알렉산드리아가 학문의 중심이라는 명성을 유지하도록 지원했다. 보다 중요한 것은 그들이 지중해 전역, 특히 로마에 도서관을 세웠다는 사실이다. 때로는 독립된 신전으로서, 때로는 공중목욕탕에 딸린 부대시설로서, 도서관은 그리스인과 로마인 모두를 위한 널찍한 독서실과 부속 건물을 갖추고 있었고, 남자는 물론 여자에게도 개방되었다. 율리우스 카이사르는 도서관의 막강한 후원자가 되었고, 그의 양아들이자 후계자인 아우구스투스Augustus는 카이사르를 뛰어넘는 도서관 지원책을 펼쳤다. 비잔틴 제국, 즉 분열 후의 동로마 제국은 꼬박 1,000년 동안 그리스어 원서를 관리했으며, 그 책들은 결국 1453년 오스만투르크에 의해 수도가 함락되기 전에 르네상스기의 이탈리아로 전달되었다. 프톨레마이오스 왕조가 도서관을 세운 궁극적인 이유가 무엇이었든, 로마의 프톨레마이오스 정복은 황실의 학문 후원과 관련된 정책에 아무런 영향도 끼치지 않았다.

군대에 의한 파괴를 주장하는 또 다른 이야기의 경우도 마찬가지이다. 이번에는 동쪽에서 온 아랍인들에게 화살을 돌린다. 어떤 학자들의 말에 따르면, 640년경에 아랍의 한 무슬림 장군이 알렉산드리아에서 비잔틴 제국 사람들을 축출하는 과정에서 도서관을 발견하고 상관인 칼리프 오마르Omar에게 책을 어떻게 처리할지 묻는 전갈을 보냈다고 한다. 관용이나 세심한 지성보다는 군사적 열정으로 더 유명한 오마르는 논란의 여지없는 삼단논법으로 분명한 대답을 보냈다. '알렉산드리아에 있는 책들이 코란에 위배된다면 그것들은 이단이며, 그렇다면 불태워 버려야 한다. 코란에 위배되지 않는다면 그것들은 과잉이며, 그렇다면 역시 불태워 버려야 한다.' 물론 여기에도 의심할 만한 이유가 있다. 만약 이것이 이 이야기의 진상이 아니라면 이것은 틀림없이 무슬림의 편협함에 관한 시사이다. 오마르의 언명은 그리스 '철학'에 대한 이슬람의 정책을 결정하는 최종 발언이 아니었다. 철학philosophy을 '팔라시파falasifa'라고 새롭게 음역한 무슬림 학자들은 곧 그리스 학문을 무차별적으로 끌어왔으며, 처음에는 시리아어 번역본으로 시작하여 나중에는 그리스어 원본으로 연구했다.[22] 그들은 또한 동쪽으로는 바그다드의 지혜의 전당에서부터 서쪽 끝으로는 중세 스페인의 도서관에 이르기까지, 그리고 유라시아의 실크로드 위 사마르칸트에서부터 사하라 사막 남쪽의 통북투에 이르기까지 연구 기관들을 설립함으로써 도서관과 학문을 지역적으로 널리 퍼뜨리는 데 기여를 했다.

비잔틴 제국처럼 이슬람 제국도 흔히 그리스 학문이 서유럽의 보다 역동적인 국가 사회로 전달될 때까지 그리스 학문을 관리한 소극적인 보호자였다. 하지만 무슬림들은 로마인들과 비교해 전혀 소극적이거나 수동적이지 않았다. 그들 역시 확고한 헬레니즘 문명의 기초 위에서 지식을 추구했다. 이슬람의 학문 기관들은 사실 여러 세기 동안 대단히 활발하고 독창적이었으며, 오히려 서양 로마의 학문 기관들은 그에 견줄 바가 아니었다. 그러나 우리가 이 점을 올바르게 인식하기 위해서는 유럽의 학문 수준이 일정 수준에 이르기를 기다려야만 했다.

알렉산드리아 박물관의 파괴와 손실에 관한 마지막 이야기는 박물관 최후의 공식 회원 가운데 한 명인 테온Theon과 그의 딸 히파티아Hypatia와 관계가 있다. 테온은 존경받는 수학자이자 천문학자이자 시인이었다. 그는 또한 연금술, 점성술, 점술, 즉 그리스의 과학과 이집트의 민간 마술 간의 일종의 합성을 반영하는 세 가지 신비주의 기술의 열렬한 지지자였다.[23] 신플라톤학파를 지휘한 히파티아는 아버지보다 훨씬 더 뛰어났다. 권력가들과의 우호적인 관계 속에서 그녀는 자신의 명성을 자신의 여성성이 아니라 자신의 미덕과 지혜의 덕으로 돌렸다. 전해지는 바에 따르면 생리대를 꺼내 보여서 자신에게 반한 남성을 물리친 적도 있다고 한다. 그러나 로마가 약탈당하고 5년이 지난 415년에 히파티아는 알렉산드리아의 기독교 주교 키릴루스Cyrillus의 지시로 살기등등한 준準군사 부대에 의해 잔인하게 토막 살해되었다. 키릴루스는 주교가 되고 얼마 안 있어 알렉산드리아의 유대인을 학살하기 시작했는데, 히파티아는 이러한 군사행동에 적극적으로 반대했다. 그러자 키릴루스는 반유대주의의 실력 행사를 방해했다는 이유로 히파티아에게 등을 돌렸다. 키릴루스의 추종자들은 그녀가 사술邪術을 부린다고 비난하면서 그녀의 아버지가 갖고 있는 신비주의에 대한 관심을 둘러싼 통속적인 소문들을 퍼뜨렸다. 사실 히파티아는

히파티아. 신플라톤주의의 대표적인 여성 철학자이자 수학자였던 그녀는 이교異敎의 선포자라는 이유로 참살당했다.

쇠퇴해 가는 로마 제국의 특징이 되어 버린 초자연적 신비주의에 영향을 받지 않았다.[24] 민중 선동가 키릴루스가 정말로 격분한 이유는 히파티아가 비록 엘리트주의자이기는 했지만 덕, 대화, 에큐메니즘ecumenism에 헌신한 진정한 플라톤 신봉자로서 최후의 순수 헬레니즘 학자였기 때문이다.

앞선 이야기의 핵심이 무슬림의 무고함을 입증하는 것이 아니듯, 이 이야기의 핵심도 기독교인을 혹평하는 것이 아니다. 고대 말기의 알렉산드리아에는 이교도, 유대인, 기독교인 할 것 없이 모든 편에서 종교적 긴장과 공동체 간 폭력이 빈발했다. 정치 권력가들은 이렇게 다양한 문화들을 한데 모아 두기 위한 힘을 잃어 갔고, 그리스 학문은 그들 사이의 지적 중재자로서의 역할을 잃어버렸다. 이제 지식은 언제라도 분열될 수 있는 다문화 대도시의 세습재산이 되었

다. 70인역 성서의 사례를 통해 확인했듯이, 유대인과 기독교인은 그들의 종교 교리를 정비하기 위해 그 재산을 이용했다. 신비주의는 이집트의 민간 마술에 명성과 심도를 더하기 위해 그 재산을 이용했다. 결국 실패로 끝나고 말았지만, 히파티아의 동료들은 기독교의 맹공격에 맞서 이교도의 세라페움 신전(알렉산드리아의 명부의 신인 세라피스를 섬기는 신전-옮긴이)을 지키기 위해 자신들의 철학적 영향력을 휘둘렀다. 그러나 철학적 이교도들은 더 이상 그리스 사상에 대한 주도권이나 그리스 사상이 과거에 지녔던 영향력을 차지하지 못했다.

프톨레마이오스 왕조가 로마인의 지배를 받는 몇 세기 동안, 그리스의 교육인 파이데이아paideia는 자국의 언어와 문화 이외의 것에 통달한 엘리트들에게 공정하게 경쟁할 수 있는 기회를 주었다. 처음 아테네의 민주주의에서 싹튼 설득의 능력은 제국 전역에서 통용되는 정치적 영향력으로서, 독재적 지배 아래에서조차 이 엘리트들의 화합을 도모했다.[25] 하지만 황제들과 칼리프들 사이에서 그리스 학문은 정신적 동요에 의해 솟구쳐 올라 박물관의 벽을 뛰어넘었다. 그리스 학문의 마지막 열성 지지자가 여성이었다는 사실이야말로 이것을 가장 잘 설명한다. 학문은 이제 전체적으로 도시의 운명과 관련이 있었다. 학문은 정치권력이—프톨레마이오스 왕조든, 로마인이든, 비잔틴 제국 사람이든, 무슬림이든—질서를 유지하려는 노력을 보이면 번영을 구가했다. 그러나 지금 로마 서쪽의 제국에는 그러한 허울조차 없었다. 알렉산드리아에 질서를 되돌리기 위한 노력조차도 도서관을 구하기에는 충분하지 않았다. 간단히 말해, 유명한 종합 학문 시설을 관리하고 보호할 사람이 아무도 남지 않았다. 도서관의 소장품들은 불타 없어졌다기보다는 사라졌다는 게 옳은 표현이며, 파괴되었다기보다는 인류의 무관심으로 쇠락했다는 게 맞다.

2장

학문의 보존과
시간의 재발명

수도원

100년~1100년

수도원은 문명이 붕괴를 거듭하는 수 세기 동안 학문을 보존했을 뿐만 아니라
성문成文의 연구에서부터 시간의 표기와 측정에 이르기까지 숱한 새로운 연결 고리를 만들어 냈다.

5 29년, 이제는 완전한 기독교 세상에서 이교도 철학의 유물이 되어 버린, 플라톤이 창설한 아테네의 아카데메이아는 칙령에 의해 폐쇄되었다. 같은 해에 한 수도원이 로마로부터 남쪽으로 약 130킬로미터 떨어진 몬테카시노 Montecassino에 설립되었다. (이 수도원은 오늘날까지도 활발하게 활동하고 있다.) '꼭 대기가 하늘에 가 닿을 듯한' 산에 자리한 이 수도원은 서로마 제국의 진원지 근처에 위치했다. 그러나 6세기의 이탈리아에서 고전고대의 문명은 이미 걷잡을 수 없이 쇠퇴하고 있었다. "마을의 인구는 줄어들고, 요새는 허물어지고, 교회는 불타고, 수도원과 수녀원은 파괴되고 있다. 논밭은 방치되고, 농부들이 버린 땅은 황량하게 쩍쩍 갈라지고 있다. 이제 이곳엔 단 한 명의 농민도 살지 않는다. 야생동물이 인간을 대신하고 있다. 이 세상의 다른 곳에서 어떤 일이 일어나고 있는지, 나는 알지 못한다. 그러나 이곳에서, 우리가 살고 있는 이 땅에서, 이 세상은 더 이상 다가오는 종말을 예고하지 않는다. 그저 현실에서 보여줄 뿐이다."[1]

이것은 그레고리우스 1세Gregorius I(약 540~604)의 종말론적인 감상이다. 로마의 세속적 권력이 밑바닥까지 떨어졌을 때 그는 새로운 문명, 즉 라틴 기독교 세계의 탄생을 목격했고 그에 기여했다. 교황이 된 최초의 수사인 그레고리우스는 몬테카시노 수도원의 설립자, 누르시아의 베네딕투스Benedictus of Nursia(약 480~547)가 실천한 경건한 생활과 행적을 대중에게 널리 퍼뜨렸다. 베네딕투스의 규율은 수 세기 동안 서방 교회의 수사와 수녀를 위한 성문 지침을 제공해 주었다.[2]

몬테카시노 수도원은 그레고리우스 시대 이래로 많은 고난을 겪었다. 화재, 전쟁, 천재지변으로 여러 차례 귀중한 텍스트의 손실을 겪은 것이다. 577년에는 북쪽으로부터 침략해 온 게르만족에게, 883년에는 남쪽에서 침입한 아랍인들에게 약탈을 당했다. 수사들은 수차례 피신을 해야만 했으며, 한번은 피난길에 베네딕투스의 유골도 함께 실어 날라야 했다. 몬테카시노 수도원의 필사실筆寫室―익숙한 이미지로 묘사하자면, 필경사들이 쥐죽은 듯한 침묵 속에서 양피지 위에 몸을 웅크리고 앉아 있는 방―은 11세기에 이르러서야 비로소 체계적으로 키케로Cicero와 오비디우스Ovidius, 비잔티움과 아랍 세계의 사본들을 손에 넣어 필사하기 시작할 수 있었다. 그 후 1349년, 전해에 전염병에 이어 지진이 발생했는데, 이 재앙이 또 한 번의 운명의 반전을 앞당기는 격이 되었다. 그로부터 약 600년이 지난 1944년, 파시스트 이탈리아에 대한 연합군의 폭격이 그곳을 돌무더기 폐허로 바꾸어 놓았다. 이 모든 파란만장을 겪으면서도 몬테카시오 수도원의 수사들은 전환기에 적응해 나가며 그들의 영적 전통을 재건했다. 1,500년 전의 수도원은 최근에 자체 웹사이트를 개설했다. (www.officine.it/montecassino/main_e.htm)

이미 살펴보았듯이, 알렉산드리아 도서관의 붕괴 원인은 고대 제국의 몰락에 수반하는 도시 문화시설의 쇠퇴와 정치적 후원의 중단이었다. 실제로 고대의 학교나 도서관 중 현재에 살아남은 곳은 단 한 곳도 없다. 그러나 도시 문명에서 은둔해 있던 기독교 수도원은 달랐다. 수도원은 부식과 파괴의 시대에 학문을 보존하기에 더할 나위 없이 적당한 장소였다. 수도원은 서양 세계에서 가장 오랫동안 존재하는 기관 가운데 하나이다. 긴 생명은 수도원의 제도적 DNA를 이루는 일부로서 수도원의 필수 요소이다.

　지식을 보존하고 심화하는 수도원의 관습에는 시간에 대한 세심한 주의가 배어 있다. 수도원의 지표가 되는 이데올로기인 기독교는 예수 그리스도의 생과 사를 중심으로 수도원의 시간에 대한 감각을 구조화한다. 그리스도의 귀환은 기독교 역사에 목적과 의미를 부여한다. 또한 기독교는 사람들의 생과 사, 버림과 구원의 결정을 인도하는 많은 문헌을 제공한다. 하느님의 말씀을 성문화하여 기록하는 행위는 서양에서 문명의 하부구조가 붕괴된 이후 성문 지식의 보존에 대한 종교적 근거를 마련해 주었다. 가장 헌신적인 기독교인으로서 수사와 수녀는 수도 공동체 속에서 삶의 매시간을 유기적으로 설계하기 위해 텍스트에 의지했다. '그리스도께서 육화하신 해'라는 뜻의 'anno Domini incarnationis', 즉 'A.D.'를 기준으로 시간을 기록하는 방식을 개발한 것 또한 수사였다. 이 방식은 오늘날 기독교인이나 비기독교인 할 것 없이 세계 모든 지역에서 지배적으로 사용되고 있다.*

　대중적인 이미지와는 달리 수도원은 암흑의 수 세기를 거치며 생명 없는 사본들을 관리하고, 고전고대와 유럽 르네상스기라는 두 빛의 시대를 연결하는 데 헌신한 기관이었다. 오히려 텍스트와 시간에 대한 수도원의 이중적 헌신은 그 과정에서 보인 겸손과 근면, 믿을 수 없는 인내로 인해 더욱더 인상적인 지식의 재발명을 이끌어 냈다.

---

* 최근의 역사가들은 보통성普通性을 인정하여 단지 명칭의 피상적인 변경에 불과하기는 하나 'A.D.'를 'CECommon Era'로, 'B.C.'를 'BCE'로 대체하여 쓰고 있다.

기독교와 성문화된 말씀

헬레니즘 제국 도서관의 중요성에도 불구하고, 고대 세계는 변함없이 저술가나 독서가의 기술보다 연설가나 웅변가의 기술을 존중했다. 특히 로마인은 언제나 변함없이 연설을 높이 평가하고 공적 생활과 공적 가치관의 중심으로 만들었다. 학교는 청년들에게 올바른 라틴어 문법과 어법, 설득력 있는 수사학, 논리학, 이 세 가지 과목(말하자면 논리적인 토론을 벌이는 방법)으로 이루어진 삼과三科를 가르쳤다. 구술 교육이 제공하는 것은 법정이나 제국의 행정 기관을 위한 직업적인 분야만은 아니었다. 개인의 도덕성 자체가 개개인의 공적 평판, 즉 다른 유한有閑 엘리트와의 설전을 통해 얻을 수 있는 평판에 근거를 두고 있었다.

그리스도의 탄생으로부터 거의 4세기 후, 히포의 아우구스티누스Augustinus of Hippo(354~430)는 'human'이라는 단어의 'h'를 기식음氣息音으로 발음하는 것이 지식인들 사이에서 단순한 과시 이상의 의미가 있음을 알았다. 이러한 관찰은 서구 역사에서 가장 오래된 자서전인 『고백록Confessions』에 적혀 있다. 그 안에 아우구스티누스는 이교도 윤리에서 기독교 신앙으로의 개종을 중심으로 자신의 인생 이야기를 공들여 기록한다. 성서의 인용으로 넘쳐흐르는 이 철학적 작품은 '지독한 적개심을 품고 상대를 공격하는, 웅변

아우구스티누스. 마니교에 심취했던 그가 개종한 이유로는 밀라노의 주교인 암브로시우스의 설교를 듣고 감동받았기 때문이라는 설, 사도 바울의 『로마인들에게 보낸 편지』를 읽고 개종했다는 설 등이 있다.

으로 명성이 높은 자'에 맞서 그의 사례를 뒷받침하는 장章과 절節을 한데 모은다.[3]

다분히 아우구스티누스의 작품들 덕분에, 성서는 마침내 개인의 품성과 가치관을 형성하는 도구로서 로마의 수사학을 대신하기 시작했다. 글쓰기와 말하기 사이의 균형을 뒤집으면서 기독교는 평범한 신자들을 인도하고 그들의 양심을 구체화하고 그들의 행동을 형성하는, 믿을 수 없을 만큼 많은 텍스트를 생산해 냈다. 그러한 글쓰기는 가장 비천한 사람들과 철학자들에게 하느님의 말씀에 동참하고, 그에 합당하도록 이승에서의 삶을 세심하게 가다듬고, 그럼으로써 내세에서의 구원을 위한 길을 닦을 수 있는 기회를 주었다.

기독교는 유대교의 한 종파로 시작되었다. 유대교는 고대 지중해 지역에서 유일무이하게 다수의 명확한 성문 텍스트, 토라Torah를 종교적 관례의 중심에 두고 있었다. 예수의 제자들은 자신들을 유대인과 구분하기 시작했지만, 성문화된 하느님의 말씀에 대한 유대교의 견해는 당연시했다. 초기 기독교 공동체에서 히브리 성서에 관한 토론은 중요한 일이었다. 토론 과정에서 히브리 성서는 그리스어 70인역 성서에서 재인용되고, 예수의 구세주적인 삶과 속죄로서의 죽음이라는 관점에서 재해석되었다.[4] 그러나 유대인의 구약과 대조하여 신약이라고 불린, 기독교인만의 고유한 성서가 자리 잡기까지는 놀랄 만큼 오랜 시간이 걸렸다. 예수의 삶과 가르침에 관한 이야기들은 기록으로 옮겨지기 전까지 수십 년 동안 구전되었다. 이리하여 우리는 예수의 생애에 관한 개별적이고 서로 모순된 네 가지 판본, 즉 마태복음, 마가복음, 누가복음, 요한복음을 갖게 되었다. 이것들과는 다른 '그노시스파'의 복음서들은 비교秘教의 신비주의 경향에 빠져들었고, 3세기 내내 위의 네 가지 정전화된 복음서와 경쟁했으나 후에 이단으로 판단되었다. 1970년대에 재발견되어 불과 2006년에 발표된 유다복음은 그리스도를 로마인에게 판 사도를 사실은 그리스도를 위해 행동한

것으로, 예수가 꾸민 은밀한 계획의 한 도구로 묘사한다.[5]

현존하는 가장 오래된 기독교 문서인 바울의 서간은 시간의 종말을 알리며 그리스도의 임박한 귀환을 예기하는 작품이다. 1세기, 바울은 지중해 연안 전역에서 갓 생겨난 공동체들의 기초를 놓고 그들을 후원하기 위해 로마 제국의 유명한 도로망과 발달된 우편 체계에 의지했다. 코린트인, 테살리아인, 로마인 등에게 보낸 그의 편지들은 일반적인 기독교인의 삶을 찾으려는 여러 모임에서 발생하는 긴급한 문제에 답을 주었다.(그가 사랑에 대해 코린트인에게 한 말은 오늘날 무수한 결혼식에서 인용된다.) 또한 그 편지들은 마을에서 마을로 전달되며 더 큰 신앙 공동체를 형성하는 데 도움이 되었다.[6] 일체의 정식 학술 교육 기관 바깥에서 유포되던 기독교 텍스트는 애초부터 신자들의 당면한 실용적 목적에 순응했다. 전반적으로 결코 교육이라고는 받지 못한 초기 기독교인들은 남녀 모두 다른 사람에게 읽어 주고 필요한 책을 필사함으로써 기초 교육을 기독교 텍스트에 의존했다. 부유한 신자의 집이나 야외에서 예배를 드리면서 기독교인들은 공동 식사 전에 낭독을 위해 모이곤 했다. 유스티누스 마터Justinus Martyr (100~165)의 기록에 따르면, 일단 "낭독자가 끝마치면, 회장이 우리에게 이 훌륭한 모범들을 본받도록 충고하고 권고하며 강연을 한다." 그다음에 기도가 이어지고, 그리고 나서 빵, 포도주, 물을 먹고 마신다. 이와 같은 환경에서 규칙적으로 사용되는 텍스트들은 결국 다른 것에 비해 교리적으로 보다 권위 있고 '정전화된' 텍스트로서 확립되었다.[7]

수 세기 동안 교리의 크고 작은 주요 쟁점들이 활발하게 논의되고 주장되고 반박되고 지지되었다. 그중 대부분은 편지나 논문으로 쓰여 제국 전역으로 빠르게 보급되었다. 확실하게 정의된 정설도, 그것을 강요하는 어떠한 수단도 없었다. 논쟁은 심지어 성서 사본에도 영향을 미쳤다. 그리스-로마 전통에서 필경사로 활동한 노예나 고용된 전문가와는 달리, 기독교 필경사는 그들이 퍼뜨리는 텍스트에 지속적으로 간여했다. 예를 들어 처음에는 요셉을 예수의 아버지라고 불렀으나, 하느님의 아들이라는 예수의 결정적인 지위를 강화하기 위해 이후의 모든 사본에서 예수의 아버지라는 표현을 제거했을지도 모른다. 이것은 정설 변조orthodox corruption라고 하는 과정으로, 이 경우는 그리스도의 신성을 부인한 아리우스파 이단에 반대하여 나온 결과였다.[8] 설익은 민주주의가 유행했고, 텍스트를 필사하겠다는, 아마도 바꿔 쓰겠다는 개인의 결심은 그 텍스트가 미래 세대에도 계속 사용되어야 한다는 의사 표현이었다. 이러한 필경사 중에는 남자뿐만 아니라 여자도 찾아볼 수 있었다. 이는 텍스트 중심주의가 로마의 공공 담론이라는 남자만의 세계와는 전혀 다른 사적 영역으로 침투한 증거이다.[9]

하나의 중심적인 권위를 기준으로 하지 않고, 영적인 안내와 지도의 즉각적인 필요에 이끌리는 기독교인의 글쓰기 습관은 오랫동안 정전이나 성서의 형성에 방해가 되었다. 실용적 목적에 순응된 텍스트는 겉보기에도 유대교 회당에서 종교 의식용으로 다루어진 유대인의 토라 두루마리와 달랐다. 대신 기독교인은 최초로 책에 새로운 물리적 형식을, 바로 오늘날 우리가 사용하는 형식을 채택한 사람들 가운데 하나였다. 코덱스codex의 등장이었다. 알렉산드리아 도서관에 보관된 책들을 포함하여 고대 문서의 대다수가 파피루스나 양피지 두루마리 형식을 취했다는 점을 떠올려 보라. 그러나 1세기 무렵 기독교인은 한가운데가 갈라지는 판 사이에 루스리프 방식으로 파피루스나 양피지를 모아 넣었다. 이 코덱스들은 가방에 넣고 다니다 기도 모임에서 꺼내 볼 수 있을 만큼 작았다. 코덱스는 두루마리에 비해 두 가지 이점이 있었다. 첫째, 양면에 쓸 수 있었기 때문에 넓은 공간을 사용할 수 있었다. 둘째, 두루마리는 순차적으로 읽어야만 하는 데 반해, 코덱스는 책의 특정 지점에 위치한 각각의 절로 건너뛰면서 읽을 수 있었다. (비디오테이프와 DVD의 차이점과 약간 비슷하다.) 기독교 환경을 제외하면 코덱스는 주로 행정적인 기록을 위해 마련된 편리한 메모장에 불과했다. 기독교인들만이 그들을 인도하는 텍스트의 내용을 그 자리에서 바로 편리하게 읽기 위해 이 실용적인 노트를 활용했다.[10]

최초에 그리스어로 쓰인 신약 성서는 곧 라틴어 번역본은 물론 지역 언어 번역본, 예컨대 시리아어, 콥트어(이집트어), 결국에는 아랍어 번역본까지 나왔다. 기적적인 70인역 성서와는 달리 이들 번역본에는 신적 권위가 따르지 않았다. (히브리어에서 그리스어로 번역된 70인역 성서는 서로 격리된 72명의 학자들이 정확하게 똑같은 번역문을 만들어 냈다.) 하느님의 말씀을 널리 알리는 것이 보다 중요했다. 또한 기독교에는 성서의 관리와 전달을 신성으로써 허락하는 유대교의 랍비 전통 같은 것도 없었다. 유대인은 개념적으로 모세에서 유래한, 성문 성서를 보완하고 설명하는 성문 토라와 독립된 구술 토라(탈무드) 모두를 가르치는 학교를 발달시켰다. 기독교인은 그들의 신성한 작품들을 이해하기 위해 필요한 기초 학문을 그리스-로마 교육 기관에 의존해야만 했다. 이교도 제국에서 이룬 기독교의 빠른 확장과 성공은 성문 텍스트에 대한 몰두가 문법, 수사학, 논리학의 고전적 삼과에 우선하는 훈련으로 자리매김하게 되었다는 것을 의미했다.

기독교 사상가들은 이교도 학문의 산물에 대한 그들의 의존을 놓고 고심했다. 테르툴리아누스Tertullianus(약 155~230)는 아테네(철학)가 예루살렘(종교)과 무슨 관계가 있느냐고 물으며 일찌감치 도전장을 던졌다. 위대한 번역자 히에로니무스Hieronymus(약 347~420)는 성서 전체를 그리스어와 히브리어에서 라틴어로 번역하기로 결심하기 전에, 거룩한 판관이 그에게 그리스도보다 키케로를 더 사랑한 죄를 추궁하는 악몽에 시달렸다. 아우구스티누스는 로마의 사회적 관습에 대한 자신의 거절과 기독교인의 삶에 대한 자신의 지지를 정당화하기 위해『고백록』에 라틴어의 수사적 장치를 완벽하게 배치했다. 실제로 수사적인 질문은 베르길리우스의 서사시 『아이네이스Aeneis』의 이야기에 대한 그의 비평을 구체화했다. "아이네이아스에 대한 사랑 때문에 죽어 가던 디도의 죽음에 대해서는 눈물을 흘리면서도, 나의 주 당신에 대한 사랑의 결핍 때문에 죽어 가는 자신에 대해서는 눈물을 흘리지 않는, 자신에 대한 동정심이 없는 가련한 사람보다 더 가슴 아픈 것이 무엇이겠습니까?"[11]

아우구스티누스의 자기 성찰은 고전적 학문에서 비롯된 학자적 통찰력을 텍스트를 통한 자기 시험이라는 기독교 관습에 적용하는 것이 정당하다는 것을 입증했다. 그는 클레멘스와 오리게네스에 의해 시작된, 대중적인 기독교 텍스트에서 심원한 철학적 사상을 이끌어 내는 전통을 완성했다. 성서의 세상에서 비록 부차적이긴 하지만 주요한 자리에 위치시킴으로써 고대 철학, 특히 플라톤 철학을 지킨 것 때문에 이후 세대들은 아우구스티누스를 존경했다. 그러나 말씀과 텍스트에 대한 강조 때문에 아우구스티누스는 그들의 정신적 삶을 여전히 대면 만남 중심의 로마인 방식으로 갈고닦는 동시대 철학자들로부터 벗어나기도 했다. 스토아학파, 키니코스학파, 특히 신플라톤학파의 학자들은 사실상 개인에 대한 숭배 집단이라 할 수 있는 긴밀하게 조직된 제자 집단에 자발적인 금욕 생활을 채택하여 항상 로마의 엘리트 집단 내에 반反문화를 형성했다. 그들은 청렴결백하다는 평판을 현실의 경쟁자들, 특히 기독교 수사와 유대교 랍비에 맞서 구술로써 얻고 지켜야 했다.[12] 알렉산드리아의 민족 종교 분쟁에서 비롯된 설전에 가담했다가 목숨을 잃은, 아우구스티누스와 동시대 사람인 히파티아를 떠올려 보라.

이런 관점에서 봤을 때, 지식에 대한 기독교의 공헌은 단지 신흥 종파의 문서들을 철학적 개념으로 장식하는 것에만 국한되지 않았다. 기독교는 고대 세계를 명확하게 특징짓는 격렬한 구두 경쟁이 없는 상황에서도 살아남을 수 있는 학문의 방법을 제공했다. 아우구스티누스가 활동할 무렵, 서양에서 로마의 힘은 차츰 붕괴되기 시작했다. 고대 말기 이교도 학교와 기독교 성서의 어색한 동거는 학교를 지원하는 도시 공동체들이 사라지면서 막을 내리게 되었다. 그러나 기독교는 오래전부터 문명의 틀과 그 기관 밖에서도 생존할 수 있는 종교로서 자리를 잡고 있었다. 기독교의 텍스트가 살아 있는 한, 기독교의 가르침 또한 살아 있을 것이다.

미개지未開地에서의 책

410년, 서고트족이 로마를 약탈했다. 2001년 세계무역센터 대참사에 비길 만한 사건이었다. 그의 가장 훌륭한 저서 『신국City of God』에서 아우구스티누스는 기독교인들의 내세 종교가 제국을 약하게 만들고 부패시켰다는 주장에 맞서 그들을 변호하려고 노력했다. 그러나 430년 아우구스티누스가 침상에 누워 죽어 가고 있을 때, 그가 봉직한 북아프리카의 도시 히포는 이미 반달족에게 포위당했다. 로마인이 '야만인'이라고 부른 게르만족 가운데 한 부족인 반달족은 곧 서양 제국의 정치 기구를 압도했다. 로마 시민 문화의 완만한 붕괴는 2세기 이상 계속되었다. 그로부터 등장한 사회는 거의 정반대의 양상을 띠었다. 요컨대 문맹에 구술 중심이며, 인구밀도가 낮고 생계형 경제의 시골 사회였다. 그럼에도 단일 기독교 사회―예수의 메시지가 지닌 보편적인 호소력에 대한 의미심장한 증거―였다. 아우구스티누스의 시대로부터 2세기 후 학자들의 임무는 플라톤과 그리스도의 조화만큼 무모하지 않았다. 폐쇄적인 시골 환경에서 그들의 임무는 자연히 성문 문화의 보존으로 옮겨 갔다. 성서로부터 의미를 끌어내기 위해 필요한 지식은 다른 원천으로부터 얻어야만 했을 것이다. 이것이 바로 서양에서 수도원이 맡은 중요한 역할이었다.

수도원은 6세기에 새롭게 생겨난 기관도, 로마의 붕괴에서 기원한 기관도 아니었다. 수도원의 발생은 얼마간 기독교의 성공을 반영했다. 312년 황제 콘스탄티누스Constantinus의 개종은 그 무렵 제국 전역에 깊숙이 침투해 있던 기독교를 공식적으로 재가하기에 이른다. 이에 앞서 기독교인에 대한 박해와 순교는 그들 모두가 그리스도적 수난을 함께한다는 것을 확실하게 증명했다. 그러나 지중해 연안의 도시들에서 기독교 신앙이 합법성과 주류적 지위를 얻자, 대중 종교가 된 기독교의 방종에 불만을 품은 사람들이 의도적인 선택으로서 고난과 고립을 좇아 길을 떠났다. 하느님과 더 가까워지는 더 순수한 삶을 찾는 신자들의 고행길은 이집트와 시리아의 사막까지 이어졌다. 분명히 극단적인 사례이지만, 주상柱上 고행자 시메온Simeon(약 390~459)은 37년 동안 시리아에 있는 한 기둥 꼭대기에서 생활했다. '수사monk' 라는 단어는 접두사 'mono' 처럼 '고독한 하나' 를 의미하는 그리스어 'monachos' 에서 나온다. 게다가 4세기 말 무렵에는 하下이집트의 사막에만 5,000여 명의 사람들이 떼 지어 몰려들었다.[13] 거기서 그들은 종교적 은둔자로서, 동시에 공동체 속에서 생활했다. 그러한 사람들의 소식은 사막의 정착지 바깥에서 생활하는 사람들에게 개인적 고행의 순결이라는 이상을 퍼뜨렸다. 고독한 고행자에 대한 이야기는 다른 기독교인들로 하여금 살아가면서 스스로를 교정하도록 고무했다. 아우구스티누스 역시 사막에서 살기 위해 알렉산드리아를 버린 전형적인 수사 안토니우스Antonius(약 250~356)의 존재에 대해 들은 당일 개종을 결심했다.

안토니우스가 지중해 지역을 버리고 떠난 것은 로마 도시들의 교화된 세계와 학문 전통에 대한 초기 고행자들의 확고한 거부를 적절히 예증한다. 아우구스티누스는 안토니우스가 문맹이었음에도 성서를 외우고 그 가르침을 정확하게 구현했다는 사실을 알고서 심히 부끄러워했다. 안토니우스의 예를 통해 알 수 있듯, 학문에 대한 거부, 특히 철학자들의 궤변에 대한 거부는 수사의 사명

중에서도 핵심이었다. 그러나 곧 사막에서의 은둔 생활에 대한 공동체적 대안이 (물론 이집트에도) 나타났다. 그리고 이 최초의 수사 집단은 불가피하게 텍스트에 의존하게 되었다. 매주 모임에서 성서를 암송함으로써 고독한 수련 수사들은 그들에게 필요한 동료 의식을 느끼게 되었다. 안토니우스가 그랬던 것처럼, 정선된 구절을 묵상하면서 수사는 권태와 절망과 유혹이라는 악마들을 물리치는 법을 배웠을지도 모른다. 특정한 시편 한 편을 몇 번이고 계속해서 암송하는 것은 마음을 안정시키고 가라앉혔다. 성서에서 끌어온 사랑과 권능의 말에 집중하는 것은 동료 수사에게 내뱉은 분노와 방탕의 말을 몰아내는 데 도움이 되었다. 선배에게 '한마디 해 달라고' 부탁하는 것은 그에게서 스스로 가르침을 구하는 수단이었다. 이러한 관례 가운데 그 어떤 것도 로마의 기도교인들이 학문이라고 칭했을 법한 것에 포함되지 않았다. 대신 사막의 고행자들은, 훗날 세상을 등지고 수도원에 틀어박힌 수사들처럼, 말씀과 텍스트에 대해 다른 태도—렉치오 디비나lectio divina, 즉 기도와 유사한, 하느님에게 바치는 명상적 독서—를 중심으로 그들의 삶을 구성했다.[14]

수도원은 특히 문명이 부재했던 미개 상태의 최초의 학문 기관이었다. 그리고 6세기 무렵의 서유럽은 사실 비로마계, 로마계 할 것 없이 전체가 그런 미개지였다고 해도 과언은 아니다. 뜨겁고 메마르지 않고 온난하고 비옥했지만, 유럽은 사막의 모델에 대한 수용력이 뛰어나다는 것이 이미 판명되었다. 마르세유 근처에 수도원 두 곳을 세우기 위해 성지에서 떠나온 요한네스 카시아누스Johannes Cassianus(약 360~433) 같은 순례자들이 그 토대를 일구어 놓았다. 그러나 정말로 수도 생활의 이상을 퍼뜨리고 그것의 실현을 위한 상세 방법을 제공한 것은 카시아누스의 『제도집Institutes』과 『담화집Conferences』, 그리고 그 후 베네딕투스 수도회의 규율과 같은 성문 텍스트였다. 앞서 사막의 종교적 은둔자들이 그랬고, 사실상 모든 기독교인이 그런 것처럼, 서유럽의 수사들은 성문 텍스트에 입각해서 그들의 삶을 설계했다. 그러나 지중해 동부 지역의 특징이었던 사막과 도시 사이의 안정적인 교류와 같은 호사를 누리지 못한 그들은 학문 문화를 전부 직접 옮겨 와야 했다. 유럽 수도원의 필사실을 위한 새로운 모델을 수립하면서, 카시오도루스Cassiodorus(약 490~580)는 다음과 같은 논리적 결론을 이끌어 냈다. 수도원은 고대의 사본들을 보존하기 위해 신중하게 설계되어야 한다.

플라비우스 마그누스 아우렐리우스 카시오도루스는 로마의 황제들에게서 이탈리아를 강탈한 동고트족의 왕들을 섬긴 유복한 가문 출신으로 로마의 원로원 의원이었다. 그의 최초 계획은 로마에 기독교 학교를 세우는 것이었다. 그러나 '이탈리아 왕국의 맹렬한 전쟁과 격변' 때문에 이 계획은 좌절되었다. 결국 그는 이탈리아 남단의 스킬라체에 있는 가문의 장원으로 돌아가 저술에 집중했다. 이는 키케로의 시대 이래로 환멸을 느낀 귀족들에게는 일반적인 반응이었다. 그러나 곧 카시오도루스는 스킬라체를 수도 공동체로 변모시켰다. 그리고 잘 정돈된 전원 은둔처라는 두드러진 특징을 살려 그곳을 '양어장'을 뜻하는 '비바리움Vivarium'이라고 명명했다. 그는 체계적으로 고대의 위대한 작품들을 수집하고, 그것을 필사하고 교정하도록 자신의 수사들을 훈련하는 도전적인 새로운 과정에 착수했다. 또한 카시아누스의 저작에 수정을 가한 그 자신의 『제도집』을 펴내기도 했다. '극도로 상세한 주석이 달린 참고 문헌집'이라는 표현으로 가장 잘 묘사되는 이 저작에는 그의 주위에서 벌어지고 있는 학문의 붕괴에 대한 통렬한 증언이 담겨 있다.[15] 카시오도루스는 그의 수사들에게 책이 '선생의 자리를 대신' 하게 될 것이라고 경고했다. 로마 문화의 구술 전통과의 단절은 "입이 아닌 눈으로 과거 세대의 스승을 대체한다"는 것을 의미했다. 그는 그들에게 당시 잃어버리고 없는 작품들을 되찾을 것을 기대하고 코덱스 안에 백지들을 남겨 두라고 말했다. 그리고 당시 라틴 세계에는 그리스어로 말하는 사람이 거의 남아 있지 않았음에도 그리스어 필사본을 보존하라고 명했다. 그는 그들에게 요구했다. "기독교인을 위해 봉사하는 일, 교회의 보물(책)을 보호하는 일, 영혼을 밝혀 인도하는 일이 여러분에게 맡겨진 이유를 숙고하십시오."[16]

고대의 지식을 유지하는 데 있어 수도원의 잠재력을 인식한 최초의 한 사람인 카시오도루스는 수도원이라는 기관을 단순히 지식의 전달을 위한 그릇으로 보았다. 비바리움의 수도원도 그리고 그 도서관도 설립자가 죽은 후에는

카시오도루스. 수도원을 세우고 저술 활동에 전념했던 그는 지식의 보관과 전달을 수도원의 주된 기능으로 인식했던 선각자였다.

아무런 자취를 남기지 못했다. 오직 카시오도루스의 『제도집』만이 다른 어떤 것도 아닌 교과서로서 살아남았다. 오늘날 학자들은 6세기부터 9세기까지의 기간을 적은 수의 고전 텍스트가 살아남은 시기로 돌아본다. 800년 이전의 것으로 지금껏 살아남은 필사본의 절대다수는 성서와 예배 규정에 관한 텍스트이거나 기독교 신학자, 주로 아우구스티누스, 히에로니무스, 대교황 그레고리우스의 저작이다. 사실 소수의 이교도 보물들은 몇 세기 동안 감추어졌다. 베르길리우스의 『아이네이스』 사본 가운데 하나는 1467년에 이탈리아의 인문주의자들이 재발견할 때까지 보비오에서 8세기를 보냈다. 그러나 가장 고전적인 작품들은 부적절하다고 단정되었다. 550년에서 750년 사이에 제작된 것으로 인정되는 필사본 가운데 10퍼센트만이 기독교와 무관하며, 누가의 미완성 원고 한 편을 제외한 나머지 전부는 어느 정도 실용적인, 주로 법적·의학적·문법적 목적을 갖는다.[17] 지금은 아주 귀중하게 여겨지는 작품들이 한낱 양피지

만큼의 가치조차 없었다. 그 작품들은 단지 지워지고 덮어 쓰이거나 제본을 위한 끈으로 바뀌는 등 필기 면이 재활용되었기 때문에 오늘날까지 살아남은 것이다. 예를 들어 현존하는 단 하나의 키케로의 『국가론Republic』 사본은 19세기에, 시편에 대한 아우구스티누스의 주석 필사본 밑에서 발견되었다. 우리가 그 작품을 볼 수 있는 것은 다만 보비오의 수사들이 양피지를 재활용하기 전에 그것을 완전히 닦아 내지 못했기 때문이다.[18] 중세 초기에 기독교 성서와 그 해석에 필수적인 주석은 언제 어디서나 키케로를 전파했다.

사회적·정치적으로 불안정하여 생명과 재산이 끊임없이 위협받던 이 시기에, 책과 책을 필사하기 위한 양피지는 진기한 사치품이었으며, 책을 필사한다는 것 또한 사치였다. 어려운 선택을 해야만 했다. 하지만 역설적으로 가장 훌륭한 수도원 필사실 가운데 몇 곳은 예전 로마 제국에서 가장 멀리 떨어진 빈민가에서 찾을 수 있었다. 하드리아누스 성벽의 북쪽, 로마의 지배를 받은 적이 없는 지역에서 라틴어와 고전 문화는 외래의 수입품이었다. 구성원 대부분이 이교도인 사회에서 수도원과 기독교도 매한가지였다. 따라서 종교적 헌신과 라틴어 교육은 부분적으로 일치했다. 그중에서도 아일랜드의 수사들이 학문과 금욕으로 알려지게 되었다. 그 뒤에 그들은 갈리아와 이탈리아에 수도원을 세우거나 고쳐 짓기 위해 대륙으로 건너갔다. 성서가 처음으로 숭배의 대상이 된 곳은 아일랜드와 스코틀랜드 같은 변경 지역에서였다. 거기서 성서는 수도원 담장 밖에 모여 있는 문맹의 불신자들을 설득하고 겁주기 위해 신성한 책으로서 내세워졌다. 세계에서 가장 풍부하게 삽화와 장식이 들어간 책 가운데 하나인 린디스판 복음서Lindisfarne Gospels는 700년경 잉글랜드 북쪽의 바람이 몰아치는 섬에 살았던 수사들의 작품이었다. 지금도 린디스판 복음서를 보기 위해서는 하루에 두 번씩 밀물에 의해 침수되는 둑길을 지나가야만 한다.

이탈리아 남단의 비바리움에서부터 브리튼 연안의 아이오나 섬까지, 수도원은 5세기에 로마가 멸망할 때부터 7세기의 지적 저점底點을 지나 12세기에 대학이 출현할 때까지 서양에서 거의 홀로 성문 문화를 보존하는 역할을 수행했다. 그러나 수도원에서는 수동적인 학문의 전달보다 더 많은 일들, 카시오도루스가 구상한 필사와 보관이라는 실행 계획보다도 더 많은 일들이 일어나고 있었다. 특정한 텍스트에 대한 수사의 헌신은 (그리고 다른 텍스트에 대한 그들의 무관심은) 그 텍스트가 수도 공동체에서의 삶을 정교하게 다듬는 데에 얼마나 적절한가에 달려 있었다. 르네상스 이래로 학자들은 종종 과거의 유산을 보존하는 것에 관한 선택성 때문에 수사들을 비난했다. 그러나 이것은 단지 항상 현재와 미래를 지향하는 수사의 읽기와 쓰기 계획의 이면에 불과하다. 수사들이 필사실에서 그렇게 많은 세월을 보낸 보다 심오한 이유를 이해하기 위해서는 책이 기여한 보다 광범위한 신앙적 섭생법에 관심을 가져야 하며, 어떤 책이 사라졌는가 또는 살아남았는가에서 이 황량한 시대가 초래한 새로운 종류의 글쓰기로 주의를 돌려야 한다. 이것은 수사들이 단지 그들이 살아 있는 동안 개인을 교정하기 위해서만이 아니라, 세대를 넘어 보다 폭넓은 수도 공동체를 유지하기 위해서 어떻게 텍스트를 사용했는지를 보여 준다.

필사작업중인 수사. 웅크린 자세로 펜을 들고 있는 중세 수사들의 손은 지식 보존에 대한 인류의 열망을 웅변한다.

베네딕투스 수도회 규율의 텍스트와 시간

누르시아의 베네딕투스가 만들었다고 추정되는 규율은 사실상 14세기 넘게 수사의 삶을 위한 안내서를 제공해 왔다. 수사들은 매일 그 지침을 따르며, 필요한 경우 텍스트에 대한 이해를 새롭게 한다. 누구나 그 안에서 수사의 생활을 거의 매분 단위로 정한 계획을 찾아낼 수 있을 것이다. 예를 들어 일요일에는 "형제들은 평소보다 일찍 일어난다. …… 시편 여섯 편과 교독문을 영송한 후 …… 형제들은 연공서열에 따라 앉는다. 이것이 끝나면, 한 형제가 성서에서 네 가지 교훈과 응창應唱을 낭독해야 한다. 네 번째 응창이 완료된 후 선창자는 「대영광송」을 불러야 하고 모두 존경의 마음으로 일어선다. 그런 다음 시편 여섯 편의 교송交誦과 교독문이 앞서와 같이 이어지고, 또 다른 네 가지 교훈이 응창과 함께 낭독된다. 수도원장이 「알렐루야Alleluias」와 함께 찬송할 성가 세 곡을 예언서에서 선택한다." 등등……. 이것이 '하느님이 금한 일, 즉 수사가 늦게 일어났을 때'를 제외하고 1년 내내 수행해야 했던 일요일 아침 예배의 방법이다.[19] 앞으로 살펴보게 되겠지만, 시간 규율은 베네딕투스 수도회 규율의 핵심이었다.

6세기에 만들어진 베네딕투스 수도회의 규율은 수도원장이 정한 방대한 분량의 규율을 요약하고 카시아누스의 『제도집』의 내용을 참조 인용하여 제작되었다.[20] 베네딕투스 수도회의 규율은 9세기에 샤를마뉴Charlemagne의 후원 아래 라틴 기독교 세계에서 수도 생활의 지배적인 지침서가 되었다. 수도원을 위한 유일한 규율도 아니었고, 가장 오래된 것도 가장 혁신적인 것도 아니었지만, 그것은 간단한 실용성과 평균적인 수사의 금욕 수양 능력을 감안한 현실적인 가능성 때문에 권위 있는 지위를 얻었다. 영적 목적을 위해 정제되고 시간과 반복을 통해 시험되고 익명의 필경사에 의해 전파된 그것은 기독교 성서와 어느 정도 유사성이 있다. 그러한 텍스트에 대한 신봉은 구성원 각각의 개인적 버릇과 덧없는 수명에도 불구하고 수사 공동체가 존속하고 번영할 수 있게 했다. 베네딕투스 수도회의 이상과 실제 그들의 발전에서 우리는 수도원이 수도원 자체와 학문의 생존과 안정을 보장하기 위해 어떻게 매시간을 이용했는지 볼 수 있다.

규율을 제외하면 누르시아의 베네딕투스에 관해서는 대교황 그레고리우스가 쓴 것으로 추정되는 기록을 통해서만 알 수 있다. 베네딕투스는 카시오도루스와 정확히 동시대의 사람이었으며 거의 그의 이웃이나 다름없었지만, 수사의 사명에 대해서 그만큼 학문적으로 접근하지는 않은 듯하다. 베네딕투스는 사는 동안 단 한 번도 텍스트를, 심지어 성서조차도 연구하거나 해석하는 모습을 보여 준 적이 없다. 대신 안토니우스처럼 베네딕투스는 미개지에서 하느님에게 헌신하기 위해 인문 교양에 대한 도시의 교육을 거부했다. 그레고리우스는 그가 중부 이탈리아의 동굴과 언덕에서 동료 수사들을 교정하기 위해 애쓰고, 죽은 소년을 되살리거나 성호를 그어 독이 든 와인이 담긴 잔을 산산조각 내는 등 여러 가지 기적을 행했다고 설명한다. 그러나 베네딕투스의 규율 자체는 그레고리우스가 쓴 전기와 전혀 다른 이야기를 한다. 그의 규율은 독서—개인적으로 읽는 것, 소리 내어 읽는 텍스트를 함께 듣는 것, 성서를 합창하는 것—를 수도 생활의 일상적인 일 가운데 하나로서 명시하고 있기 때문이다. 베네딕투스의 전기가 수사들을 그렇게 고무할 수 있게 만든 시간, 장소, 수양에 대한 상세 내용은 모두 제거되었지만, 그의 규율은 정제된 상식을 제공하면서 규율 자체가 그에 의지하여 따르는 어떤 수사 공동체에도 알맞다는 것을 아주 잘 입증했다.[21] 특히 여성들은 수도원을, 서신 공화국이 그리고 훨씬 뒤에 연구소가 어느 정도 양성평등을 허용할 때까지, 학식 있고 교육받은 여성들을 위한 주요한 안식처로 만들기 위해 그의 규율을 따르고 적절히 바꿀 수 있었다.

규율의 머리말에서 베네딕투스는 수도원을 '하느님의 사역을 위한 학교', 즉 사적인 의지의 자제와 하느님에 대한 전적인 헌신을 위한 훈련장이라고 설명한다. 72가지 '선행 방법'은 수도원 생활의 목적을 열거한다. 그것은 "우리의 온 마음과 영혼과 힘으로 주 하느님을 사랑할 것"으로 시작되며, 그다음에는 보다 구체적인 가르침이 이어진다. 그중에는 금식을 좋아할 것, 병든 자를 병문안하고 슬퍼하는 자를 위로할 것, 악을 악으로 갚지 않도록 저항할 것, 최후 심판의 날을 두려워할 것, 신성한 독서를 즐길 것, 노인을 공경하고 아이를 사랑할 것, 결코 하느님의 은총을 체념하지 말 것 등이 들어 있다. 제재하지 않을 경우 죄로 이어질 수 있는 사소한 실수에 대한 경고로서 십계명 가운데 몇 가지도 목록에 포함되어 있다. 37번부터 40번까지는 각각 '잠을 좋아하지 말 것', '나태해지지 말 것', '불평하지 말 것', '중상모략하지 말 것'이라는 명령을 수사에게 내린다. 사유재산 역시 근절되어야 할 악덕으로 꼽힌다. 수사의 개인 소유물은 수도원장이 지급하는 것, 즉 고깔이 달린 겉옷인 카울, 튜닉, 스타킹, 구두, 허리띠, 칼, 펜, 수건, 서판書板으로 제한된다. 겸손은 나머지 모든 규율을 구성하는 지도적 원리로서, 수도원장에게 순종하기 위한, 수도원 내에서 가능한 한 언제나 침묵하기 위한, 하느님의 뜻에 따라 정신과 육체의 습관을 버리기 위한, 궁극적으로는 구원을 받기 위한 기초이다. 베네딕투스는 천국으로 올라가는 야곱의 사다리에 비유하여 겸손의 열두 단계를 열거했다. 걱정으로부터 마음을 비우는 단계, 물질적 관심으로부터 마음을 자유롭게 하는 단계, 절대적 헌신으로부터의 일탈에 대한 위험을 최소화하는 단계, 하느님을 향한 공동의 노력에 있어 평등을 법제화하는 단계 등등, 규율은 안정된 구조를 갖춘 겸손의 사다리를 제시한다.

규율의 진수는 이런 영적 목표를 이룰 수 있는 현실로 만들기 위해 수사에게는 특별한 방법이 필요하다는 인식에 있다. 누군가의 삶 전체가, 매 순간이 하느님에게 바쳐져야 한다고 선언하는 것과, 매일매일 해가 뜬 이후 매 순간 무엇을 해야 할지 정확하게 아는 것은 다른 것이다. 그래서 베네딕투스는 무엇을 먹어야 하는지, 언제 먹어야 하는지, 어디서 자야 하는지, 언제 일어나야 하는지, 무엇을 입어야 하는지, 심지어 다른 기후와 계절에 따른 변동 사항까지도 조목조목 정확하게 설명했다. 취침 시간은 오후 6시 30분 정도로 일렀다. 수사들은 가능하다면 한 방에서 로브(위아래가 붙은 길고 헐렁한 겉옷-옮긴이)를 입고, 허리띠는 두르되 자는 동안 다치지 않도록 칼은 차지 않고 각자의 침대에서 자야 했다. 그리고 약 8시간 후 한밤중에 수사들은 일어났다. 그러면 수사가 깨어 있는 시간 내내 계속되는 기도의 일순이 시작되고, 그 사이사이에 독서, 작업, 식사 시간이 번갈아 들어갔다. 아침 식사는 없었으며, 1년 중 낮보다 밤이 더 긴 달에는 하루에 한 끼만 먹었다. 사순절을 기준으로 들면, 전형적인 24시간 주기는 다음과 같이 전개되었다.

오전 2시	기상
오전 2시~3시 30분	새벽 기도
오전 3시 30분~4시 30분	묵상
오전 4시 30분~5시	조과朝課(Matins)
오전 5시~9시	독서, 6시에 일시과一時課(Prime)
오전 9시	삼시과三時課(Terce)
오전 9시 15분~오후 4시	작업, 12시 정오에 육시과六時課(Sext)
오후 4시	구시과九時課(None)
오후 4시 30분	만과晩課(Vespers)
오후 5시	식사
오후 6시	종과終課(Compline)
오후 6시 30분	취침

게다가 2~3시간마다 수사들을 예배로 불러 모으는 종소리가 울렸다. 수사들은 '신호에 맞춰 일어나 서둘러야' 했지만, '진지하고 정숙하게 서둘러야' 했다.[23] 익숙한 동요는 아침 종소리가 울렸는데도 잠들어 있는 형제(자크 수사)를 부드럽게 꾸짖는다.(프랑스 동요 「자크 수사님」의 가사는 '자크 수사님, 자크 수사님, 주무세요? 주무세요? 새벽 기도 종을 울리세요, 새벽 기도 종을 울리세요, 딩동댕, 딩동댕.'이다.-옮긴이) 일정이 항상 꽉 차 있는 수사를 서양 최초의 진정한 전문가라고 칭한 데에는 그만한 이유가 있다.

이 일람표에 들어 있는 라틴어 용어는 수도원의 공식적인 예배 시간이자 하루의 중심이다. 즉, 단체 독서, 단체 기도, 단체 예배를 위한 시간이다. 묶어서 성무일도Divine Office 또는 정시과定時課로 알려진 이 끊임없는 순환 과정은 수도원의 시간을 지배했다. 그 중심에는 구약에 있는 150편의 시편 영송이 있었다. 시편 영송은 사막에서의 종교적 은둔 시대 이래로 외부인이 분간할 수 있는 수도원 생활의 결정적 특징이었다. 이집트에서 최초의 수사들은 묵상의 도구로서 기억을 통해 시편을 읊었다. 열정적으로 수행에 임하는 어떤 이들은 하룻밤에 시편 전체를 노래하기도 했다.[25] 베네딕투스는 요구 사항이 여전히 많은, 하지만 좀 더 쉬운 반복적인 순환 과정을 규정했다. 시편은 한 주 내내 울려 퍼졌고, 특정한 일상 기도에 부과되었다. 그럼으로써 주간 계획은 실행 가능성이 더욱 높아졌을 뿐만 아니라 묵상을 통해 시편의 말씀을 이해하는 데에도 도움이 되었다. 나중에는 시편에 대한 반추反芻, 즉 새김질감을 여러 차례 되풀이하여 씹는 소의 소박한 이미지를 불러일으키는 루미나치오ruminatio(성서의 말씀을 반복하여 묵상하는 것-옮긴이)를 수사들에게 장려했다.[26] 시편을 공동체 안에서 소리 내어 읽는 행위는 수사들과 하느님과의 거리를 좁혀주었음에 틀림없다. 그들이 부지런히 중얼거리는 소리는 흔히 벌이 붕붕거리는 소리에 비유되었다.[27]

독서는 예배 시간 외에도 수사들에게 권장되었다. 모든 공동 식사에는 교훈적 독서가 수반되었다. 저녁 식사 후 잠자리에 들기 전까지의 시간 또한 담화보다는 독서로 채워졌다. 겨울에 조과 후 아직 동이 트기 전의 시간은 '시편을 연습하거나 독서를 하는 데' 쓰였다. 규율 가운데 '매일의 육체노동'이라는 제목이 붙은 장은 수사에게 부과되는 업무보다는 여가 시간에 해야 할 독서에 관하여 더 많은 이야기를 한다. 독서는 하루의 공백 시간들을 메웠다. 특히 밭일이 거의 없는 겨울에는 더욱 그랬다. 토요일에는 '모두가 독서해야 하며', 너무 게을러서 그러지 못하는 사람에게는 '빈둥거리지 않도록 일이 부과된다.' 하지만 독서는 게으름을 교정하는 수단을 넘어 영적 수양의 일부였다. 베네딕투스는 이렇게 말한다. '우리가 가능한 최대한으로 순결하게 생활하는' 사순절에, 우리는 '눈물 어린 기도와 독서와 회개와 금욕에 헌신한다.' 이런 이유로 사순절이 시작되면 모든 수사는 수도원의 도서관으로부터 한 권의 책을 받았고, 그 책을 '처음부터 끝까지' 읽어야 했다. 얼마 후 수도원은 서양 전통에서 최초로 묵독이 규준인 장소가 되었다. 고대의 위인들조차 혼자 책을 읽을 때는 혼잣말로 중얼거렸다.[28]

베네딕투스의 모범적인 수도원에서는 문자 언어가 완전히 음성언어를 지배했다. 그의 규율은 한결같이 말하기보다는 침묵을 선호한다. 독서가 노동의 일종인 것처럼, 담화는 나태의 일종이다. 결국 수사들은 음식과 옷을 요청하고 성무일도 참석 인원을 조정하기 위해 수화手話 체계를 고안했다. (118가지 수신호가 11세기 클뤼니Cluny 수도원에 기록되어 있다.)[29] 말하기에는 수많은 죄의 유혹, 즉 하느님의 길에서의 이탈—잡담, 불평, 농담 그리고 분노나 시기나 교만의 표현—이 내재해 있다. 그래서 공동체 모임에서의 독서라는 훌륭한 미덕이 나온 것이다. 그렇지 않았다면 잡담이 침묵을 가득 채웠을지도 모른다. 한 사람이 읽는 동안 나머지 사람들은 귀 기울여 듣는다. 그들은 귀가 말씀에 익숙해지고 입은 다물도록 훈련함으로써 마음이 다른 길로 빠지는 것을 막는다. 음독音讀은 과연 문자 언어에 목소리를 주었지만, 이것이 말하기는 아니었다. 그것은 덕성을 북돋았지만 자발성은 없었으며, 한 사람이 읽든 여러 사람이 조화를 이루어 노래하든 대화가 아니라 독백이었다. 식사 시간에 "수도원장이 그들의 정신적 향상에 대해 부러 언급하려 들지 않는 한, 누구도 독서에 관하여 질문을 해서는 안 된다."[30]

글쓰기는 베네딕투스 수도회의 관습이 발전하면서 훨씬 더 지배적이 되었다. 유럽의 되살아난 경제가 새로운 수도원의 설립을 주도하던 시기인 10~11세기 무렵, 공동체 내에서의 수사의 생활을 통제하기 위해 다수의 새로운 텍스트가 생산되었다. 수사들이 보다 심원한 수양과 이상을 위해 힘쓰면서 성무일도는 전보다 더 정교해졌다. 성서에서 발췌한 성구집聖句集, 성가집, 미사 경본經本, 1년 내내 이어지는 성인 축일에 읽는 성자전聖者傳이 시편과 함께, 점점 커지는 예규집禮規集 도서관에 보관되었다. 시편을 노래하는 것은 수사들이 서양 최초의 기보법記譜法 체계를 고안해 내면서, 그리고 선창자가 아니라 사서가 의식의 지도자를 맡아보면서 우리가 오늘날 그레고리안 성가라고 부르는 것으로 진화했다.[31] 예배 기도에서 이름이 불릴 수 있도록 산 자와 죽은 자를 포함한 수사와 수녀의 명부가 작성되었다. 부유한 기증자로부터의 과거의 무상 토지 증여를 기록한 증서의 보관소가 그랬듯, 이것은 수도원이 자신의 역사에 대한 의식을 형성하는 데 도움이 되었다.[32] 특별히 여성을 위해 조정된 것까지 포함해, 베네딕투스가 세운 기본적인 규율에 더해 지역적 변형을 체계적으로 정리한 상세한 '관례집'이 마침내 생겨났다. 관례집은 환자를 보살피고 죽은 자를 묻는 의식들을 상술하고, 로마네스크식 교회 내에서 행렬의 정확한 이동 경로를 하나하나 설명하고, 유품의 보관에 대한 지침을 제공하고, 수도원의 관리에 대한 법규를 규정하고, 특히 책이 예배를 위한 용도로 봉헌되는 방식을 묘사했을 것이다. 관례집은 단지 수도원의 관습을 기록하는 역할만이 아니라 사실상 그것을 '개혁하는', 즉 규율이 흐트러진 부분에 보다 엄격한 질서를 도입하는 역할로서 기능했다. 관례집은 중세의 수사와 수녀들이 얼마나 부지런히 문자 언어를 추구했는지를 보여 준다.[33]

베네딕투스의 규율은 카시오도루스의 『제도집』처럼 학문에 대한 지침으로서가 아니라, 삶에 대한 지침으로서 의도되었다. 베네딕투스는 작품명을 거의 언급하지 않았으며, '성인의 삶'이나 '유명한 정통 가톨릭 교부教父의 주석'과 같은 익숙한 범주를 선호했다. 그가 장서에 대한 규정 없이 도서관의 존재를 가정하는 것과 마찬가지로, 그는 펜과 서판에 관해 말하지만 사본의 필사에 관해서는 아무것도 말하지 않는다. 규율이 명백히 요구하는 문자 언어에 대한 교육을 책임지는 학교에 대해서도 아무런 언급이 없다. 책보다는 주방과 식사 중의 봉사에 더 상세한 관심이 주어진다. 베네딕투스의 규율은 교육적이 아닌, 영적인 계획이었다. 하지만 베네딕투스가 지닌 영적 통찰력의 힘과 명쾌함은 그 결과로 완전한 학문 계획이 뒤따라오는 그런 것이었다. 삶의 근거를 당대의 신성함에 두었던 수사와 수녀들은 그러한 삶을 충만하게 채우기 위해 텍스트를 생산했다. 진정한 학문의 실천을 통해 수사들은 보다 넓은 세계가 가장 광범위한 우주론적 의미에서의 시간을 이해하는 데 있어 그들의 가장 영구적인 공헌을 했다.

전례주년典禮周年부터 1000년의 1주일까지

수도원은 엄청난 역경들을 이겨 내면서 수 세기 동안 존속을 유지했다. 영원성이 수도원이 추구하는 이상의 기초였기 때문이다. 기독교적 세계관에서 시간과 세상은 둘 다 하느님의 창조물이었다. '사에쿨룸saeculum'은 '세상'(이 뜻에서 영어의 'secular'가 유래)과 '시대'(이 뜻에서 프랑스어의 'siècle'이 유래) 양쪽 모두를 의미했다. 그리고 언젠가는 하느님이 양쪽 모두를 종결지을 것이다. 기독교 수도원은 성무일과의 끝없는 순환에 기초한 고유한 시간 감각을 지닌, 지상에 존재하는 초속적인 장소였다. 안토니우스가 이집트의 사막으로 떠난 것에서부터 베네딕투스의 규율이 서유럽 전역으로 퍼진 것까지, 요지는 세상의 흥망성쇠를 버리고 삶을 온전히 영원불변의 하느님에게 바치는 것이었다. 거의 대부분의 수사와 수녀에게 이 지침만이 유일한 삶이었다. 7세 정도의 어린이들은 노동 수사, 즉 아이들의 가족이 하느님에게 바치는 '봉헌물'로서 수도원에 들어갔다. 수도원의 아이들은 규율에 길들여지고 라틴어를 모어母語처럼 교육받았다.[34]

    하지만 수사와 수녀들 모두가 그들을 둘러싼 세상을 전적으로 등지고 서 있을 수만은 없었다. 그들은 세상으로부터의 기부─노동 수사, 토지와 자원, 정치적 군사적 보호─에 의존하는 방식을 고수했기 때문이다. 수도원은 비정상적이거나 편향적인 신조가 아닌 기독교의 핵심 교의에 밀착해 있었으며, 기독교를 받아들이고 그 가치를 중추로 여기는 사회라면 어디에서든지 중차대한 역할을 했다. 한 해의 일정한 시기를 맞이하면 부활절 같은 축제로써 모든 기독교 세계가 동시다발적으로 십자가에 못 박힌 예수의 수난과 부활을 기념하며 화합을 도모했다. 무엇보다도 부활절은 수사다운 정신을 소유한 신자들의 시간을 수백, 수천 년이 넘는 하느님의 시간으로 확장하는 축제의 장이었다.

    수사와 평신도 모두에게 전례주년(그리스도의 부활을 중심으로 한 교회의 독특한 주기. 대림 시기, 성탄 시기, 사순 시기, 부활 시기, 연중 시기로 구분된다.─옮긴이)은 기독교인의 단결의 마당이었다. 축일에 신자들은 그리스도의 삶과 죽음에서 중대한 사건들을 떠올리기 위해, 뿐만 아니라 의식儀式을 통해 그 사건들을 재현하기 위해, 즉 과거를 현재로 가져오기 위해 함께 모였다. 두 축제 주기가 전례 주년의 핵심이었다. 하나는 강림절부터 크리스마스까지의 기간으로 구세주에 대한 기대와 그의 탄생에 초점을 맞추고, 다른 하나는 교회력에서 가장 신성한 날인 부활절로 그의 부활을 위한 준비에 초점을 맞췄다. 크리스마스는 오랫동안 고정적으로 로마 율리우스력의 동짓날, 즉 12월 25일이었고, 지금까지도 여전히 그렇다. 이것은 강림절의 시작을 비교적 역산하기 쉽게 만들었다. 반면, 부활절은 매년 다른 날로 바뀌는 이동축일이었다. 그런데도 앞뒤로 그날과 직접적으로 연관된 전례 축일들이 이어지는 16주의 중심이었다. 예컨대 예수가 사막에서 보낸 40일을 기념하는 사순절 금식, 예수가 지상에서 보낸 마지막 날들의 신성한 극적 사건을 기념하는 수난주간, 예수의 제자들이 성령으로 충만했던, 그의 부활 이후 50번째 날을 기념하는 오순절 등이 부활절을 중심에 두고 있었다.[35] 이러한 전례 축일의 모든 날짜는 필요한 축제를 준비하기 위해 미리 확정되어야 했다. 고대 말기에는 간단하게 매년 교황이 언제 부활절이 돌아오는지를 공고했다. 그러나 로마의 붕괴로 교통이 악화되면서, 설령 지역 교구들이 고립된 상황에 처해도 의식을 치를 수 있어야 한다는 점이 중요해졌다.[36] 향후 수십 년간의 부활절 날짜를 기록한 일람표를 공들여 제작해야 했고, 수사는 계산 결과를 정기적으로 검산하고 갱신할 수 있는 유일한 학자였다.

부활절의 정확한 계산은 역사상 가장 까다롭고 복잡한 수학 문제 가운데 하나로 꼽힌다. 유대교의 유월절에서 발전했고 절대 그날과 겹치지 않도록 신중하게 결정된 부활절은 춘분이 지난 다음 보름달이 뜬 뒤 첫 번째 일요일이다. 그러므로 부활절의 정확한 역일曆日은 최소한 다음 네 가지의 다른 주기에 의해 결정된다. 첫째, 일요일에서 다음 일요일까지의 1주일 주기, 둘째, 보름달에서 다음 보름달까지 29.53일간 이어지는 태음 주기, 셋째, 춘분에서 다음 춘분까지 365.2422일간 이어지는 태양 주기, 넷째, 율리우스 카이사르에 의해 시작된 윤년 체계에 따라 365일 또는 366일간 이어지는 역년曆年 주기.* 이 가운데 해와 달에 관계된 두 가지는 정수整數의 태음 주기를 나누어떨어뜨리기 위해 몇 년의 태양년이 필요한지를 계산함으로써 맞출 수 있다. 헬레니즘 천문학의 계승자인 알렉산드리아의 수학자들은 이 숫자를 19로 정했다.** 나머지 두 가지, 1주일 주기와 역년 주기는 28년마다 순환한다.*** 19에 28을 곱하면 532년이라는 종합적인 주기가 산출된다. 이것이 율리우스력의 달과 날로 확인할 때 부활절 날짜들의 전체적인 순서가 반복되기 시작하는 가장 짧은 시간 폭이다.

계산가들이 532년이라는 숫자에 도달하는 것만 해도 격렬한 논쟁과 (로마숫자의 시대에는 쉽지 않은) 까다로운 계산이 수 세기 동안 이어졌는데, 하물며 그 논리를 이해하는 것은 두말할 것도 없다. 16세기까지도 기독교인들은 대성당을 거대한 천문대 삼아 둥그런 천장에 구멍을 내고 대리석 바닥을 가로지르는 햇빛 광선의 자취를 확인하면서 여전히 그들의 계산을 다듬고 있었다.[37] 그들은 항상 일체의 수학적 타협(또는 조작)을 거부하고 문외한이 보기에는 날짜를 정확하게 맞추려는 광적인 집착 같은 것을 드러냈다. 예를 들어 잘못하면 부활절을 실제 춘분 전에 오게 하는 체계 때문에 햇빛이 사실상 겨울밤을 이겨 내기 전에 그리스도의 부활을 찬양할 수도 있었다. 이는 충실한 기독교인들에게 완전히 잘못된 신학적 메시지를 보내는 일이었다.

그러므로 '콤푸투스computus'라고 불린 일단의 정교한 기법은 부활절의 날짜

* 카이사르는 태양년의 길이를 365.2422일 대신 딱 365.25일로 받아들이고 0.25일은 4년마다 윤일閏日로 벌충하여 결정적인 문제를 얼버무렸다. 이로 인해 수 세기 동안 역일은 태양일에 비해 조금씩 뒤처져 갔다. 이것은 원래는 크리스마스와 일치하는 동지冬至 후에는 12월 21일이나 22일로 바뀐 이유를 설명한다. 오늘날에는 4로 나누어떨어지는 윤년을 400으로 나누어떨어질 때를 제외하고 100으로 나누어떨어질 때는 무시함으로써 이 문제를 해결한다. 그러므로 예를 들어 1800년과 1900년에는 2월 29일이 없지만, 2000년에는 있다. 이것은 약 8,000년 후 우리의 달력이 여전히 하루를 '잃을' 것임을 의미한다.
** 19에 365.2422를 곱하고 그 결과를 29.53으로 나누면, 정수에 가까운 235.0011이 나온다.
*** (윤년의 주기인) 4와 (4년마다 일요일, 금요일, 수요일, 월요일, 토요일, 목요일, 화요일 순으로 찾아오는 윤일의 진행을 뜻하는) 7의 곱인 28은 역일과 요일이 똑같이 들어맞는 주기를 명시한다.

계산을 중심으로 발달되었다. 콤푸투스는 수도원에서 '과학적' 교육의 핵심을 이루었다. 헌신적 독서(렉치오 디비나)가 로마의 인문학적 삼과三科를 흡수하고 대체한 것처럼, 콤푸투스도 수학적 사과四科(산술, 기하학, 천문학, 음악)의 유물로부터 구축되었다. 서양의 첫 번째 진정한 응용과학인 콤푸투스는 시간에 대한 지도적 원리를 중심으로 자연의 세계, 인간의 세계, 신의 세계에 대한 수사의 이해 전체를 점차 체계화했다. 근대의 대중적인 책력과 마찬가지로, 콤푸투스 사본은 음악, 항해학, 기후학, 농학, 운율학(율동적 말하기), 심지어 (그 치료법이 천문학과 계절에 연관된) 의학까지 그 어떤 것으로부터 끌어냈든 시간과 주기성에 관계된 모든 것을 위한 '문서 보관함'이 되었다.[38] 성인(특히 순교자)의 축일이 달력을 빼곡히 채운 것은 당연했다. 하지만 그 외에도 부수적으로 지역의 기후, 기근, 일식과 월식, 특히 정치에 대한 기록 또한 가득했다. 이 1년 단위

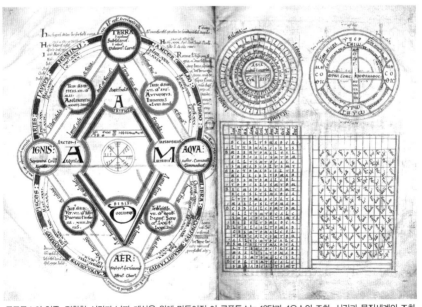

콤푸투스의 일종. 정확한 시간과 날짜 계산을 위해 만들어진 이 콤푸투스는 12달과 4요소의 조화, 시간과 물질세계의 조화도 표현하고 있다.

의 연대기로부터 유럽 최초의 서사적 역사 연대기 가운데 일부가 발전되어 나왔다.

무엇보다도 콤푸투스는 수사들이 궁극적으로는 천지창조까지 거슬러 올라가는 시간의 흐름에 관해 사유하는 것을 가능하게 했다. 기독교인들은 시간에 대한 가장 큰 불가사의에 맞서도록 준비가 된 셈이다. 종말은 언제 올 것인가, 그들의 고통은 언제 끝날 것인가, 그리스도는 언제 재림할 것인가.

그리스도 재림의 정확한 날짜에 관한 대중의 추측은 명백한 메시아 운동으로서 기독교 초창기부터 그 내부에 강력한 저류를 형성해 왔다. 교회 지도자들은 이것을 폭력적 무질서와 도덕적 방종에 대한 잠재적 허가로 여기고 두려워했지만, 그럼에도 천년왕국에 대한 기대를 품고 복잡한 논리를 늘어놓았다. 정통파 견해의 설계자 아우구스티누스는 세상이 노쇠의 시대에 있다고 인정했지만, 누구도 종말의 정확한 날짜는 알 수 없다고 격렬하게 주장했다. 그럼에도 불구하고 성서에서 그 날짜를 찾아내려는 사람들은 '1000년의 1주일' 이론을 전개하기 위해 베드로후서 3장 8절("사랑하는 자들아, 주께는 하루가 천 년 같고 천 년이 하루 같은 이 한 가지를 잊지 말라.")에 매달렸다. 그것은 하느님이 세상을 6일 동안 창조하고 7일째에 쉬었다면, 그리고 그에게는 하루가 1000년이라면, 6000년에는 휴식의 날, 즉 그리스도의 재림을 통해 열리는 새로운 1000년이 올 것이라는 추론이다.

초기 기독교의 연대학자들은 무심결에 더 유용한 논거를 제공했다. 그들은 구약에 대한 매우 상세한 계보 조사를 끝내고 나서 천지창조의 시점을 기원전 5500년으로 확정했다. 그들이 이러한 내용을 기록했을 때, 즉 3세기에는 이로써 종말이 당시 모든 사람의 수명 밖에 위치하게 되었다. 그러나 400년대에 라틴 서양이 붕괴하면서, '안노 문디anno mundi'(AM, '세계의 해')는 위험한 5900년대로 들어섰다. 이 시점에서 교회와 수도원은 정말 말 그대로 미적거렸다. 학자들은 천지창조의 시점을 기원전 약 5200년으로 재설정하기 위해 성서를 샅샅이 뒤지고 그들의 계산을 재확인해서, 결국 세상을 약 300년 정도 젊어지게 했다. 그렇지만 이것은 단지 그 300년을 미래로 미루어 놓고 때가 되면 또다시 종말이 머지않았음을 숙고해야 하는 또 다른 시한폭탄을 설치한 것에 불과했다.[39]

마침내 폭탄의 신관을 제거하고 그 과정에서 시간에 관한 우리의 사고방식을 바꾼 사람은 노섬브리아의 수사 비드Bede(약 672~735)였다. 비드의 『시대의 계산에 대하여The Reckoning of Time』는 중세의 가장 영향력 있는 콤푸투스 교과서가 되었다. 이 저작은 전례학적·역사학적·천문학적 시간 개념을 종합적으로 다루면서, 부활절 외에도 분수와 손가락셈에서부터 조수潮水와 그림자, 적그리스도와 최후 심판의 날에 이르기까지의 모든 주제를 포괄하고 있다. 비드는 천년왕국이 언제 도래하는지 밝혀 달라고 조르는 '상스러운 사람'과는 상종하지 않았다. '안노 문디'로 5900년대에 글을 쓰면서 그는 다시 한 번 육화의 날짜를 이번에는 극단적으로 수정하기 위해 성서의 수많은 'X가 Y를 낳았다' 형식의 문구들을 이어 붙였다. 그가 동시대인들에게 예수는 AM 3952년에 태어났고 그들은 일곱 번째 1000년 근처에도 이르지 못했다고 발표했을 때, 종말론적 생각을 가진 사람들에게는 쓰라린 역행이었다.[40]

또 다른 주요 저작을 통해 비드는 역사적 시간에 대한 기독교인의 보다 적절한 태도를 소개했다. 『영국인 교회사Ecclesiastical History of the English People』는 역사歷史가 어떻게 그의 고향 잉글랜드를 위한 하느님의 특별한 역사役事를 드러냈는지를 묘사한다. 또한 이 저작은 우리의 시간 의식에 미묘한 혁명을 초래한 관습인 '안노 도미니anno domini' 기년법紀年法을 소개한 첫 번째 주요 서양 작품 가운데 하나이다. 수사의 삶은 끈덕진 인내의 삶이었고, 일반적인 기독교인의 삶은 간절한 기대의 삶이었다. 그러나 시간에 대한 두 가지 상반된 태도는 결국이 새로운 연대학 체계 안에서 합치될 수 있었다. 예수의 육화를 기준으로 삼은 안노 도미니는 그리스도에 대한 기억을 연대기 속에 포개 넣었고, 우리의 앞날에 무기한으로 뻗어 있는 속죄받은 미래에 하나하나 새겨 넣었다. 역사의 진행에 대한 보편적인 지표로서 안노 도미니는 그리스의 올림피아기紀, 로마 황제의 연호年號, 15년 조세 사정 주기, 히브리의 태음력 등 뒤죽박죽인 대안들을 대체했다. 일정한 시간 척도를 이용함으로써 비드는 자신의 이야기를 육화에 대한 수적數的 암시들로 장식할 수 있었다. 즉, 그렇지 않았더라면 이해할 수 없었을 하느님의 계획에 속한 모든 다양한 현상들의 심오한 상호 연관성을 강조하는 각각의 사례에 일정한 시간 척도를 적용한 것이다. 한마디로 말해 역사는 구원을 보증한다. 그러나 개인으로서 그리고 심지어 인류로서 우리는 오직 바로 지금 그리스도의 전례를 부지런히 좋음으로써만 우리의 본분을 다할 수 있다. 『영국인 교회사』의 서두에서 비드는 어떻게 자기 평생의 과업이 어떤 의미에서는 7세에 노동 수사로 봉헌되었는지를 설명했다. "그때부터 나는 내 삶의 전부를 이 수도원에서 보내며, 오로지 성서 연구에만 전념했다. 그리고 규율을 준수하고 일과로서 성가대에서 노래를 하는 가운데, 배우거나 가르치거나 쓰는 것은 언제나 나의 기쁨이었다."[41] 이 겸손한 수사와 텍스트 및 시간의 관계를 이보다 더 명확하게 요약할 수는 없을 것이다.

종말: 기원후 1000년 vs. 칼리유가

물론 안노 도미니Anno Domini(A. D.)는 일반적인 기독교 대중의 종말론적 기대를 가라앉히는 데 거의 효과가 없었다. 기원후 1000년이 다가오면서 많은 사람들이 예수 때문에 1,000년의 시간을 감금 상태로 보낸 사탄이 조만간 적

그리스도를 보낼 것이라고 주장하며 요한계시록 20장 2~10절에 집착했다. 982년에 유명한 계산가, 플뢰리─베네딕투스의 유골을 간수한 수도원─의 아보Abbo of Fleury는 사람들에게 그해가 982년이 아니라 1003년이라는 것과 공포의 순간은 이미 무사히 지나갔다는 것을 납득시키기 위해 개정된 달력을 발행했다.[42] 그러나 그는 실패했다. 최근에 두 번째 1000년이 끝나는 분기점에서조차 계시록의 실현은 여전한 관심의 대상이었다. 이를테면『남겨진 사람들Left Behind』시리즈가 그렇다. Y2K 현상 또한 그러하고, 기술 의존에 대한 마땅한 걱정에서 비롯되기는 했지만 최후 심판의 날에 대한 생각 역시 그러하다. 세상의 종말에 대한 대중적 기대는 모든 서양 종교─기독교, 유대교, 이슬람교─의 공통적인 특징이다. 그것은 또한 불교, 특히 미륵불이 곧 출현할 것이라는 믿음이 종종 거대한 반란을 부채질했던 중국의 불교에서도 현저하게 두드러진다.

그러나 불교의 미륵불 출현설은 서구의 천년왕국설과 뚜렷한 대조를 보이기 때문에 시선을 인도로 돌릴 필요가 있다. 1000년 무렵, 불교는 그 발원지에서 차츰 소멸해 갔고, 이슬람교의 지배가 막 초기 단계에 들어선 상태였다. 산스크리트 전통에서 시간의 주기는 너무나도 정밀해 보이고 천문학적으로 거대해서, 그저 끊임없는 반복만 있을 뿐 획기적인 돌파구는 전혀 기대할 수 없다. 타락과 퇴보의 현재 시대인 칼리유가kaliyuga(힌두교의 시대 구분 가운데 하나로 가장 타락한 '말세'에 해당한다.─옮긴이)는 결국 전 세계적인 파멸로 끝날 것이다. 하지만 칼리유가는 기원전 3101년에 홍수와 함께 시작되어 꼬박 43만 2,000년간 지속될 예정이다. 그런 다음에 세상은 창조신 범천梵天의 삶에서 그저 하루를 구성할 뿐인, 길이로 따지면 10칼리유가 또는 432만 년의 또 다른 주기 속에서 다시 태어날 것이다. 하지만 이것은 311조 년이 넘는 우주의 존속 연한에 비하면 아무것도 아니다. 두 번째 1000년의 초기에 인도를 방문한 무슬림 여행자 알 비루니Al-Biruni는 어떻게 그렇게 거대한 숫자들이 인도의 천문학자들로 하여금 별과 행성의 주기를 수용할 수 있게 했는지 설명했다. 그러나 그는 인도인에게는 서구인들이 역사적 감각이라고 부르는 것이 완전히 결여되어 있다는 것을 발견했다. 그들은 연대학과 과거의 사건들을 차례로 나열하는 것에 무관심했다.[43] 인도에서 개인적 시간과 역사적 시간과 우주적 시간은 근본적으로 다른 차원에서 전개되었으며, 그것들을 공시성으로 이끄는 신의 섭리나 구원의 힘은 결코 없었다. 끝없는 윤회와 궁극적 해방(해탈)은 헤아릴 수 없는 기간 동안 이어지는 우주적 과정 속에 개인을 용해해 버렸다.

그 결과 산스크리트 학문은 시간이 아닌 초超시간성을, 텍스트가 아닌 초超텍스트성을 강조했다. 세계의 지식 체계 가운데 유일하게 인도는 종려나무 잎이나 나무껍질에 쓰는 무상한 글쓰기보다 구전口傳과 기억을 더 믿을 만한 영구불변의 보증인으로 생각했다. 산스크리트어는 라틴어처럼 하느님의 말씀을 위한 실용적인 도관導管이 아니라, 사실상 신성神性에 대한 영원한 말하기였다. 구루Guru들은 제자들에게 베다를 필사시킨 것이 아니라 암기시켰고, 그것을 정확하게 말로 표현하게 했다. 그러므로 그들의 진언眞言이 지닌 신비한 힘은 효력이 약해지거나 정도에서 벗어날 수가 없었다. 산스크리트어 문법학자들은 음성언어를 변화와 퇴화로부터 완충하기 위해 거의 4,000가지나 되는 규정들을 고안했다. 그 결과, 우리가 가지고 있는 모든 사본은 문체나 어휘에 기초하여 연대를 매기기가 매우 어려워졌다.[44] 학술 논문의 저자들은 베다의 영원성을 모방하고 자신의 저작을 브라만이 전례 규정에 따라 말을 하는 주기적이고 반복적이고 초시간적인 의식과 연관시키기 위해, 일부러 자신의 텍스트에서 구체적인 역사적 세부 사항을 제거했다.[45]

그렇다면 한때 10,000명의 학생들이 논쟁하고 토론하는 목소리가 안마당을 가득 채웠던 인도의 유명한 날란다Nalanda 사원이 오늘날 돌무더기 폐허 속에서 침묵하고 있는 것도, 이 사원에 대한 가장 훌륭한 기록이 인도인이 아닌 중국인 방문자에게서 유래하는 것도 놀랄 일이 아니다. 날란다의 이 거대한 사원, 기숙사, 강연장 복합 단지는 5세기에 세워져 12세기에 이슬람교를 믿는 투르크인에게 약탈당할 때까지 번성했다. 세계의 또 다른 훌륭한 수도修道 종교인 불교의 소산인 날란다 사원은 불교도와 비불교도를 동등하게 대접했다. 물시계와 징이 규칙적인 수도 생활의 시간을 알리는 가운데 그들은 경전과 세속의 문제 모두를 연구했다. 그들의 문화는 성문 문화가 아니라 뿌리 깊은 구술 문화였다. 중국에서 온 7세기의 순례자 현장玄奘의 표현에 따르면 "심오한 문제들을 묻고 답하느라 하루가 짧다. 그들은 아침부터 밤까지 토론에 몰두한다."[46] 유럽의 수도원 가운데 규모나 지식에 대한 헌신의 측면에서 날란다 사원과 비견할 만한 곳은 단 한 군데도 없었다. 기독교 수사들은 오래전부터 텍스트에 대한 끈질긴 헌신을 위해 음성적 상호 소통을 단념하고 침묵으로 담화를 대신했다. 기독교 수도원이 날란다 사원보다 더 오래 존속했을지는 모르지만, 그렇다고 기독교 수도원이 반드시 날란다 사원보다 더 우수했다는 것은 아니다. 우리는 학문적 논쟁의 정신이 어디에서 어떻게 유럽에 되살아났는지를 이해하기 위해 수도원 너머로, 유럽에 뿌리를 내린 완전히 새로운 학문 기관으로 시선을 돌려야 한다.

중세 유럽의 부흥은 이동성의 증가, 새로운 도시의 건설, 기독교 세계 너머와의 더 잦은 접촉을, 즉 지식의 재정리를 요구하는 공간의 재배치를 초래했다.

대학을 주제로 한 이번 장은 몇 가지 시대착오적인 오해를 불식하는 것으로 시작해야 한다. 이번 장은 현대 세계의 지배적인 지적 기관의 기원을 규명하기 때문에, 과거를 단지 현재의 근원이 담겨 있는 시공간으로 보고 싶은 유혹을 느끼게 한다. 대학이 필연적이라거나 영구적이라는 소리가 나오지 않도록, 중세의 대학을 현대의 대학과 확연히 구분 짓는 세 가지 사항을 언급하는 것으로 시작해 보자.

첫째, 12~13세기에 볼로냐와 파리에 들어선 가장 초기의 대학들은 의도적으로 설립된 것이 아니었다. 그것은 다만 학생과 선생의 조직들이 가장 밀집한 지역을 중심점 삼아 자연스럽게 합쳐진 것에 불과했다. 나중에는 물론 유럽의 대학도 미국의 대학처럼 의도적으로 설립되었지만, 그것은 본보기가 출현한 뒤에야 생긴 일이었다.

둘째, 사실상 유럽의 모든 대학은 도시적 현상이다. 이 현상은 앞선 첫째 명제에 뒤따르는 당연한 결과이다. 선생과 학생이 모이기 시작할 때, 그들은 기반 시설과 편의 시설이 갖춰진 곳에서 모일 필요가 있었기 때문이다. 하숙과 문방구, 술집, 게다가 매음굴까지. 유럽에 있는 대부분의 대학은 도시의 지도자에 의해 설립된 경우가 거의 없음에도 불구하고 여전히 (가장 대표적으로 옥스퍼드와 케임브리지처럼) 그 대학이 형성된 도시로 식별된다. 반면, 미국의 대학은 사람(존 하버드와 엘리 예일처럼)이나 큰 지역 단위(미시간과 캘리포니아처럼)의 이름을 따거나, 아름다운 전원 환경(뉴욕 주의 이타카와 아이오와 주의 그리넬처럼)에 자리 잡는 것처럼 보인다.

셋째, 이 점이 가장 놀라울 텐데, 대학에는 원래 캠퍼스도, 건물도, 노트와 책도 없었다. '우니베르시타스universitas'는 물리적인 장소가 아니라 사람들의 모임을 지칭하는 말이었다. 그것은 포괄적인 지식이라는 의미에서 '보편성 universality'을 띠지도 않았다. 그보다 우니베르시타스는 고대 로마의 법에서 개인들의 약속된 모임을 지칭하는 개념이었다. 13세기 무렵 우니베르시타스는 소속되지 않은 사람들에 맞선 상호 지원과 단체 교섭을 위해 함께 뭉친 상인이나 장인 협회, 요컨대 길드를 지칭하기도 했다. 오래지 않아 학자들의 우니베르시타스는 피복상이나 무두장이 같은 일상적 직업을 위한 길드와 비교되었다. 길드처럼 우니베르시타스에도 명장(교수), 장인(학사), 도제(학생)가 있었다.[*1] 그리고 길드처럼 우니베르시타스도 우선 직업 교육을—원래는 설교자, 법률가, 의사를 위해, 그리고 우리 시대에는 실업가, 언론인, 기술자를 위해—제공하는 것을 목표로 삼았다. (오늘날 졸업 연설의 주요 주제인) 사리사욕 없는 학문, 학구적 자유, 인성 교육, 비실용적 이상주의는 학자들이 무리를 이룬 모임의 의도하지 않은 부산물이자, 우니베르시타스에 어린 도도한 길드 정신의 표현

---

* 중세 사람들은 그들이 나중에 대학university이라고 부른 것을 지칭하기 위해 처음에는 '스투디움 제네랄레studium generale'라는 다른 용어를 사용했다. '제네랄레'는 가르치는 과목의 다양성이 아니라 학생 모집의 초지역성을 가리켰다. 이는 학생들을 특정 지역에서만 배타적으로 모집한 '스투디움 파르티쿨라레studium particulare'와 대조를 이룬다.

일 뿐이었다.

수도원이 기독교가 지배하는 세상에서 지식을 체계화할 마땅한 기관이었다면, 어떻게 이 학생과 선생의 길드가 그 자리를 대체하게 되었을까? 왜 수도원은 통합 이데올로기로서 기독교가 종교개혁의 거센 반발에 부닥칠 때까지 학자와 그들이 소장한 책의 주된 본거지로서 존속하지 못했을까? 두 번째 질문에 대한 답은 물론 수도원이 속세로부터 벗어난 장소로서 존속했고 현재도 존재하고 있기 때문이다. 특히나 수도원은 12세기에 접어들면서 진정한 개화기를 경험했다. 대학이 수도원의 정체傳滯에 대한 답으로서 나타난 것이 아니라면, 왜 이 새로운 지식 기관은 이전의 기관이 여전히 번성하고 있는 상황에 출현하게 된 것일까?

간단히 말하자면, 유럽은 드디어 로마의 쇠퇴기에 겪은 타격으로부터 회복했다. 유럽의 경제는 11세기를 거치면서 급격하게 되살아나 12세기에 절정에 이르렀다. 농업 생산성이 향상되고, 인구가 급증하고, 상업과 무역이 번창하고, 도시가 형태를 갖추고, 교회와 국가의 관료 체제가 전 사회로 촉수를 뻗치면서 돈과 계약을 통한 교류가 늘고 맹세와 전통을 통한 교류는 줄기 시작했다. 사람들은 여행을 떠나기 시작했다. 순례자, 상인, 군인, 음유시인, 설교자, 십자군 등이 기독교 세계 전역은 물론 그 너머까지 흩어졌다. 많은 청년들이 새로운 번영기를 누리며 지식을 좇아 여행을 떠났다. 독일인은 신학을 배우기 위해 파리로, 폴란드인은 법학을 배우기 위해 볼로냐로, 영국인은 아랍의 과학 텍스트를 책으로 옮기기 위해 톨레도로 '학문적 여행'을 떠났다. 시민들은 그들에게 숙식과 필기도구를 제공했다. 신임장을 얻은 학자들은 기독교 세계의 어느 학교에서든 강의를 열 권리를 확보할 수 있었다.

번영기는 결국 기근, 폭동, 전쟁을 겪고 이교異敎와의 투쟁으로 점차 쇠퇴기로 접어들었다. 역설적이게도 번영기를 다시 만든 것은 1348년에 창궐한 흑사

1400년경 볼로냐 대학에서 강의를 듣는 학생들. 대학의 출현은 지식 본거지의 이동뿐만 아니라 문화의 다양한 변화를 의미한다.

병이었다. 생존자들이 재건에 힘쓰면서 경제 부흥의 기회가 새로이 찾아온 것이다. 그 무렵, 우리가 알다시피 대학이 형태를 갖추어 갔다. 그 최초의 이동기에 일어난 공간의 재배치는 대학에 의해 이루어진 지식의 재정리를 설명한다. 도시로 몰려들고, 대륙 전역으로 퍼지고, 라틴 기독교 세계 너머 지중해 연안 지역과의 교류를 복구하면서, 학자들은 유럽 자체가 연합하기 시작한 것과 같은 시대에, 같은 이유로 힘을 합쳤다.

아벨라르의 사랑

중세 유럽의 새로운 동요와 이동성을 보여 주는 예로 엘로이즈와의 비극적인 사랑의 주인공 피에르 아벨라르(1079~1142)만큼 적절한 사람은 없을 것이다. 아벨라르는 대서양 연안에 위치한 프랑스의 켈트족 거주 지역인 브르타뉴 출신이었다. 그는 일찌감치 루아르 강과 모젤 강 사이에 밀집한 여러 대성당 부속학교에서 악명을 얻은 인물이었다. 가장 존경받는 학자들에게 배울 때조차 그들의 묵묵하고 명상적인 가르침에 불만을 느끼면서 아벨라르는 언제나 스승과 다툴 준비가 되어 있는, 논리로 무장한 모험적 편력의 기사 역할을 자청했다. 한번은 대담하게도 고난이도의 텍스트에는 그만큼 오랜 시간을 공들여야한다는 학우들의 만류를 무시한 채, 단 하루 만에 에스겔서를 해석하겠다고 나섰다. 이것은 학자적 자부심에 관한 교훈적 고전인 아벨라르의 『내 고통의 역사History of My Calamities』에 자세히 쓰인 수많은 일화 가운데 하나이다. 아벨라르는 그만한 지성을 가지지 못한 사람들의 질투심을 자극했기 때문에, 더없이 정력적인 그의 지적 능력에 감탄한 추종자들이 따라다닐 때조차 계속해서 다른 곳으로 쫓기듯 떠나야 했다. "나는 학문에 대한 나의 사랑에 너무나 도취되어 군 생활의 명예를 포기했고, 미네르바의 품에서 교육받기 위해 마르스의 궁전에서 물러났다. 나는 철학의 다른 모든 가르침보다 논리라는 무기를 선호했고, 이것으로 무장한 나는 전쟁의 전리품 대신 논쟁의 갈등을 선택했다."[2] 사실상 그의 주위에 모인 사람들은 모두 자유롭게 짐을 꾸릴 수 있고 노상강도와 고난에 용감히 맞설 수 있는 '남자'였다. (남녀 모두의 요구를 만족시키고 때로는 그들을 같은 장소에 섞어 놓기도 한 수도원과는 달리, 대성당 부속학교는 여성을 배제했다.) 그들은 함께 질문하고, 논쟁하고, 추론하고, 토론하기 시작했다. 이러한 구두口頭 '논리학'의 전율 속에서 아벨라르와 그의 학생들은 후에 대학에서 제도화되는 새롭고 매우 남성적인 학풍을 개척했다.

그러나 아벨라르의 수제자는 여자였다. 좋은 가문 출신에 비상한 머리를 지닌, 그보다 20년 이상 연하의 10대 소녀 엘로이즈(1101~1162)는 아벨라르가 계획적인 유혹이라고 말한 것의 대상이 되었다. 그들은 아들을 낳았고, 엘로이즈는 아이에게 그리스-아랍의 천문 관측기구의 이름을 따서 아스트랄라브Astralabe라는 이름을 지어 주었다. 엘로이즈는 '공부와 육아, 책상과 요람'은 공존할 수 없다고 확신하며 반대했지만, 아벨라르의 고집으로 그들은 비밀리에 결혼했다. 그녀의 삼촌은 밤에 매복하고 있다가 아벨라르를 공격하여 거세해 버림으로써 이 문제를 효과적으로 해결했다. 아벨라르는 엘로이즈를 수도원으로 보내 하룻밤 사이에 그녀를 학생에서 수녀로 바꿔 놓았다. 결국 그녀는 나중에 박학다식으로 유명한 대수녀원장이 된다. 아벨라르 자신은 이해력이 부족한 비방자들이 삼위일체에 관한 그의 책을 이단으로 판결하여 그에게 그 책을 불태우게 하면서 일종의 두 번째 거세에 직면했다. 그는 여러 수도원으로 피해 다니며 은신했지만 다시 방문객들이 모여들었고 결국에는 교육과 저술, 철학자로 돌아갔다.

엘로이즈는 언젠가 아벨라르에게 이렇게 편지를 썼다. "나는 종종 당신의 매혹적인 입에서 흘러나오는 달콤한 과즙으로 기운을 되찾고 싶은 갈망에 목이 탑니다." 그녀의 운명은 수도원에서 대학으로 바뀌는 과정에서 학문으로부터의 여성의 포괄적인 배제를 상징한다. 아벨라르가 거세당하기 전, 둘 사이의 비밀 연애편지를 통해 엘로이즈는 그에게 열렬한 사랑의 감정(욕정)을 사심 없는 헌신과 신성한 사랑으로 가는 길로 생각해 달라고 간청했다. 거세당한 후에 아벨라르는 완전히 다른 방식으로 상황을 바라보았다. "나는 당신에게서 나의 천박한 쾌락을 느꼈습니다. 그리고 이것이 내 사랑의 전부였습니다."[3] 이제 그녀를 그저 그리스도 품 안의 여동생처럼 대하면서 그는 그녀를 멀리 했다. 그녀는 그에게 수도원에 들어간 여성을 위한 베네딕투스 수도회의 규율에 적응할 수 있도록 도와 달라고 부탁했다. 아벨라르는 감정의 열정적인 분석에서 신앙의 중성적인 논리로 주의를 돌렸다. 이후 20년간 그는 어떻게 하느님이 하나이면서 셋—성부, 성자, 성령—일 수 있는가 하는 논리적 수수께끼와 씨름했고, 성령을 플라톤의 세계정신World Spirit에 비유했다. 『예와 아니요Sic et Non』에서 그는 하느님은 실체인가 하는 문제부터 간음한 아내를 내쫓고 재혼할 수 있는가 하는 문제까지 100가지가 넘는 까다로운 문제들을 조명하는 내용들을 발췌하기 위해 교부教父의 저작들을 면밀히 조사했다. 이 전거들이 서로 모순되고 의견 차이를 보일수록 지적인 잔치는 더욱 풍성해졌다. 아벨라르는 심지어 어떻게 이성적인 논쟁이 신앙의 쟁점들을 정리하는 데 이용될 수 있는지를 설명하기 위해 '신학theology'이라는 신조어를 만들어 내기까지 했다. 논리적이고 대화적인 새로운 지식 형태는 수도원의 필사 및 헌신적 독서와 함께 발생했으며, 이제 그것은 남성만의 배타적인 영역이 되었다.

의문과 논쟁을 하느님의 진실로 가는 왕도로 만든 아벨라르의 면밀한 지성은 오히려 더 많은 갈등과 굴욕을 유발했다. 그의 수많은 적들 중에서도 기독교 세계의 유명한 수사로 지성인이자 개혁가인 클레르보의 베르나르Bernard of Clairvaux(1090~1153)는 아벨라르의 가장 단호한 적수가 되어 그를 파멸로 몰아갔다. 베르나르는 헌신적이고 정신적이고 금욕적인 수도 생활의 회복을 목표로 삼아 새롭게 시토 수도회를 이끌었다. 시토 수도회의 수사들은 도시와 시골 수도원의 늘어나는 재산과 세속적 관심에서 발견한 육신과 정신의 유혹을 혐오해서 황야로 떠났다. 그들은 지적 노동보다 육체노동을 더 높이 평가했다. 인구가 적은 중세의 변경에서 새로운 땅을 일구어서 본의 아니게 부를 축적할 정도였다. (시토 수도회의 수사들이 처음으로 경작한 부르고뉴의 포도원은 현재 세계에서 가장 투자 가치가 높은 부동산으로 손꼽힌다.) 베르나르는 시골의 수도원과 도시의 학교 사이에서 시작된 균열이 고비에 이르렀다고 보았다. 그는 권고했다. "이 바빌론에서 달아나 당신들의 영혼을 구하시오. 외로운 바위와 숲이 인간 스승보다 더 훌륭하게 신앙심을 가르쳐 주는 황야의 수도원으로 빨리 피하시오." 그는 아벨라르를 '플라톤을 기독교인으로 만들기 위해 열심'이라고 비난했으며, 또한 신학을 '바보학stupidology'이라고 조롱했다.[4]

베르나르는 편협한 사람도, 무식한 사람도 아니었다. 그는 단지 신비적인 헌신과 묵상으로 습득한 지식이 아벨라르를 유명하게 만든, 논쟁적이고 시시콜콜 따지고 드는 논리보다 더 낫다고 생각했을 뿐이다. 성서에서 가장 에로틱한 책인 아가雅歌에 대한 베르나르의 설교는 기독교 신비주의의 걸작이다. 난해한 구절 중의 하나인 "내게 입 맞추기를 원하니"는 신랑인 그리스도와 그의 신부인 인간의 영혼, 그리고 신과의 열정적인 결혼인 구원이라는 영적 비전을 위한 근거가 되었다. 엘로이즈가 에로틱한 사랑을 영적인 사랑이라고 생각했다면, 베르나르는 영적인 사랑을 에로틱한 사랑이라고 생각했다. (그리고 아벨라르는 간단하게 그 둘을 서로 다른 분석 범주에 넣었다.) 그 이후 수 세기 동안 신비주의자들은, 특히 학교나 대학에서 지적 배출을 거절당한 학식 있는 여성들은 그와 거의 똑같은 관점에서 글을 썼다. 예를 들어 베네딕투스 수도회의 대수녀원장, 빙겐의 힐데가르트Hildegard of Bingen(1098~1179)는 그녀의 영묘한 음악 작품과 전체론적 의학 요법, 그리고 신의 '생생한 은총'에 대한 환시 때문에 지금까지도 뉴에이지 운동가들에게 사랑을 받는다.[5] 하느님은 그녀와 오로지 신학적으로 가장 정통적인 관점에서만 대화를 나눴기 때문에, 베르나르는 마지못해 그녀의 예언적 글쓰기를 묵과했다. 그러나 그는 아벨라르의 논리적 철학의 유혹을 억제하지 않고 놓아둘 수 없었다. 아벨라르가 신학에 관해 또 한 권의 책을 썼을 때, 베르나르는 그를 일거에 침묵시킬 계획을 꾸몄다. 그것은 단지 책만이 아니라 그를 이단으로 단죄 받게 하는 것이었다. 아벨라르는 클뤼니의 베네딕투스 수도회 수사들과 은거했다. 그리고 그들은 얼마 후에 그가 죽었을 때 매장을 위해 그의 시신을 엘로이즈에게 보냈다.

네 도시의 이야기

베르나르는 전투에서 승리했지만 전쟁에서 승리할 수는 없었다. 황야의 미덕은 결국 도시의 매력에 압도되었고, 곧 그에 끌린 수많은 학자들이 야망을 품고 도시로 몰려들었다. 이들 가운데 가장 큰 조직은 정확히 아벨라르의 옛 본거지들, 즉 유럽 고딕의 부활을 알리는 건축적 상징인 노트르담 대성당을 포함해 샤르트르, 랑, 랭스, 파리 등에 위치한 대성당 부속학교에 퍼져 있었다. 1200년 무렵은 파리가 아직 강력한 민족국가의 수도가 되기 한참 전이었으며, 파리는 신학의 국제적 중심지로서 명망을 떨치고 있었다.

다른 학문적 성지순례지 또한 그들만의 학파와 전공, 또는 '학부'를 발달시켰다. 이것은 곧 거의 모든 대학이 지닌 기본 특징이 되었다. 예컨대 법학은 볼로냐, 의학은 살레르노, 인문학은 프라하가 대표적이었다. 각 학문의 중심지는 지역에 따른 학문적 이동의 효율성에 의해 형성되었다. 각각은 곧 다른 모든 대학으로 일반화되는 대학 생활의 특징─대학 내에 자리한 학생 숙소이든, 학자를 위한 법적 보호 장치의 발전이든, 구두적 학풍이든, 직업 교육을 위한 필수 과목으로서 인문학 교육에 대한 필요이든─을 보여 주는 본보기이다. 그들의 서로 다른 노력을 하나로 합친 것은, 후에 학파 자체의 이름을 따서 '스콜라 철학'이라고 불린 새로운 형태의 교수법이었다. 간단히 말해서, 스콜라 철학자들은 각자의 분야에서 정전화된 텍스트에 대해 문제를 제기했고, 의견이 일치하는 부분과 불일치하는 부분을 세심하게 열거했다. 아벨라르가 밟았던 바로 그 절차였다. 그런 다음에 그들은 『예와 아니요』의 방법을 끌어와 그 문제들에 대한 해답을 추론했다. 논리적 방법은 교육의 도구인 동시에 지적 진보의 수단이었다. 성장하는 사회를 위해 이성적으로 교육받은 설교자, 법률가, 의사를 공급한다는 대학의 주장은 여기에서 나왔다.

파리의 신학

1200년, 파리의 심장부인 시테 섬과 그 주위에 모여든 학자들은 집단적 경제력을 가장 극적인 방식으로 느끼게 했다. 도시 전체의 소동으로 번진 흔치 않은 사건에서, 술집 주인에게 사기를 당해 포도주를 떼어먹힌 독일인 학생이 그를 두들겨 패려고 친구들과 함께 다시 찾아갔다. 술집 주인은 왕실 집행관을 불렀고, 재판을 집행하려는 그의 시도는 결국 독일인 학생들이 묵는 합숙소에서의 격렬한 시위로 이어졌다. 파리의 선생들은 (수천 명에 달하는) 자기 학생들의 편을 들면서 도시를 떠나 다른 곳으로 가 버리겠다고 협박했다. 그러자 왕이 직접 중재에 나섰는데, 놀랍게도 집행관을 종신형에 처했고, 그의 부하들에게는 (교수형의 가능성이 있는) 시죄법試罪法으로 재판을 받거나 영구히 추방을 당하거나 둘 중 하나를 선택하게 했다. 분명 누구도 통제 불가능한 독일인 학생들을 처벌하려는 생각은 하지 않았다. 학생들은 이미 성직자처럼 일반 시민의 재판에서 면제되어 있었다. 예복을 입고서 때로는 무기까지 소지한 채, 그들은 마치 제다이 기사처럼 도시를 돌아다녔다. 게다가 그들은 1200년에 그들 자신의 스승에게 재판받을 수 있는 권리를 보장하는 칙허장을 받아 냈다. 1215년 이후 살인이나 강간 같은 범죄에 대한 사법권이 세속 당국으로 넘어갔지만, 그럼에도 파리의 우니베르시타스는 자체적인 법을 제정했다.[6] 그러나 1229년에 또 다른 폭동이 일어나자(이번에는 사육제 기간에, 또다시 포도주 때문에), 왕의 관용조차 한계에 다다랐고, 결국 학자들이 앙제, 오를레앙, 툴루즈 등지에 위치한 완전히 새로운 대학을 찾기 위해 떠나는 '대해산大解散'으로 이어졌다. 일부는 영불해협을 건너가, 옥스퍼드와 케임브리지에 이미 형태를 갖추어 가던 대학들을 확대했다. 그들의 신학적 지혜는 이 도시들을 유럽의 지적 지도 위에 영원히 새겨 놓았다.

그러는 동안, 집을 떠나온 학생들이 더 체계적으로 학습하고 지원받을 수 있도록 칼리지들colleges이 설립되었다. 그들의 대부분은 정규 교육을 받기 시작할 때의 나이가 14세 정도로 어린 학생이었다. 대학과 달리 칼리지는 학생과 스승이 함께 거주하는 구체적인 형태의 건물이었다. 많은 칼리지가 가난하지만 장래성 있는 청년들에게 숙식을 제공하기 위해 만들어진 자선 재단으로 시작되었다. 1257년에 로베르 드 소르봉Robert de Sorbon(원문에는 '로베르'가 아니라 '필립 Philip'이라고 되어 있으나, 브리태니커 백과사전을 근거로 수정했다.-옮긴이)의 기부로 설립된 소르본은 지금은 파리 대학교와 거의 동의어로 쓰이지만 당시에는 그중 하나의 칼리지였을 뿐이다. 학생들이 스승의 감시 아래 그 안에서 거주했기 때문에 칼리지는 시민과 대학 구성원의 관계를 발전시키는 데 상당한 기여를 했다. 주정과 폭력 대신 사회적으로 용인할 수 있는 오락이 자리를 잡았고, 한참 후에는 옥스퍼드와 케임브리지 같은 명문 대학을 대표하는 운동 경기나 공식 행사 등으로 발전하게 되었다.

파리의 초기 칼리지 가운데 가장 중요한 것은 새롭게 창설된 탁발 수도회인 도미니쿠스 수도회의 칼리지와 프란체스코 수도회의 칼리지였다. 그들 이전의 시토 수도회와 마찬가지로 탁발 수도회는 12세기 유럽의 이동성이라는 문제에 대한 또 하나의 종교적 대답을 상징했다. 카스티야 출신의 도미니쿠스 구스만 Dominicus Guzmán은 도시화된 이탈리아 및 프랑스 남부의 이단과, 그중에서도 특히 순결파와 싸우기 위해 수도회를 설립했다. 순결파는 아마도 불가리아로부터 전파된 철저하게 반反유물론적인 기독교 신앙을 실천하는 기독교 이단이었다. 도미니쿠스 수도회의 목적은 갈수록 부유하고 냉담하고 오만해지는 성직자 계층 때문에 정신적으로 방황하는 교구민들을 다시 끌어들이는 것이었다. 거의 같은 동기로 아시시의 프란체스코Francesco of Assisi 또한 점점 불어나는 이탈리아의 도시 빈민층에게 전도했다. 두 수도회의 탁발 수사들은 규율에 따라 생활했고, 순종서원, 순결서원, 특히 청빈서원을 했으며, 그러한 점에서는 일반 수사와 비슷했다. 그러나 그들은 수도원이나 소유권에 얽매이는 것을 거부했고, 여기저기 돌아다니면서 생계를 위해 구걸을 하고(그래서 '탁발 수사'이다.), 특히 새로 생긴 도시에서 설교를 했다. 도미니쿠스 수도회는 1216년에 설립된 후 4년이 되지 않아 파리에 신학 칼리지를 개교하고 곧이어 볼로냐에도 개교를 했다. 프란체스코 수도회는 설립자의 학문에 대한 적대감을 극복하면서 1218년에 상당한 규모로 성장했다. 탁발 수사, 전통적 선생, 도시와 왕실의 권력자 사이의 관계가 항상 원만하지는 않았다 해도, 그렇게 탁발 수도회는 아벨라르와 베르나르가 충돌했을 때 학자와 수사, 논리적 탐구자와 정신적 구도자 사이에 생긴 불화를 수습했다.

이러한 화해는 또한 아벨라르가 창시한 신학의 체계적인 정교화와 실용적인 응용을 위한 기초를 놓았다. 탁발 수사들은 주제 설교의 절박한 필요성을 느꼈다. 하나의 주제에 대한 설교가 불안해하는 도시 교구민들을 위안하고, 이곳저곳을 떠돌아다니는 설교자들로 하여금 속인들을 감동시키게 할 수 있다고 생각한 것이다. 설교의 소재는 성서 텍스트에 나오는 한 단어의 여러 가지 용법을 정리한 일람에서 선택했다. 예를 들어 자기 토사물로 돌아가는 개(베드로후서 2장 22절)나 탐욕이 심한 개(이사야 56장 11절)에 대한 언급은 탐식의 죄에 관한 보다 난해한 상징적 의미를 설명하는 구체적인 이미지를 제공했다.[7] 1200년대

초 무렵, 성서 자체는 분리된 여러 권의 책에서 휴대할 수 있도록 장정한 한 권의 거대한 책으로 바뀌었고, 그 안에 묶인 각 권은 이용하기 쉽게 장과 절로 나뉘었다. 어려운 구절에 색인을 달아 그 문맥을 살필 수 있게 하는 '용어 색인'은 학자들이 텍스트를 해석하는 주요한 수단으로서, 수사들이 써 넣은 여백과 행간의 거추장스러운 주석을 대체했다. 실용적인 목적을 위해 창조되었지만, 용어 색인과 그 밖의 검색 수단들은 정교한 지적 발전을 상징했다. 알파벳순의 배열은 빠르고 손쉬운 참조를 가능하게 했을 뿐만 아니라 어느 한 구절을 읽은 각각의 독자가 자신의 이성을 이용해 강제적인 동시에 교의적으로 옳은 성서의 도덕적 교훈을 종합할 수 있게 했다.[8]

아벨라르와 같은 자유 활동가들은 자유를 선택함으로써 재난을 자초했다. 그러나 파리에서 발전한 엄격한 신학 커리큘럼에서, 당당하게 추구하는 이성적인 연구는 사회에 기독교인이 된다는 것의 의미를 알리는 과업에 제도적으로 결부되었고 또한 종속되었다. 편리한 설교 교재는 단지 연속선상의 한쪽 끝에 있었을 뿐이며, 반대쪽 끝에는 만개한 학문으로서의 신학이 있었다. "하느님은 그가 하지 않는 것을 할 수 있는가, 또는 그가 하는 것을 하지 않을 수 있는가?"와 같은 문제들을 떠맡은 파리의 도미니쿠스 수도회 수사 토마스 아퀴나스Thomas Aquinas(1225~1274)는 허세를 부리지도, 스캔들을 일으키지도 않았다. 아퀴나스는 아리스토텔레스의 철학으로 빈틈없이 무장하고 각각의 명제에 대한 반론과 그에 대한 재반론을 꼼꼼하게 비교 검토하면서 지금까지 나온 책 가운데 가장 훌륭한 기독교 신학 개론인 『신학 대전Summa Theologica』을 저술했다. 아퀴나스의 생각에 의하면, 지식에 대한 (아벨라르와 아리스토텔레스의) 이론적 개념과 (도미니쿠스와 프란체스코의) 응용적 개념은 서로 맞물려 있으며 서로를 보강했다. 결국 방식에서의 차이가 있을 뿐, 둘 다 이동성과 도시화의 산물이었으며, 빠르게 변하는 사회에서 지식을 갈구하는 새로운 열망에 대한 대답이었다.

　오래지 않아 도미니쿠스 수도회는 대학 졸업생들에게 마치 학구적 논쟁 같은 일반 청중을 위한 독자적인 설교를 하지 말라고 충고해야 했다.[9] 대학 교육은 이미 상아탑적인 성향을 띠기 시작했다. 물질의 집중, 왕실의 보호, 수적인 안정을 통해 학자들은 오로지 지식에만 전력할 수 있었다. 하지만 이러한 학문적 자유를 가능하게 하는 것은 다름 아닌 기독교 교리의 엄중함이었다. 지금 우리가 지적 교살殺의 전조로 여기는 정통 신앙은 중세에 지적 통일과 표준화의 동인으로서 기능했다. 교황이 직접 기독교 세계 어디에서나 가르칠 수 있는 권리(이우스 우비퀘 도센디 ius ubique docendi)를 보증했다. 당시 지방의 주교들은 자격을 갖춘 선생들로부터 뇌물을 갈취하고 있었으며(이러한 사실 자체가 점점 화폐 경제로 바뀌어 가는 징후였다.), 파벌적인 교수단은 외부인과의 경쟁에 맞서 결속을 강화하고 있었다.[10] 그래서 교황은 그러한 폐단을 엄하게 다스림으로써 체계를 개방하기로 결심했다. 교황의 재가는 동시에 학자들이 육체적으로 방황을 한다든지 교의에서 어긋나는 행동을 하는 것에 대한 외적 한계를 설정했다. 학자들이 어디서나 그들의 지식을 전할 수 있게 되었을 때, 전 기독교 세계의 대학들은 같은 커리큘럼, 같은 교과서, 같은 방법론을 공유하게 되었다. 양피지로 된 졸업 증서에 정식 학위가 출현하기도 전에, 이러한 관습은 대학의 학문을 그 정점으로서의 신학과 더불어 유럽 최초의 개인적으로 휴대할 수 있고 국제적으로 인정받는 지식 형태로 만들었다.

볼로냐의 법학

　어떤 설명에 의하면, 파리 대학은 사실 두 번째로 형성된 대학이었다. 우선

권을 주장하는 곳은 이탈리아 북부의 볼로냐로, 오늘날에는 파리보다 덜 알려져 있지만 13세기의 절정기에는 학생 수가 파리의 7,000명에 비해 10,000명에 이르렀을 정도로 원래는 더 인기가 있었다.[11] (당시로서는 양쪽 다 엄청난 숫자였다.) 파리 대학이 신학과 인문학으로 유명했다면, 볼로냐 대학은 민법과 교회법 양면에서 뛰어난 법학 대학이었다. 사람들은 주로 현실적이고 실용적인 이유로 볼로냐에 갔다. 특히 이탈리아의 도시국가에서 법학은 법관, 외교관, 공무원 또는 주교, 심지어 교황까지, 할 만한 가치가 있는 직업으로 나아가는 길을 열어 주었다. 외국인으로서 볼로냐에 도착했을 때 학자들은 아무런 연고도, 지방 시민권에 따르는 부수적인 권리도 없었다. 예를 들어 영국인 학생이 빚을 갚지 않은 채 도망가면, 복구復仇로 알려진 관습에 따라 도시의 시민들은 무고한 동향인과 대면하여 빚의 상환을 요구할 수 있었다. 기본적인 법의 보호를 받지 못했기 때문에 학자들은 임대료 규제나 면세 같은 공통의 권익을 지키기 위해 단결해야 했다. 그렇게 함으로써 그들은 당대의 대단한 법적·사회적 열풍, 즉 조합을 통한 자발적인 자기 조직화에 가담했다.

이탈리아 북부의 다른 도시들과 마찬가지로 볼로냐는 상업 경제의 호황을 누렸지만 이탈리아 반도 전역으로 미쳐 가던 권력의 공백으로 어려움을 겪었다. 알프스 산맥의 북쪽, 독일에 대부분의 영토와 세력을 거느리고 거주하던 신성로마제국의 황제 프리드리히 바르바로사Friedrich Barbarossa는 이탈리아의 광범위한 지역에 대한, 특히 롬바르디아의 부유한 도시들에 대한 권리를 주장했다. 그러나 바르바로사에게는 사실상의 통치 수단이 없었다. 바르바로사는 '학문을 위해 떠돌아다니는 모든 학자들'의 충성을 얻기 위한 책략으로, '지식에 대한 사랑 때문에 망명한 사람들'을 보호했다. 종종 유럽 대학의 마그나 카르타로 평가되는 1158년의 포고령은 그들에게 어디든 안전하게 여행할 수 있는 권리(그렇다고 황제가 이를 시행할 관리를 두었다는 것은 아니다.), 도시에 있을 때 보복적 체포로부터 면제받을 수 있는 권리, 도시 당국이 아닌 자신의 스승에게 재판받을 수 있는 권리를 부여했다. 볼로냐의 가장 유명한 법학자 네 명이 이 포고령의 기안에 참여했다. 그러나 포고령을 보관할 문서국이 없었기 때문에 (행정 관청이 존재하기 전이었다.), 그들은 그것을 단순히 유스티니아누스 법전의 관련된 부분에 끼워 넣었다. 오래전에 실효한 이 고대 로마의 법률서는 이탈리아에서 학자들(그것은 그들에게 수많은 법률문제에 대한 명문화된 해답을 제시했다.)과 명민한 독일인 황제(그것은 그의 절대권을 합법화한 것으로 보인다.)에게 살아 있는 유령으로 간주되었다.[12] 법적 기반 시설이 없었기 때문에, 그들은 필연적으로 교과서와 학자들의 마음속에 살아 있는 법사상의 전거를 신뢰할 수밖에 없었다.

로마법의 부활은 12세기의 중대한 지적 운동 가운데 하나의 특징이 되었다. 그리고 본토 이탈리아에서 로마법은 수 세기 전에 롬바르드족 침략자들이 가져온 독일의 법과 특히 강력한 화학 반응을 일으켰다. 로마법이 합리적이지만 개인주의적인 반면, 게르만족의 관습법은 다소 모호하기는 하지만 공동체 정신을 매우 중요하게 생각했다. 그 둘의 종합에서 법적 개념으로서 그리고 사회적 실체로서 볼로냐의 우니베르시타스가 출현했다. 롬바르디아 지역의 진정한 정치 권력가들은 그것의 첫 번째 수혜자였다. 보다 광범위한 사법권의 부재에 수반되는 무질서와 동요에 대응하며 도시의 귀족 가문들은 탑을 세워 이웃의 세력권을 감시하고 무력으로 스스로를 보호하기 위해 조직적으로 단결했다.[13] 자치를 행사하는 '코뮌commune'이 그 결과였다. 『로미오와 줄리엣』에서 캐퓰렛 가家와 몬터규가의 불화는 이 세계를 소설적으로 묘사하지만, 어떻게 적극적인 시민 활동의 문화가 폭력, 복수, 당파성이 난무하는 가운데 이러한 도시 기구에 처음 뿌리를 내렸는지는 설명하지 못한다. 곧 '포폴로popolo(민중)'라고 불리는 중류 계급의 상인들과 지주들이 그들만의 조직을 결성하여 때로는 코뮌의 정권을 장악하며 시의 통치권을 놓고 귀족들에게 도전했다. 이윽고 그 충격이 장인들에게까지 미쳐 전문적인 직업 길드를 발생시켰다.

이 모든 형태의 조합은 중세 사회의 이동성과 유동성이 낳은 또 하나의 산물이었다. 중세 사람들은 도시의 코뮌과 직업 길드는 물론 대성당의 참사회參事會, 왕국, 심지어는 제국 자체까지도 우니베르시타스로 여기면서 '비눗방울을 부는 아이들처럼' 조합을 만들었다.[14] 현대의 감각으로도 역설적으로 들리지만, 그들은 스스로를 단체에 집어넣음으로써 자신의 개성을 표현했다. 오직 이 방법을 통해서만 탁발 수사부터 학자, 시민, 상인에 이르기까지 새로운 사회적 역할을 부여받은 사람들이 자신을 지키고 권리를 주장할 수 있었기 때문이다. 학자들의 우니베르시타스는 분명 이 훨씬 더 광범한 현상으로부터 나온 하나의 표현에 불과했다.

사실 볼로냐에는 두 개의 경쟁적인 우니베르시타스가 있었다. 하나는 선생들을 위한 것이었고, 다른 하나는 학생들을 위한 것이었다. 그러나 경제와 정치는 단연코 학생들을 우위에 올려놓았다. 당시 거의 어디에서나 선생은 학생의 수업료로 살아갔다. 하지만 파리에서는 많은 신학자들이 소소한 성직에 종사하며 녹을 받아 경제적인 독립을 추구했다. 게다가 학생들은 더 가난해지고 더 어려지는 추세여서 스승의 소망에 더 깊이 주의를 기울이려 했다. 볼로냐의 상황은 정반대였다. 학생 길드는 성인으로 구성되었고, 집단적 소비력과 선생을 고용하고 해고할 수 있는 교섭력을 갖고 있었으며, 심지어 더 좋은 조건을 위해 동맹 파업을 벌이기도 했다. 선생들은 1분이라도 늦게 수업을 시작하면 벌금을 물었고, 학기가 끝났을 때 완료되지 못한 강의가 있으면 기준에 따라 환불해야 했다. 그들은 또한 휴가 중에 도시를 떠나기 위해서는 보증금을 내야 했다. 어떤 법령은 심지어 다른 도시에 있는 대학으로 옮겨 가려고 꾀하는 사람에 대해 사형을 규정하기도 했다.[15] 아마도 학생들과 포폴로의 자연스러운

동맹이 가장 결정적이었을 것이다. 두 단체 모두 도시의 시장을 근거지로 재화와 용역을 사고팔면서 생활했다. 따라서 그들의 삶은 봉건적, 종교적, 또는 세대 간 위계질서보다는 화폐 거래에 의해 좌지우지되었다.[16] 13세기 말 무렵, 볼로냐의 선생들은 코뮌의 고용인雇傭人이 되어 버렸다.

학생들의 힘이 그들의 스승을 종속적인 위치로 전락시켰지만, 그럼에도 볼로냐의 법학 학부는 지역적으로나 국제적으로나 거침없는 명성을 누렸다. 교회법에 있어서는 특히 더 그랬다. 학자들의 표현대로 이탈리아 북부 도시들—볼로냐보다는 오히려 제노바, 피사, 피렌체, 베네치아—의 상업적 혁명은 경제 성장에 따르는 필수 요소들을 다루는 새로운 수업에 대한 높은 수요를 창출했다. 긴급한 쟁점 가운데 하나는 고리대금이었다. 기독교의 오랜 교리는 채권자가 대부금에 대해 이자를 청구하는 어떠한 재정적 거래도 죄악시했다. 그런 사람에게는 벌금부터 파문과 공민권 박탈에 이르기까지 실질적인 처벌이 내려졌다. 단테Dante는 고리대금업자를 일곱 번째 지옥에 분류해 넣었다. 유대인들은 그러한 규제들을 인정하지 않았기 때문에 중세 유럽에서 고리대금업자로 유명해졌다. 이러한 상황에 직면해 교회법 학자들은 대개 스콜라 철학의 결의론決疑論으로 대응했다. 그들은 관련된 로마의 판례법을 조사하다가, 채권자가 돌려받지 못한 돈에 대해 위약금을 부과하는 것은 너무도 당연하다는 판례를 발견했다. 원금 총액과 원금에 위약금을 더한 금액의 차액은 '사이에 있는 것'이라는 뜻의 '쿼드 인테르 에스트quod inter est'라고 불렸다. 교회법 학자, 볼로냐의 아초Azo of Bologna(약 1150~1230)가 제일 먼저 이 말을 줄여, 지금은 실제적인 혹은 가상적인 상환 의무 불이행에 대한 보상으로서 재개념화된 명사 'interest'로 만들었다.[17] 이런 식으로 현대 세계의 금융 조직과 기업 조직에서 무수히 찾아볼 수 있는 양상이 처음으로 형성되었다.

이자(interest)는 단지 사람들이 12세기의 유럽 어디에서나 직면하는 복잡성과 해결책을 고안하고자 만들어낸 실용적 창의성의 예일 뿐이다. 볼로냐의 가장 훌륭한 교회법 개론서, 그라티아누스Gratianus의 『교령집教令集』(1140년경)은 법률가들이 직면한 문제와 그 문제를 해결하기 위해 그들이 사용하는 방법을 보여 준다. 아벨라르나 아퀴나스처럼 그들은 합리적인 정돈과 해결이 필요한 상호 모순된 텍스트들을 물려받았다. 그렇지만 신학보다 더 분명한 방식으로 법학은 오랜 모순의 해결뿐만 아니라 계속해서 변화하는 사회를 위한 새로운 법적 개념의 개발까지도 목표로 삼았다. 조합(우니베르시타스) 자체는 비非서양인들에게는 기이한, 단체가 '가공의 인간' 으로서 스스로를 구성하고, 소유권을 매매하고, 구성원을 지배하고, 심지어 소송도 당할 수 있다는 관념에 기초하여 설립된다. 하지만 그것은 현대의 경제적, 사회적, 정치적 삶에 대한 중세의 가장 큰 공헌 가운데 하나이다. 단체들이 상호 작용하는 새로운 방식들을 규칙화하기 위해 과거의 판례를 끌어오는 과정에서, 법학은 어떻게 이성이 단지 여러 권위들을 중재하는 것에 그치지 않고 스스로의 능력으로 하나의 권위가 될 수 있었는지를 보여 준다. 학자들이 그들이 처한 곤경을 법적인 사고를 통해 극복했을 때 대학의 고유한 권위가 생겨났다고 본다. 독립된 단체로서 대학이 갖는 자치권은 학구적 자유를 위한 또 하나의 기본 원칙이다.

살레르노와 그 외 지역의 의학

왜 소변을 통과해 붉게 비치는 빛은 비장 질환의 징후를 나타내는가? 왜 벌어진 상처에서 피가 흘러나올 때 살인자가 같은 공간에 있다면 누가 범인인지를 알 수 있는가? 왜 성질이 찬 콩은 정력을 상승시키고 체이스트베리는 저하시키는가? 왜 치즈는 만드는 사람이 은밀한 열정을 채우면 빨리 부패하는가?[18]

스콜라 의학자들은 아퀴나스나 그라티아누스의 저작처럼 논리 정연한 개론서도 쓰지 않았고, 그들의 연구 범위를 이루는 인간의 다양한 고통, 선천적인 괴벽, 초자연적인 현상에 대한 체계적인 연구서도 펴내지 않았다. 이 때문에 그들은 중세 의학의 성서라 할 수 있는 이븐 시나Ibn Sina(약 980~1037)의 『의학 정전Canon』을 참고해야 했다. 중세의 진단법과 치료법은 오늘날 우리에게 좋게 말하면 기묘하고 나쁘게 말하면 어리석은 인상을 준다. 그러나 스콜라 의학은 수많은 문제들을 제기했다. 그리고 그 문제들은 학생들이 암기하기 쉽도록 6보격 운문으로 표현되었고, 임상에 편리하게 응용하기 위한 교훈적인 격언들로 바뀌었으며, 500년 동안 학구적인 토론회에서 논의되었다. 이상은 유럽 스콜라 의학의 첫 번째 중심지이자 아랍 세계에서 번성하던 다문화적 과학의 중요한 관문, 12세기의 살레르노에서 비롯된 일들이다.

지중해 연안에 위치한 이 이탈리아 남서부 도시의 건강 휴양지로서의 명성은 이미 900년대에 쓰인 문서에도 나타나 있다. 푸른 하늘, 바다로부터 불어오는 산들바람, 야자나무는 의심할 것도 없이 허약하고 기력이 쇠한 사람들의 마음을 사로잡았고, 그들을 보살피려는 치료사들을 끌어들였다. 의학자들은 민간요법과 약초 치료법을 퍼뜨리는 민간 의사들은 물론, 박식한 여성들과도 교제했다. '살레르노의 여인'으로 유명한 트로툴라Trotula는 사실 몇 명의 여성 의학 전문가들을 합성하여 만든 인물이었을지도 모른다. 그러나 부인과婦人科 의학에 관한 그들의 귀중한 지혜는 후에 '트로툴라'의 텍스트를 통해 글래스고(스코틀랜드 남서부의 도시-옮긴이)에서 브로츠와프(폴란드의 도시-옮긴이)에 이르기까지 남성 독자들에게 전해졌다.[19] 적어도 초기에는 살레르노의 다양한 의사들을 신임하거나 보호하기 위한 학교나 단체가 존재하지 않았다. 대신 그들은 서로서로 경쟁했다. 이 의학 공동체의 활기는 대학이 기관으로서 형식을 갖추기에 앞서 도시의 개방성과 역동성이 선행한다는 또 하나의 증거였다.

무슬림, 유대인, 기독교인은 모두 이 지역 곳곳에서, 특히 바다에서 마주쳤다. 12세기의 유대인 여행자, 투델라의 베냐민Benjamin of Tudela은 "살레르노의 의학자들은 모든 종류의 의학을 보유한 모든 민족의 의사들과 함께 일할 수 있는 시간을 꿈꾼다."고 썼다.[20] (베냐민은 또한 많은 기독교인이 질병을 하느님의 징벌로서 받아들이라는 클레르보의 베르나르의 명령을 무시한다고 기록했다.) 기독교 세계 너머와의, 그리고 기독교 학문 외부와의 접촉을 통해 살레르노의 선생들은 히포크라테스Hippocrates, 아리스토텔레스, 갈레노스의 텍스트들을, 이슬람 세계의 계승으로 새롭게 태어난 그리스 텍스트들을 손에 넣을 수 있었다. 이 텍스트들을 최초로 번역한 콘스탄티누스Constantinus African(약 1020~1087)는 튀니지의 카이라완Qairawan에서 몬테카시노에 위치한 숭엄한 수도원으로 이주하여 그곳에서 작업했다. 살레르노에서 아주 가까운 곳이었다. 그러나 외부 학문의 유입 경로는 이뿐만이 아니었다. 무슬림이 지배하던 시칠리아와 스페인 남부는 의학과 과학 지식이 들끓고 있었다. 이 지역들은 살레르노에서 몽펠리에Montpellier(지금은 프랑스의 영토이지만, 그때는 스페인의 아라곤 왕국에 귀속되어 있었다.), 바르셀로나Barcelona, 발렌시아Valencia까지 이어지는 연안 도시들과 함께 부채꼴을 이룬다. 살레르노가 영광의 뒤안길로 물러나자 몽펠리에가 그 자리를 대신했고, 유럽 최초의 조직적인 의과 대학이 들어서기에 이른다. 이 모든 도시의 의사들은 지중해 연안 이슬람 세계의 뛰어난 과학 전통과 근접해 있었기에 이익을 얻을 수 있었다.

그리스-아랍의 의학은 그 의사擬似 과학적 경직성 때문에 무시하기 쉽다. 예컨대 네 가지 체액(혈액, 점액, 흑담즙, 황담즙)이나, 그것의 순환이 사람마다 달리 만들어 내는 네 가지 기질(다혈질, 점액질, 우울질, 담즙질) 등이 그렇다. 그러나 중세의 스콜라 의학자들은 그러한 이론적 도식이 의학을 하나의 기술, 즉 경험적인 방법에 의한 일단의 치료법에서 진정한 학문, 즉 논문에 기록되는 일종의 추상적 지식으로 승격시켰다고 생각했다. 몽펠리에와 파리에서 학생들을 가르친 외과 의사 앙리 드 몽드빌Henri de Mondeville(1260~1320)은 과학적 의학이 의사들을 그들이 경쟁해야 했던 '무식한 이발사, 점쟁이, 연금술사, 노파, 개종한 유대인, 사라센인'보다 한 수 위로 만들어 놓았다고 주장했다.[21] 경쟁은 무슬림의 지배 아래 오랜 시간 동안 서로 다른 신앙과 전통이 공존한 스페인에서 가장 격렬했다. 특히 유대인은 심지어 아라곤 같은 기독교 왕국에서도 시의侍醫 및 주치의로서 큰 성공을 거두었다. 유대인은 정교하고 잘 발달된 히브리의 의학 전통을 계승했으며 아랍어도 유창하게 구사했다. 그들은 이슬람의 학문과 지중해 지역의 지적 소양을 연결하는 통로가 되었다. 그러나 14세기 무렵 유대인 의사들은 라틴어를 배우고 더구나 (1394년에 추방당하기 전까지) 몽펠리에에서 공부하기 위해 아랍어와 때로는 히브리어까지 버리기 시작했다.[22] 그들의 야망이 변했다는 것은 더 나은 학설이나 텍스트의 결과가 아니라 수많은 임상 활동의 결과로서 유럽의 스콜라 의학자들이 경쟁에서 승리했다는 간접적인 증거이다.

하지만 이미 기독교 대학의 의사가 여타 경쟁 상대보다 우월함을 입증한 것은 의학에 대한 전문적 지식이 없는 문외한들이었다. 왕은 시의를 고용했으며, 자주 그들과 정사政事를 상의했다. 도시도 자체적으로 의사들을 고용했다. 형사 법정은 법의학적 증거에 관해 그들에게 의존했고, 교회 당국은 결혼 무효 청원에서 성교 불능을 증명하기 위해 그들을 필요로 했다.[23] 설교자나 법률가와 매우 유사하게, 그러나 그보다 훨씬 더하게, 의학자들은 교양은 없지만 다른 식으로 강력하고 영리한 벼슬아치, 교구민, 고객, 환자 등이 주도하는 세계에서 영향력을 발휘했다.[24] 각자의 역할 속에서 의학자들은 끊임없이 구두로 질문하는 스콜라 철학을 통해 실력을 쌓아 갔다. 그럼으로써 그들은 그 자리에서 바로 판단을 내리고 그러한 지식으로 문외한들을 감동시킬 수 있었다.

구두 학습, 즉 '생생한 목소리'를 통한 교수법은 다른 분야에서와 마찬가지로 의학에서도 표준적 관습이었다. 강의의 진정한 핵심은 개괄적 텍스트를 구술한 후 이어지는 선생 간의, 학생 간의, 또는 선생과 학생 간의 계획된 토론이었다. 즉, 원하는 대로 문제가 제기되고 선생은 모든 참가자와 대결했다. 선생은 심지어 자기 자신을 구두로 혹은 논문이나 주석을 통해 논박하기도 했다. 이런 행위는 마치 학자들이 벌이는 기사들의 마상 시합 같았다. 논쟁은 아벨라르가 행한 논리적 투쟁의 직접적인 계승과 제도화를 의미했는데, 그것은 아벨라르의 개인적 영향력에서 비롯된 것이 아니라, 그들이 공유한 공격적인 남성성의 문화에서 기인한 것이었다.

문제를 놓고 토론하는 방식은 실행자가 문자 언어를 통해 살고 호흡하는 신학과 법학에는 완벽하게 들어맞지만, 의학적인 진단, 치료, 실습에는 매우 부적당할지 모른다. 그러나 스콜라 철학적 방법이 대학에서 가장 응용적인 분야인 의학에서도 승리를 거둔 것은 엄밀히 말해 아르스ars(라틴어로 '예술', '기술'이라는 뜻-옮긴이)에 대한 스키엔티아scientia(라틴어로 '지식'이라는 뜻-옮긴이)의 우월성이 텍스트에 대한 논쟁에 기초해 있었기 때문이다. 사실 파리와 볼로냐의 새로운 의학 학교가 살레르노 및 몽펠리에와 어떻게든 경쟁하고 결국에는 능가하기까지 한 것은 가까이 있는 신학과 법학 학부의 논리적 방법을 차용했기에 가능했다. 볼로냐의 의사 타데오 알데로티Taddeo Alderotti(1223~1295)와 그의 학생들은 간질에서부터 신장결석에 이르기까지 수백 가지의 질환에 대해 토론했다. 알데로티는 '권위의 낫으로 무장하고 궤변적 외양에 동요하지 않는 것'이 대개 더 좋음을 인정했다. 예컨대 노련한 임상의臨床醫는 텍스트에 의존하는 학자보다 열병의 치료법에 관해 더 많이 알고 있을지도 모른다. 그러나 알데로티는 실질적인 훈련을 위해서나 이론적 연구를 위해서나 우선적인 방법으로서 논쟁을 지지했다. 바로 그가 '시력이 눈으로부터 감지된 대상으로 광선이 방사되어 발생하는 것인지, 그 반대인지'에 관해 논하는 것을 발견하는 순간, 우리는 직접적인 임상 적용의 영역에서 아주 멀리 벗어나게 된다.[25]

의학이 과학과 철학의 보다 넓은 탐구 영역으로서 정착한 것은 대학의 학문에 대한 그리스–아랍의 공헌을 상징한다. 의학이 병을 치료하고 회복시킬 힘이 거의 없던 시대에는, 단지 병을 진단하고 병인病因을 설명하는 능력만이 고식적인 효과를 발휘했을 뿐이며, 이것이 바로 스키엔티아가 의사와 환자에게 제공한 것이다. 이러한 전통의 위신은 번역자들—특히 아리스토텔레스의 번역자들, 이후 르네상스 시대에는 플라톤 등의 번역자들—이 계속해서 새로운 텍스트를 스콜라 철학의 세계, 그들의 문제에 대한 더 나은, 더 많은 철학적 해답을 갈망하는 스콜라 철학의 세계로 공급해 넣으면서 비로소 높아졌다. 그러한 의학은 정식의 제도적 지위를 얻은 지중해 연안의 과학 가운데 유일하게, 대학이 오직 순수한 과학적 호기심과 임상의 실용적 목적 사이의 불확실한 경계를 넘나들 때에만 성공했다는 것을 보여 준다. 신학과 법학처럼 의학도 사회적 유용성이 지적 탐구를 위한 필수 조건이었다. 모든 종류의 대학 학부는 사회 내의 고립된 섬으로서 자치권을 누렸다. 그것은 단지 그들이 궁극적으로 그들을 둘러싼 세계에 이바지했기 때문이다.

프라하의 인문학

프라하 대학은 라인 강 동쪽과 알프스 북쪽 지역 최초의 학문적 근거지였고, 최후의 진정한 국제대학이었다. 체코(보헤미아와 모라비아)의 수도에 위치한 프라하 대학은 신성로마제국의 독일어 권역에서 온 학생들이 주를 이루었다. 신성로마제국의 황제 카를 4세Karl Ⅳ가 흑사병이 창궐한 해인 1348년에 이 대학을 설립했는데, 흑사병은 번영하는 보헤미아를 피해 갔다. 프라하는 슬라브 유럽을 대륙의 지적 구도에서 새로운 중심지로 만들 태세를 갖춘 것처럼 보였다. 그러나 설립 이후 수십 년 만에 프라하 대학은 체코인과 독일인 사이의 민족적 긴장으로 인해 쇠퇴해 버렸다. 한때 이 대학의 인문학 학장이었던 체코인 얀 후스Jan Hus(약 1369~1415)는 원시적 민족주의자를 동경해서 이단 신학을 옹호했다. 우여곡절 끝에 이 유럽 대학의 교수는 결국 화형에 처해지고 말았다.

프라하 대학의 커리큘럼에 혁신적인 것은 없었다. 카를은 분명히 파리 대학과 볼로냐 대학의 최고만을 모방할 작정이었다. 특히 인문학 학부는 다른 곳 모두가 그랬듯 고급 직업 교육을 위한 일반적인 준비 과정으로서의 역할에 충실했다. 교육 과목은 표준 삼과(문법, 수사학, 논리학)와 사과(산술, 기하학, 천문학, 음악)였다. 고대 로마로부터 물려받은 이 일곱 가지 교양 과목, 즉 자유칠과 seven liberal arts는 오늘날에도 학사Bachelor of Arts와 석사Master of Arts라는 표현을 통해 명목적으로는 여전히 인지되고 있다. 그리고 다른 유럽 대학에서처럼 프라하의 인문학부도 구술 교육이 활기를 띠었다. 논쟁은 일반적이었고, 선생들은 논쟁을 위해 가명을 사용했다. 그들은 소크라테스, 플라톤, 키케로, 세네카, 심지어 무슬림 철학자 이븐 시나와 이븐 루슈드Ibn Rushd가 되어 그야말로 전 세계적인 지적 중심지를 주재했다.[26] 세 '상급' 학부(신학, 법학, 의학)의 기초가 되는 '하급' 학부로서 인문학 학부는 이례적일 정도의 지적 자유를 누릴 수 있는 곳이었다. 그러나 이것은 다만 인문학의 교양 과목이 체코인들에게는 아주 익숙한 실제, 즉 현실 세계의 직업을 통한 전문적인 훈련과 거의 관련이 없었기 때문이다.

파리와 볼로냐의 학생 단체처럼 프라하의 학생 단체도 출신 지역에 따라 형식적인 '민족 연합'들로 나뉘었다. 그것은 대개 현대의 국가적 구분은 차치하고 어떤 의미 있는 민족적 구분과도 거의 일치하지 않았다. 파리에서 '프랑스'

연합은 이탈리아인, 그리스인, 스페인인을 포괄했다. 그리고 별개의 (지금은 둘 다 프랑스의 일부이지만) 노르망디 연합과 피카르디 연합이 있었고, 영국계 독일 연합이 나머지 모두를 포괄했다. 볼로냐에는 알프스를 기준으로 양편에 각각 근거를 둔 두 개의 연합이 있었다. 그러나 프라하에서는 독일어 사용자 연합이 네 연합 가운데 나머지 셋(바이에른 연합, 색슨 연합, 그리고 놀랍게도 폴란드 연합)을 압도했다. 그리하여 독일인은 체코인의 고국에서 체코인보다 더 많은 수의 투표권을 가졌고, 점차 인구수에서도 우세해졌다. 게다가 프라하 대학의 인문학 교수들 대부분은 동시에 신학 학사였다. 그들은 높은 수준의 종교적 연구에 필요한 돈을 마련하기 위해 하급 학부에서 강의를 했다. 그리고 그들 대부분은 체코인이었다. 전도유망한 지식인으로서, 그들은 신학 학부를 지배하고 있는 약삭빠른 독일인들의 오만함을 증오했다.[27]

사회학적 원인에서 비롯된 체코인들의 불만에 곧 신학적 땔감이 더해졌다. 먼 잉글랜드로의 여행에서 보헤미아인들은 존 위클리프John Wyclif(약 1324~1384)의 저작들을 필사해서 가지고 돌아왔다. 그는 더 순수한, 더 분권된, 평신도의 종교를 요구하는 운동을 이끈 옥스퍼드의 이단 신학자였다. 위클리프는 인간이 만든 어떠한 제도도, 심지어 그리고 특히 로마 가톨릭의 성직 계급 제도도 하느님의 하나뿐인 참된 교회(구원 받기로 예정된 사람들의 교회)에 필요한 영적 완성을 구현할 수 없다고 주장했다. 그러므로 기독교 세계를 통치하는 너저분한 일은 세속의 권력자들에게 되돌아가야 했다. 위클리프가 '정치적 종교'라고 부른 것은 체코 신학자들이 필연적으로 밟아야 할 다음 단계를 위해 잘 발전된 철학적 정당성을 제공했다. 다음 단계란 바로 민족 교회의 주창이었다. 1408~1409년, 체코 연합이 (반反위클리프 세력인) 독일인으로부터 투표권의 수적인 우세를 뺏어 오면서 상황은 절정에 이르렀다. 독일인들은 라이프치히에 새로운 대학을 세우기 위해 1,200명 모두가 한꺼번에 떠나 버렸다. 카를 4세의 아들이자 후계자인 바츨라프 4세Václav Ⅳ는 체코인의 새로운 특권들을 재가했다. 프라하 대학은 세속의 지배자가 베푸는 후원 아래 제한된 지역에서만 학생을 모집하는 지역 대학이 되었고, 이후 몇 세기 동안 표준적인 모범으로 자리매김했다.

한편, 얀 후스는 프라하에 있는 베들레헴 예배당을 거점으로, 체코에서, 체코인에게, 체코 교회를 위해 설교를 하고 있었다. 프라하 시민들은 대학생들을 위해 장학금을 기부하고 심지어 베들레헴 예배당과 연계된 칼리지를 설립하기까지 했다. 기독교 예식을 자국어화하고 대학 교육을 국유화하기 위한 이런 움직임은 최악의 시기에 일어났다. 같은 시기에 로마 가톨릭 교회는 분열되어 있었다. 두 명의 교황이 아비뇽과 로마에서 따로 선출되어 각각 두 지역을 근거지로 군림했고, 그에 따라 유럽도 두 개의 거대한 세력권으로 나뉘어 경쟁했다. 바츨라프의 왕권도 흔들리고 있었다. 어떠한 세력가도, 어떠한 기관도, 종교적이든 세속적이든, 라틴 기독교 세계 전체를 대변하지는 못했다. 따라서 대학의 학문은 유일하게 남아 있는 보편적 권위로서 진일보했다.[28] 교회를 다시 통합하기 위해 콘스탄츠에서 공의회가 소집되었다. 서로 대립하는 교황들을 심의하는 공의회의 법적·신학적 권리는 단체의 지도자가 그 구성원에게 신세를 지게 만드는 협동조합적 사고의 또 다른 결과였다. 그러한 정세 속에서 후스와 그의 추종자들이 기독교 통일체의 재건에 대한 심각한 위협을 대표했다는 것은 명확하다. 일련의 우회적인 교섭 후에, 후스는 재판도 없이 또는 (그보다 전에 아벨라르처럼) 그가 지닌 견해의 정통성을 변호할 단 한 번의 기회도 없이 투옥되었다. 그리고 1415년 7월 6일, 콘스탄츠 공의회에서 처형되었다.

신학은 유럽의 지적 표준화에 기초를 제공할 수 있었지만, 실제로는 대륙의 복잡한 정치적·사회적 지리학에 고착되어 오히려 그것을 망쳐 놓을 수도 있었다. 유럽의 학문 세계가 어떻게 파벌을 초월한 '서신 공화국'으로 다시 통합될 수 있었는지를 이해하기 위해서는 우선 지정학적 경쟁 종교, 즉 이슬람교가 어떻게 학위를 공인하는 기관 체계 없이도 완전히 결집할 수 있었는지를 검토해야 한다.

기독교 세계 vs. 이슬람 세계

같은 시기에 이슬람 세계는 국제적인 학문 공동체를 이끌었다. 아니, 이슬람 세계 자체가 국제적인 학문 공동체였다. 종교가 무엇을 의미하는지, 법과 삶이 어떻게 상호 작용하는지, 지식이 무엇을 목적으로 하는지, 이 모든 것은 궁극적으로 후원 국가나 교회의 권력층, 또는 직업 길드가 아니라, 오늘날까지도 형식적인 기관의 틀에 얽매이지 않고 번성하고 있는 학자 단체 울라마ulama에 의해 결정되었다. 거의 발생 순간부터 이슬람교는 적대적인 종파들에 의해 분열되었는데, 주로 수니파와 시아파로 나뉘었지만, 그 안에도 수많은 지파가 있었다. 세습으로 물려받거나 때로는 경쟁을 통해 차지하는 칼리프의 지위는 결국 전 무슬림 제국을 관할하는 세속의 지배권을 잃었다. 그러한 교리적·정치적 분열의 한복판에서 학자는 종교적 정체성의 진정한 계승자가 되었다. 대체로 학문과 신앙심으로 유명한 유력 가문 출신들로 구성되는 울라마는 중국의 사대부나 인도의 브라만과 비슷했다. (학자가 아니라 전사가 맨 먼저 최상류 귀족 계층을 형성한 유럽만은 그들과 유사한 대상이 없었다.) 그러나 그중에서도 특히 울라마는 이슬람교가 이미 고도의 도시화가 이루어진 지역에 뿌리를 내림으로써 권력과 영향력을 얻을 수 있었다.

이슬람 세계의 최초의 중심지는 고대 세계 중에서도 문명이 가장 오래되고 인구가 가장 조밀하며 학문의 깊이가 가장 역사적인 지역을 포함했다. 그곳에서 학문은 몇 세기 동안 정도의 차이는 있을지언정 부단하게 번창했다. 미개한 황무지에서 종교를 퍼뜨리거나 텍스트를 보존하기 위한 수도원은 결코 필요 없었다. 그 대신 학자들의 사상과 활동의 보급은 오랜 역사의 무역과 여행 경로에 의존했다. 이 경로를 통해 이슬람교는 아랍의 사막으로부터 끌어내져 놀라운 속도로 스페인에서 사마르칸트까지 숨 막히는 일련의 행보에 의해 더 확대되었다. 그리고 대면하여 사상을 가르치고 전달하면서, 수도원이 번성한 유럽에서 문서의 보존과 지식의 고된 재구성을 불가피하게 만든, 문명화된 삶의 파탄을 전혀 경험하지 않았다.

우리는 이러한 상황이 낳은 결과의 일례를 그리스-아랍의 의학에 대한 맥락 속에서 이미 살펴보았다. 다시 말해, 이슬람 세계는 헬레니즘 도서관의 상속자이자 계승자가 되었다. 무슬림이 알렉산드리아 박물관을 발견했을 때, 그 대부분은 이미 현존하지 않았을 것이다. (칼리프 오마르의 분서焚書 언명은 그에 마무리를 지었을 뿐이다.) 그러나 이슬람 세계의 보다 수준 높은 학문을 꽃피운 다른 중심지들은 왕실의 후원에 대한 프톨레마이오스 왕조의 선례 위에 세워졌다. 아바스 왕조의 바그다드는 새로운 알렉산드리아가 되었다. 칼리프의 아낌 없는 지원을 받아 약 800년에 설립된 바그다드의 '지혜의 전당House of Wisdom' 은 당시 알려진 모든 '외국' 지혜의 모범들을 아랍어로 번역하기 위해 다문화적 학문 공동체를 그러모았다.[29] 기독교인, 유대인, 심지어 하란(지금은 터키의 한 지역)의 점성술 이교도까지 그곳에서 아랍의 무슬림과 함께 일했다. 그리스어, 시리아어, 페르시아어, 산스크리트어 텍스트와 용어가 모두 사용되었고, 그러면서 아랍어는 훨씬 더 풍부하고 유연한 언어가 되었으며, 무엇보다 그 결과로서 국제적인 언어가 되었다.[30] 예전처럼 대조와 번역은 여전히 종합과 발견으로 가는 길이었다. 화학의 선조일 뿐만 아니라 정신적 학문이기도 한 연금술은 이집트와 메소포타미아로부터 원천을 끌어왔고, 대수학代數學은 인도의 수학으로부터 발달했다. (0을 포함해 우리가 '아라비아 숫자'라고 부르는 것은 사실 인도에서 창안되었다.) 다양한 근원으로부터 자양분을 얻은 이슬람의 학문은 그리스와 인도의 정밀과학을 그들이 독자적으로 이룩한 기술적 세밀함보다 한층 더 높은 단계로 끌어올렸다.[31] 예를 들어, 후에 무슬림 천문학자들은 프톨레마이오스가 설계한 지구 중심의 우주를 태양 중심의 우주로 대체할 뻔했다.[32]

이슬람 과학은 다양한 문화의 학문들을 수용해 고대의 유산을 계승·발전시켰다.

그렇지만 아랍의 지식을 단순히 고대의 유산에 대한 수용, 전달, 세밀화라는 척도로만 평가하는 것은 부당하다. 이슬람 세계는 그리스로부터 독립된, 그리고 종교와 법률, 성문 교재와 구술 수업의 통합이라는 측면에서 오직 유대교하고만 유사한 고유의 학문 전통을 갖고 있었다. 코란의 신성한 언어인 아랍어는 문자로 쓰일 때 (또 하나의 셈 어족인) 히브리어와 마찬가지로 원래는 모음이 없었으며, 기껏해야 모음 대용으로서 모호한 발음 구별 기호가 있었을 뿐이다. 모음이 생기고 말로 표현되면서 비로소 신의 말씀은 현실이 되었고 명백한 의미가 드러났다. 코란의 낭송과 반복, 그리고 그 결과로서 암기는 무슬림의 종교적 의식의 핵심에 위치했다. 그러므로 학문적 해석에 대한 창조적인 재능은, 글에서는 여전히 잠재적이고 불완전할 수밖에 없는 것을 정교하게 말하는 과정에서 발휘된다. 코란 자체가 이것을 가장 잘 설명해 준다. 코란은 성문 (그러나 구두로 낭송되는) 텍스트로서 확정되고 정전화된 형태를 빠르게 이루었지만, 모든 인간적 곤경에 무류無謬의 지침을 제공하지는 못했다. 코란의 텍스트는 대신 마호메트의 말과 그의 동지들의 구술 보고, 즉 하디스hadith로 보충되어야 했다. 이슬람교 초기에는 항상 새로운 하디스가 발견되었고, 따라서 각각의 주장을 철저히 조사하고 다른 모든 지식과 통합해야 했다.

보다 권위 있는 하디스를 찾게 된 동기는 마호메트의 메카와 메디나와는 공간적으로, 시간적으로, 문화적으로 거리가 아주 먼 새로운 (또는 새롭게 개종한) 무슬림 공동체 사이에서 지침이 필요했기 때문이었다. 문답의 반복 과정에서 새로운 신자들은 울라마에게 해결을 바라며 새로운 문제를 가져왔다. 이슬람교 사상가들은 대답하는 과정에서 자신만의 학문적 방법을 발전시키고, 해석에서의 차이를 점진적으로 통합하고 융해시켰다. 이슬람교 초기에는 대략 500곳의 비공식적인 종교법 학교가 번성했다. 그러나 13세기 무렵에는 울라마 학자들이 합의를 추구하면서 그 수가 단 네 곳으로 줄었으며, 이 네 학교는 현재 수니파 이슬람교 내에서 여전히 지배적이다. 각각은 서로 다른 지역에 있으나 어느 정도는 공존하고 있다. (시아파 이슬람교는 고유한 법리학적 전통을 갖고 있다.)

무슬림의 학문은 코란과 하디스를 일상생활의 무수한 갈등과 복잡한 일에 적용하고, 유사한 과거 사례와 무슬림 공동체의 표준적 관례를 근거 삼아 그 적용 범위를 확대함으로써 계속해서 발전하고 있다. 예컨대 20세기에 내려진 인공 수정에 대한 법적 판결은, 한 여성이 남편과의 성교 직후에 그 체액을 옮겨 노예였던 동성 연인을 의도하지 않게 임신시킨 고대의 선례에서 끌어왔다.[33] (우리가 이 사례를 예시한 이유는 과잉 성욕의 동양이라는 고정관념을 만족시키기 위해서가 아니라 아주 초창기 이슬람 법률의 놀랄 만한 세속성을 지적하기 위해서이다.) 이러한 모든 사례에서, 암송된 텍스트 안에 과거의 지혜가 정확하게 기록되어 있다는 가정된 진리를 신뢰하기 위해서는 학문적 해석에서의 혁신이 있어야만 했다. 이슬람교 텍스트의 모든 사본은 오직 학자가 (매우 자주 검은 잉크로 쓰인 원래 구절에 빨간 잉크로 새로운 내용을 말 그대로 삽입해 넣음으로써) 제공하는 주석을 통해서만 명쾌함과 완벽함을 갖춘다.[34]

그러나 텍스트 및 주석의 확산과 해석을 위한 학교의 급증에도 불구하고, 이슬람 세계에서 우선적인 학문 전달 방법은 친밀한 유대에 기초한 대면 전달이었다. 최선의 경우, 무슬림 학자는 메카로 가는 순례자만큼이나 자유롭게, 구두로써 원형에 최대한 가까운 상태로 지식을 습득하기 위해 엄청나게 먼 곳까지 여행하고 다양한 곳을 방문하는 것이 가능했다. 그게 아니면 그는 성문 텍스트의 암송을 들음으로써 지식을 얻을 수 있었다. 그러나 이를 위해서는 텍스트를 전할 수 있도록 정식으로 보증된 사람이 필요했다. 학생은 사본의 구술을 들으면서 그것을 필사했고, 암기했으며, 그것을 더 널리 퍼뜨리기 위한 면허장 또는 '이자자ijaza'를 발급받기 전에 다시 암송했을 것이다. 요컨대 이자자는 어떤 학자가 다른 학자에게 내리는, 특정 텍스트를 가르칠 수 있는 인가였다. (심지어는 여성도, 재판관처럼 공식적인 학문적 지위에서는 배제되어 있었음에도, 이런 식으로 이자자를 모을 수 있었다.)[35] 모든 필사 원고가 이슬람 세계에서 유통되면서 그 안에 담긴 주요한 정보뿐만 아니라 이전 필경사와 주석자의 작업까지도 가능한 한 완벽하게 갖추어졌고, 이상적으로는 원저자에게로 돌아가고 있었다. 확실하고 신뢰할 만하며 문서로 입증된 구두 전달자의 '황금 사슬'을 만들고자 하는 관심은, 이슬람 세계가 종이는 중국으로부터 아주 일찍 받아들였으면서도 인쇄기는 오랫동안 거부한 이유의 많은 부분을 설명한다.[36] 연구에 평생을 바치는 동안, 지식을 추구하는 사람들은 고작 몇 개의 학위가 아니라 가방을 가득 채울 만큼의 면허장을 모았다. 다시 말해, 지식은 중세 유럽에서처럼 형식을 갖춘 단체로서 구성된 학교에서 전달되는 것이 아니라, 사람에서 사람으로 전달되는 것이었다.

물론 이슬람 세계에도 대학과 유사한 기관이 발달했다. 마드라사madrasa라고 하는 이 학문 기관은 기부에 의한 기숙 시설을 갖춘, 종교법 연구의 중심지였다. 마드라사는 이란에서 시작되었다. 이란은 도시 문명의 중심지로서 그리스보다 시대가 앞선다. 7~10세기 사이에 이란이 이슬람교로 개종한 이후, 페르시아의 울라마는 원래 아랍 사막의 종족에게는 없었던 학문 문화를 제공했다. 하지만 이란의 도시들은 결국 배후 농경지의 자원이 달릴 정도로 빠르게 성장한 까닭에 자신들이 이룬 성공의 희생양이 되고 말았다. 13세기 몽골의 침략과 약탈로 종지부를 찍는 도시의 쇠퇴는 교양 있는 페르시아 울라마의 집단 이주를 부채질했다. 그들은 도시를 버리고 이슬람 세계 전역으로 흩어졌다. 그들은 마드라사를 설립하여 그들의 지식을 퍼뜨림으로써 무슬림이 된다는 것이 의미하는 바에 대한 이해를 통일하는 데 기여했다. 이 학문적 분산은 시간적으로 라틴 기독교 세계의 부흥과 동시에 일어났지만, 상반된 경제적 흐름, 즉 이란의 도시 와해와 경제 위축에 의해 가속화되었다.[37]

현대 이슬람 비평가들은 유럽의 대학이 그리스 철학을 커리큘럼에 흡수하여 궁극적인 지적 자유를 얻은 반면, 마드라사는 고차원적인 학문보다 종교적인 교리를 중요시하여 결국 침체에 빠져 버렸다고 비난한다. 어느 정도 사실이기는 하지만, 그러한 유추는 오해를 불러일으킨다. 자선 기부에 의해 학내 거주가 가능하다는 점에서 마드라사는 대학이 아니라 칼리지와 닮았다.[38] 더욱이 마드라사에서 종교는 법률과 더불어 발달했다. 기독교 신학에서처럼 철학과 짝을 맞춘 것이 아니었다. 그렇기 때문에 뭔가 동떨어진 것으로서 철학은 바로 그 고립으로부터 이득을 얻었다. 팔라시파는 사실 '외국 과학'의 꽃으로 여겨졌다. 그것은 주로 전통적인 지중해 연안의 왕실 후원 아래 여러 세기 동안 번성하며, 아리스토텔레스의 유산을 확대했다. 이미 살펴보았듯이, 이븐 시나의

『의학 정전』은 축적된 의학 및 과학의 지식을 라틴 유럽에 공급해 주었다. 그리고 이슬람 세계는 이븐 루슈드(1126~1198)라는, 아벨라르보다 훨씬 더 급진적인 사상가를 낳았다. 그는 순수 철학을 구원으로 가는 보다 수준 높은 길이라고 확신했으며, 그에 비해 경전은 그저 대중에게나 어울리는 조잡한 진리라고 생각했다.

기관이 학문의 중심지로 자리 잡지 못했기 때문에, 이슬람 세계에서 그리스 학문을 계승한 학자들은 그들의 경쟁자, 이란의 알 가잘리al-Ghazali(1058~1111)가 철학을 '부조리' 하다는 이유로 폄하하는 데 성공하자 몰락할 수밖에 없었다. 그러나 이것은 마치 알 가잘리에 의한 그리스 학문의 쇠멸처럼 보이지만, 다른 관점에서 보면 오랜 종교법과 서양에서는 결코 성한 적이 없는 신비주의라는 새로운 흐름 사이의 화해의 조짐이었다. 이슬람 사상계의 비범한 인물인 알 가잘리는 마드라사에서의 출세를 포기하고 수피즘 신비주의자가 되었다. 아벨라르 및 베르나르와 거의 동시대 사람인 그는 그들이 이루지 못한 것, 즉 학문과 영성의 조화를 성취했다. 그가 회의주의적인 울라마보다 먼저 합법화에 기여한 영적 운동인 수피즘은 이슬람교의 포교 전위대로서 기능했다. 수피즘 수사 공동체는 이슬람교가 남아시아와 인도양 너머로 평화롭게 확산되는 데 큰 역할을 했다. 마드라사와 마찬가지로 이 영적 기관은 알 가잘리의 조국, 이란에서 시작되었다. 하지만 베르나르를 따르는 신비주의자들과 매우 비슷하게, 수피즘 신자들은 신학적 문제를 제기하는 것이 아니라 신성에 대한 직접적인 이해를 추구함으로써, 이슬람 세계에서 벌어진 도시 공간의 재배치에 반응했다. 15세기 무렵, 새로운 통합이 이루어졌다. 많은 도심지에서 '마드라사' 라는 단어는 '모스크' 나 '수피즘 수도원' 과 호환하여 사용할 수 있었다. 마드라사는 학문의 상아탑이 아니라, 기도와 예배, 코란 낭송, 그리고 기타 공적 기능의 중심지 구실을 했으며, 그 결과 대학의 경우보다 훨씬 더 깊숙이 도시에 뿌

리를 내렸다.[39]

외국의 것이든 지역 고유의 것이든, 법률에 관한 것이든 종교에 관한 것이든, 이성적인 것이든 신비적인 것이든, 이슬람 세계의 학문은 마호메트의 시대를 뒤돌아보았다. 요컨대 정전화된 텍스트를 연구함으로써, 그 시대의 결정에서 미래를 내다보았다. 지식을 이 땅에 알라의 공동체를 완성하는 데 응용하기 위해서였다. 과거를 다시 명확히 밝히는 것은 미래의 합의, 통일, 성장을 위한 시금석을 마련해 주었다.[40] 텍스트에 주석을 달고 해석하는 동안 반드시 그것을 암송하고 보존해야 한다는 점에서 해석의 범위에는 한계가 있었다. 패러다임의 변화는 불가능했을지 모르지만, 새로운 기술과 통찰력의 부가는 무궁무진했다. 이것은 중세 유럽의 스콜라 철학자들이 견지한 것과 거의 같은 교훈이었다. 그렇다면 적절한 결론은 마드라사가 그리스 철학을 억누른 데 반해 대학은 그것을 퍼뜨렸다는 것이 아니라, 이슬람 학문이 그리스 철학의 혜택 없이도, 또는 아벨라르부터 후스까지 그리스 철학을 제도화한 유럽인들을 괴롭힌 골칫거리 없이도 번성했다는 것이다. 울라마는 애초부터 이슬람 세계라는 거대한 꿈을 품은 종교 공동체를 특징짓는 동시에 그것에 의해 특징지어지는 국제적인 인텔리겐치아였다. 다른 종교와 다른 종교법에 대한 관용은 지정학적인 의무로서 학자들에게 떠맡겨졌다. 이슬람 세계에는 이미 기독교인과 유대인이, 그리고 (무굴인이 남아시아에 제국을 세운 이후에는) 우리가 지금 힌두인이라고 부르는 사람들이 가득했기 때문이다.

이와는 대조적으로 로마 가톨릭 신학은 하나의 경쟁 상대인 (비잔티움, 러시아 등지에서 발전한) 동방 정교를 받아들이는 것조차 어려움을 겪었으며, 또 하나의 경쟁 상대인 루터교를 포용하는 것이 불가능함을 확인했다. 1517년, 마르틴 루터Martin Luther(1483~1546)가 교회 개혁에 대한 95개 조항을 비텐베르크의 교회 문에 못 박아 붙였을 때, 그는 그다지 유명하지 않은 한 독일 대학의 신학 교수였다. 그에 앞선 위클리프와 후스처럼, 그 역시 이단을 퍼뜨리거나 분파를 선동하려는 의도는 전혀 없었다. 그러나 유럽의 철학, 종교, 정치의 불안정한 연립은 결국 로마 가톨릭 내부의 신학적인 의견 차이를 종교 개혁 동안 영구적인 분열로 확대했다. 가톨릭 사제들에게, 그리고 대학 문화에서, 루터교 목사들은 정교 사제들만큼이나 이질적이었을 것이다. 유럽의 지식인들이 유럽을 이슬람 세계와 같은 무언가로, 지정학적인 표시 이상의 무언가로 바꾼다면, 그들은 그들을 처참하게 분열시킨 이데올로기의 차이를 초월하는 새로운 기관을 창조해야 할 것이다. 바로 이것이 서신 공화국에 대한 이야기이다.

서신
공화국

1500년~1800년

RITRATTO DEL MVSEO DI
FERRANTE IMPERATO

학문 문화의 위기 속에서, 서신 교환 네트워크는 과거의 기관과 독립되고
새로운 발견에 대한 수용력이 뛰어난, 서양의 새로운 인텔리겐치아를 창조했다.

인간의 운명을 결정하는 모든 정치 조직 가운데, 특히 권위가 백성과 재산 모두에 이르는 주권자들에 의해 지배되는 수많은 전제 국가들 가운데, 오직 정신만을 지배하는 어떤 한 제국, 독립적인 법안을 보유하고 자유를 그 본질로 삼은 까닭에 우리가 공화국이라 명명한 한 제국이 존재한다. 그것은 재능과 사상의 제국이다. 학회가 그 법정이며, 재능으로 구별된 사람들이 그 사제이다.

– 작자 미상(1780)[1]

서신 공화국은 아마도 이 책의 목차 가운데 유일하게, 교육을 받은 보통의 독자에게 알려지지 않은 기관일 테지만, 서양의 가장 위대한 사상가들—에라스무스Erasmus와 코페르니쿠스, 갈릴레이와 데카르트, 뉴턴과 베이컨Bacon—을 배출하거나 혹은 적어도 배양해 냈다. 서신 공화국은 르네상스 시대뿐만 아니라, 프로테스탄트 종교 개혁의 시대, 과학 혁명의 시대, 발견의 항해 시대, 절대주의 국가의 발흥 시대, 계몽주의 시대에도 꽃피었다. 이 모두가 서양 문명

교과서의 오랜 단골 항목이다. 서신 공화국은 루터가 더 이상 공통의 종교가 가능할 수 없음을 보여 주고, 콜럼버스Columbus가 더 이상 지리적으로 고립되어 있지 않을 것임을 확신시켜 준 이후, 사실상 '서양'에 속한 것의 의미를 정의하는 데 도움이 되었다. 그것은 유럽의 경계선 내에서 불관용, 전쟁, 질병, 역경, 압제를 견뎌 냈다. 이후로 일련의 세계 무역, 해외 식민지화, 국경을 넘어선 선교 활동이 뒤따랐다.

서신 공화국은 처음에는 우편으로 배달된 손으로 쓴 편지로써, 그리고 나중에는 인쇄된 책과 잡지로써 함께 만들어 나간 국제적인 학문 공동체로 정의될 수 있다. 이 용어의 어원은 고대로 거슬러 올라가, 율리우스 카이사르와 지혜를 겨루었고, 전제 정치에 대항하여 공화정을 옹호했으며, 결국 마르쿠스 안토니우스의 심복에게 잔인하게 살해당한 로마의 웅변가 키케로(기원전 106~43)에 이른다. 원로원에서 연설을 하지 않을 때면, 키케로는 고향에서 학문을 추구하며 학식 있는 친구들과 서신을 교환했는데, 이는 정신적 삶을 영위하기 위해서뿐만 아니라 웅변 기술과 정치 기술을 연마하기 위해서였다. '문학의 국가 respublica literaria'라는 키케로적 이상은 15세기 후반 유럽의 어법에 다시 들어오면서 모방되어 되살아났다. 이 이상은 후에 구체화되면서 정치적 의미가 퇴색된 채 남성 (그리고 일부 여성) 문필가들 사이에 인문학적 담론의 새로운 실천을 고취했다.

이 초기의 근대 서신 공화국은 혼란의 시기이자 발전의 시기에 스스로를 재창조했을 뿐만 아니라, 그 체계에 충격을 주었을 시기에도 양적으로나 질적으로 훨씬 더 발전했다. 그것은 전례 없는 규모의 파괴적인 변화에 완벽하게 적응한 기관이었다. 서신 공화국의 역사는 분열이 당연히 학문의 진보에 타격을 주었을 시기에 어떻게 유럽의 다양성이 학문의 진보를 가져왔는가에 대한 문제를 제기한다. 그 답은 급진적인 만큼 간단하다. 위기 혹은 붕괴의 위험에 처한 기존의 학문 기관들에 비하여, 서신 공화국은 새로운 지식의 생산을 합법성의 근거로 삼았다. 곧 살펴보겠지만, 구체적인 형체를 갖춘 기관들—인쇄소, 박물관, 학술원—이 그 새로운 지식을 실체적으로 제공했다. 서신 공화국은 다른 기관 모두를 포괄하는 역할을 했다. 그 유산 덕분에 국제 협력은 오늘날까지도 서양 학문의 특징으로 남아 있다.

서신

종교 개혁과 정치 분쟁의 결합으로 인해 1500년에서 1700년 사이의 유럽은 사실상 불타올랐다. 다양한 종교 개혁과 전기前期 종교 개혁—위클리프, 후스 그리고 특히 루터의 종교 개혁—이 주요 원인이었다. 이전의 이단과 달리 이 운동들은 대학 내에서 시작되었다. 그러나 군주들과 정치가들이 개혁가들을 받아들이거나 억압함으로써 종교 운동을 흡수하지 않았더라면 이러한 운동들은 결코 성공하지 못했을 것이다. 같은 원리로 지식이 정치화되었을 때 국제적인 학문 문화는 고통을 받았다.

이 시기에 인가를 받은 엄청난 수의 새로운 대학과 칼리지가 프로테스탄트(루터파 혹은 칼뱅파)이거나 가톨릭이거나 하나의 종파를 선택했다. 설립자들은 보통 대학과 칼리지를 국제적 기관이 아닌, 종교적 혹은 국가적 기관으로 보았으며 숙련된 전문가들의 원천으로 여겼다. 많은 군주들은 자국민이 국외에서 공부하며 수업료를 내는 것을 명시적으로 금했다. 국가가 팽창해 가면서 학식 있는 사람들, 즉 당시에 싹트고 있던 관료제의 일원으로 근무할 법률가와 제멋대로인 양 떼를 훈육할 목사가 필요했다.[2]

끝없는 종교 전쟁으로 학자의 이동이, 적어도 초기 대학의 성장 동력이었던 지적 호기심 때문에 일어나는 자발적인 이동이 대폭 줄어들었다. 초기의 근대 유럽은 대신 다른 이유로 이동하는 학자들, 즉 가톨릭인 프랑스에서 추방된 학식이 뛰어난 프로테스탄트 위그노 같은 망명자들과 세상에 대한 로마 교회의 권리를 주장하기 (또는 재주장하기) 위해 국외로, 지방으로 파견된 예수회 수사 같은 선교사들로 채워졌다. 이러한 전개가 대학의 학위에 기초한 유럽의 국제적인 학문 문화를 위협했다. 신임장은 처음에는 종교적 정통성의 강력한 지배력 때문에 기독교 세계 전체에 걸쳐 효력을 발휘했지만, 이제는 학자의 허가증보다는 여러 경쟁적인 세계관 가운데 하나를 가르친다는 표시의 기능을 했다.

중심점 없는 네트워크

서신 공화국은 정치화된 종교가 유럽을 분열시킨 시기에 구성된 상징이었다. 위기의 상황에서 서신 공화국은 유럽의 학문을 다시 결합함으로써 옛 대학들과 한편으로는 경쟁하고 다른 한편으로는 보완하며 대안적인 세속 교육 기관으로 등장했다.

서신 공화국은 출신이나 사회적 지위, 성별, 학위에 구별을 두지 않았고, 언어―라틴어는 여전히 학술 언어로서 최고의 지위를 차지하고 있었다―와 국적, 특히 종교의 차이를 초월했다. 프로테스탄트와 가톨릭이 전쟁을 치르던 때에도 각각은 계속해서 의사소통을 했고, 17세기 말에 이르러서는 유대인과 이신론자(유일신을 믿지만 하나의 신앙을 고수하지는 않는 자)도 받아들였다. 서신 공화국에 속한 모든 사람은 평등하다고 여겨졌다. 이들 모두가 귀족 혹은 귀부인으로 처신하리라는 명백한 기대가 있었지만, 서신 공화국에 들어가는 것은 순전히 비공식적이었다.

그리고 물론 여성들도 서신 공화국에 속해 있었다. 예를 들어 마거릿 캐번디시Margaret Cavendish는 아리스토텔레스를 버리고 스토아 자연 철학을 받아들여 새롭게 발전시켰다. 그녀의 작품 『찬란한 세계Blazing World』(1666)는 가장 초기의 공상 과학 소설에 속한다. 17세기의 또 다른 놀라운 지성, 팔라틴의 엘리자베스Elizabeth of Palatine는 수학자이자 철학자인 르네 데카르트와의 서신 교환으로 유명하다. 30년 전쟁을 겪고 헤이그로 망명한 프로테스탄트였던 엘리자베스 공주는 데카르트에게 그의 유명한 정신-육체의 구분이 망명자로서 그녀가 매일 겪은 육체적·감정적 고통을 자신의 마음과 정신이 극복하기 어렵다는 사실을 깨달은 사람에게는 그다지 위로가 되지 않는다고 편지를 썼다. 그들이 주고받은 편지들은 경의와 예의의 의례로 가득한 세계의 정수를 보여 준다. 데카르트는 공주의 고귀한 신분에 경의를 표했고, 공주는 그의 남성적 지성에 존경을 보냈다. "내가 강제로 영위해야만 하는 삶은 당신의 법칙에 따르는 명상의

팔라틴의 엘리자베스 공주. 여성의 활발한 서신 왕래는 서신 공화국이 여성의 지적인 참여의 확대를 가능하게 했다는 사실을 보여 준다.

습관에 익숙해질 충분한 시간을 허락해 주지 않습니다. 내가 등한시해서는 안 되는 가족의 많은 이해관계, 내가 피할 수 없는 너무나 많은 접견과 예법은 다른 어떤 일을 하느라 오랜 시간을 결국 무용하게 보내 버렸다는 분노와 권태로써 나의 나약한 영혼을 공격합니다. 이 모두가 영혼이 육체를 어떻게 움직일 수 있는지 이해할 수 없었던 나의 어리석음에 대한 변명이 되기를 바랍니다."[3] 그 수가 아무리 적더라도 이와

같은 여성들은 서신 공화국의 원칙적인 개방성을 증명한다. 원거리 서신 교환은 자유롭게 여행하거나 남성들이 지배적인 대학 토론장에서의 논쟁에 참여할 수 없었던 여성들에게 지적인 삶을 가능하게 해 주었다.

서신 공화국은 다른 공화국과 마찬가지로 시민들에 의해 통치되었다. 그러나 다른 공화국과 달리, 그 시민권의 형태는 어떤 공간이나 형식적인 법률 혹은 제도에 따르지 않았다. 한 개인이 살고 있는 특정 도시에서 권리를 부여했던 중세의 도시 시민권과 달리 서신 공화국의 시민권은 국제적이었다. 또한 이 도시에서 저 도시로 휴대할 수 있다는 의미에서 국제적이었던 중세 유니베르시타스의 길드 시민권과 달리 어떤 종류의 자격증도, 학위도, 공식 신임장도 없었다. 시민 행동 법칙에 따르는 사람이면 누구나 서신 공화국의 시민이 될 수 있었다. 서신 공화국은 공간에 전혀 구애받지 않았다. 거기에는 파리나 볼로냐 같은 고정된 중심점이 없었다. 오직 네트워크 그 자체만 존재했다.

규모에 관한 정확한 수치는 존재하지 않지만, 르네상스 시대의 서신 공화국에는 이탈리아와 독일에 약 600명의 적극적인 참여자가 있었다. 1690년에 이르면, 북부 유럽에만 1,200명 이상이 왕성하게 활동했다.[4] 함부르크 시립 도서관의 기록에 따르면, 종교 개혁과 1735년 사이에 6,700명의 독립된 개인들이 35,000통의 학술 서신을 교환했다.[5] 규모가 어떻든 간에, 한 학자가 썼듯, "그것은 전 세계를 아우르며 모든 국적, 모든 사회 계급, 모든 세대, 모든 남녀로 이루어져 있다."[6] 그 구성원은 벼슬아치, 귀족, 부르주아, 심지어 장인—특히 작업장이 학자와 사업가의 만남의 장소로 쓰였던 인쇄소 주인들—까지 포함했다. 전통적인 대학 학자들 또한 당연히 속해 있었고, 모든 성직자들, 즉 수사와 탁발 수사, 예수회 선교사와 교육자, 프로테스탄트 목사와 가톨릭 사제도 마찬가지였다.

서신 공화국은 국경뿐만 아니라 세대도 초월했다. 서신 공화국은 명백히 유럽 전역을 가로지를 뿐만 아니라 시간까지도 초월하여 학자들을 규합하는 협력적 모험으로 보였다. 데카르트에 따르면, "이전 세대의 사람들이 멈춘 곳에서 시작함으로써 많은 사람들의 삶과 업적을 연결하는 이후 세대로서 우리는 모두 함께 각자가 개인적으로 할 수 있는 것보다 훨씬 더 앞으로 나아갈 수 있다."[7] 무한한 진보에 대한 믿음은 성숙한 서신 공화국의 특징이자, 현대로 전해질 유산의 핵심이 되었다. 우선 실제로 스스로를 '현대인'이라 명명했으나, 당시에 이미 유행한 상투적인 표현으로, 오직 과거의 거인들의 어깨 위에 올라선 난쟁이로서 그렇게 불렀을 뿐인 서신 공화국의 구성원들은 중세의 스콜라 철학자들과 구별된다. 이전에 지식을 추구하던 사람들은 기껏해야 과거로부터 영원한 지혜를 찾아내어 그것을 지속적으로 확장할 수 있었을 뿐이며, 이는 오히려 고대로부터 인문학을 되살려 낸 초기 르네상스 시대의 학자들과 공유되는 관점이다. 그러나 이 부흥의 시대의 학자들은 편지를 지적 교류의 주요 양식으로 만들어 냈기 때문에, 과거와 미래에 대한 더 깊은 의식이 편지 쓰기라는 행위 자체의 일부가 되었다.

서신 인문주의

르네상스 시대의 영광은 종종 과거 중세 시대 이탈리아의 어두운 면을 가린다. 전쟁은 이탈리아 반도 도시 국가들의 특징이었고, 교황 직위를 향한 다툼이 로마 가톨릭 교회를 뒤흔들었으며, 대중들은 용병의 약탈과 세금 징수, 전염병의 주기적 파도를 겪어야 했다. 이러한 불행은 뒤이은 세기들에 다가올 방대한 비참함을 맛보게 했다. 이것은 또한 왜 이탈리아의 학자들이 고대의 이교 세계를 길잡이와 영감으로 삼아 되돌아보았는지 설명하는 데 도움이 된다.

르네상스 인문주의자들은 고대의 지식과 텍스트를 되살리는 데 목적을 두었다. 고대의 모범―가장 중요하게는 키케로―이 좋은 성격을 갖는 것, 훌륭한 지도자가 되는 것, 그리고 고난의 시기에 재능과 힘을 보이는 것이 무엇을 의미하는가를 보여 주었기 때문이다. 논리에 사로잡힌 스콜라 철학자들(아벨라르를 상기해 보라.)은 대개 인성 계발에 소홀했다. 인문주의 학문은 고전 라틴어를 부활하여, 학술적인 완곡어법의 함정에 빠지지 않게 하면서 다시 고상한 언어로 만들었다. 이를 이루기 위해, 인문주의자들은 알렉산드리아에서 개척한 방식, 즉 가장 훌륭한 번역과 판본의 가장 좋은 텍스트를 찾는 문헌학적 작업으로 되돌아갔다. 그리고 스콜라 철학자들이 그리스와 특히 아리스토텔레스에 초점을 맞춘 반면, 인문주의자들은 비잔틴 제국을 통해 들어온 그리스 전통의 또 다른 면인 신플라톤주의와 특히 로마의 작가들, 즉 키케로뿐만 아니라 리비우스Livius, 루크레티우스Lucretius, 세네카 등을 강조했다.

논리학이 대학에서 스콜라주의의 기초이고, 문법이 수도원에서 가장 유용한 삼과 가운데 한 부분이었다면, 수사학은 서신 공화국에서 인문주의자들의 자랑이었다. 고대의 텍스트에서 찾아낸 고전 수사학의 모범은 문체적 기술과 설득적 기술이라는 영원한 조합에, 설득하고자 하는 대상의 머릿속에 자신의 지식을 주입할 수 있는 독특한 힘을 제공했다. 고대인에 대한 사랑에도 불구하고 르네상스 인문주의자들은 이러한 기술을 연마하는 방식에서 근본적으로 고대인으로부터 벗어났다. 그들은 수사학을 웅변―담화의 전달―으로서가 아니라 주로 편지 쓰기의 기술을 통해 되살려 냈다. 편지 쓰기는 그리스의 폴리스와 로마의 공화국의 구두 논쟁과 전혀 다른 일련의 미덕들, 즉 정중함, 우정, 예의, 관대함, 자비, 그리고 특히 관용 등을 강조했다. 이는 편지의 형식에서 찾아볼 수 있는 '인성'의 특질이었다. 다시 말해, 편지는 귀족적인 대화를 대체하는 것이었다. 편지는 그 자체만으로 저자로 하여금 논쟁으로 인하여 상대방과 소원해지지 않으면서 원거리에서 친밀성과 직접성을 만들어 낼 수 있게 했다.

은거하여 편지를 쓰면서 여가를 활용하는 것을 정당화한다면 물론 혼란의 시기, 특히 고대인들이 바로 시민 참여의 모범이었던 시기에는 문제가 될 수 있었다. 그리스와 로마에서 중요한 인물들은 편지를 노예에게 받아쓰게 했다. 율리우스 카이사르는 7통의 편지를 동시에 받아쓰게 한 적도 있었다고 한다.[8] 그러나 그 사이에 수도원이 처음으로 글씨를 쓰는 육체적 행위를 신앙적이고 명상적인 행위, 글을 쓰는 자를 현재의 흥망성쇠로부터 벗어나게 해 줄 가능성이 있는 행위로 변화시켰다. 인문주의자의 원형인 페트라르카Petrarca(1304~1374)는 고대의 고전적 미덕과 기독교 수사 특유의 시간 의식을 종합해 냈다.[9] 성당 도서관에서 이전에 알려지지 않은 편지 저장고를 발굴하여 키케로를 재발견한 사람이 페트라르카였다. 또한 죽은 키케로 및 호메로스나 리비우스 같은 다른 거장들에게 친밀한 편지를 보냄으로써 그 장르의 새롭고 충격적인 활용법을 발견한 사람도 페트라르카였다. 인문주의자들은 마치 세기를 넘어 진짜 살아 있는 사람들과 함께하는 것처럼 대화에 참여했다. 페트라르카는 심지어 자신이 쓴 편지를 후대에 보내는 편지로 끝맺음으로써 먼 미래를 이롭게 할 서간집으로 만들어 내기까지 했다. "프란체스코 페트라르카가 후대인들에게. 아마도 그대들은 나에 대해 무언가 들어 봤을 것입니다. 시시하고 불분명한 이름이 머나먼 공간 혹은 시간에 가 닿을 수 있을지 너무나 의심스럽긴 하지만 말입니다. 그리고 아마도 그대들은 내가 어떤 사람인지, 혹은 내 작업, 특히 그 명성이 그대들에게 이르렀거나 그대들이 그 제목을 희미하게나마 들어 본 적이 있는 내 작업의 결과가 어떤 것인지 알고 싶을 것입니다."[10]

로마의 쇠퇴 이후 수도원의 퇴락에 대한 대안으로서 학자의 시민권에 전념하기로 한 결정은 마지못해 내린 것이긴 하지만 후기 중세 유럽의 반복된 위기가 패배주의와 침체 대신에 지적 동요를 조장한 이유를 설명한다. 편지 쓰기는 특히 정치가 위안을 주지 못하던 시기에 '논리적으로 사고하고 세계적으로 행동하라'는 전망을 내놓음으로써 당대의 금언을 수정했다.

원거리를 넘어선 학문

로테르담의 에라스무스Erasmus(1466~1536)가 정의했듯, "편지는 일종의 부재한 친구들 사이에서 일어나는 담화의 상호 교환이다."[11] 서신 공화국의 의사소통이 대면 상황에서 이루어지는 경우는 사실 거의 없었으며, 참여자들은 서로 만나 본 적도 없이 수십 년 동안 편지를 주고받았을지도 모른다. 편지는 구성원들에게 이중의 이익을 제공했다. 기독교적 자비가 부족해 보였던 시기에 고대 이교도의 세속적 인문주의를 부활했을 뿐만 아니라, 의사소통의 기술로서 학자들의 물리적 이동성의 감소를 보완했기 때문이다.

시간이 흐르면서 서신 공화국은 원거리에 대처하고 심지어 미덕으로 발전시키기 위해 고안된, 편지 쓰기의 관습 및 의례에 관한 모든 문화를 개발했다.[12] 편지는 정기 우편, 외교 통신 행낭, 교황 혹은 황제의 특사들, 또는 단순히 같은 방향으로 가는 여행자 편으로 발송되었다. 학자들은, 그들이 '학문 여행' 중인 대학생이든 다른 목적의 여행자든, 다른 학자들을 대신하여 중개자로서 편지를 전달했다. 양식상 개인적인 것이며 개인에게 전달되는 것이지만 편지는 그 효과를 배가하기 위해 거의 항상 공개적인 회람 혹은 출판, 아니면 적어도 친구들과의 공유를 염두에 두었다. 추천서는 학자들을 위한 최초의 여권이었다. 그것은 먼 곳에서의 연구, 예를 들면 도서 대출 요청, 필사본 참조, 지역 도서관 혹은 기록 보관소 방문 등을 용이하게 해 줄 수 있었다. 학자들은 그런 편지를 받았다는 것만을 근거로 서로 엄청나게 먼 거리를 여행하곤 했다. 예를 들어 그들은 혜성이나 일식 같은 천문학적 현상에 대한 자료를 모았다. 500명 이상의 유럽인 관측자들이 1761년과 1769년에 전 세계에서 밤하늘을 가로지르는 금성의 운동을 관측했다. 7년 전쟁이 한창일 때 주로 개인적인 노력을 통해 거둔 1761년의 성과만으로도 세계적인 정치 분쟁의 시대에 이루어진 학자 참여의 증거로서 충분하다.[13]

신뢰를 쌓고 서신 상대의 신용과 성격에 대해 판단을 내릴 필요가 있었다는 사실은 서신 공화국이 비개인적이거나 익명성을 띤 적이 없었음을 의미했다. 그래서 암스테르담의 렌즈 연마공 안토니 판 레벤후크Antonie van Leeuwenhoek가 1673년 현미경을 발명했을 때 런던 왕립 학회는 신뢰할 만한 네덜란드인 교신자에게 새로운 연구 결과를 확인해 달라고 요청했다. 편지의 저자들 대부분은 직접 만난 적은 없지만 서신 교환을 시작하기 전에 적어도 공통의 친구들에게 부탁할 수 있었다. 편지는 종종 유럽, 더 나아가서는 전 세계를 가로지르는 관계망 확대를 위해 우연한 연고와 먼 거리에 있는 지인들을 이용했다. 정보는 서신 공화국 내의 육지와 바다를 넘어 왕복했다. 다음의 1668년의 예에서처럼, '복합적인' 서신 교환은 단 하나의 서신 속에 여러 종류의 소식을 전달했다.

런던 재건 계획에 관한 짧은 책이 있다는 소식을 들었습니다. 받아 볼 수 있다면 참으로 기쁘겠습니다.

피렌체인들은 생각했던 것보다 많은 실험을 하지는 않았습니다. 하나 얻을 수 있다면 복사본을 꼭 보내 드리겠습니다.

로마에서 수혈[실험]을 행한 의사가 있습니다. 그의 보고서가 출판될 예정이니, 그것을 보내 드리겠습니다. 그는 단 하나의 연결선을 사용합니다.

학회 회원이신 페케 씨는 비버를 해부했습니다. 그 보고서가 출판될 예정입니다. 캉Caen에서는 호저豪猪를 해부했다더군요.

당신도 아시는 보렐 씨는 액체의 성질을 바꾸지 않고 응고시키는 비법이 있다고 합니다.

지난 편지에서 알려 드린, 경도를 발견했다던 두 네덜란드인이 곧 이곳에 도착할 것입니다. 그들의 제안을 곧 보게 되겠지요.

드 보포르 씨는 포르투갈에 가실 예정인데, 그 유용성을 알아보기 위해 두 개의 괘종시계를 가져가신다고 합니다.[14]

기타 등등. 이와 같은 편지에는 갈수록 인문주의의 화려한 수사와 형식이 사라졌지만, 편지는 그 속에 담긴 이상을 존중하면서, 학자들의 우정이 한데 묶인 조밀한 정보 교환의 네트워크를 증명해 보였다.

책

성문 장르로서 편지는 고대부터 존재했고 또한 중세인들—키케로와 카이사르, 아벨라르와 엘로이즈—에게 사랑 받았다. 서신 공화국의 차별점은 편지가 출판된 책과 동시에 그리고 협력적으로 나타났다는 데 있다. 예를 들어 에라스무스는 출판물로, 특히 조심스럽게 편집하고 출판한 그의 편지들로 공적 이미지를 만들어 냄으로써 유럽 최초의 유명 지식인이 되었다.[15] 요하네스 구텐베르크Johannes Gutenberg(약 1398~1468)와 그가 발명한 인쇄기의 획기적 중요성을 고려해 볼 때 우리는 왜 책이 당시에 지식을 구성하는 중요 기관이 아니었는지에 의문을 갖게 된다. 근대 초기의 거의 모든 위대한 학자들은 그들의 명성을 책을 통해 얻었다. 그러나 15세기에 인쇄기가 출현하여 폭발적인 책 생산이 신속하게 이루어졌을 때, 책은 비록 혁명적인 기술이기는 하나 단순한 의사소통

기술에 불과했다. 시공간 모두를 초월하여 지식을 전하는 유용성에도 불구하고, 책은 결코 지식을 재조직하는 신뢰할 만하거나 포괄적인 수단이 되지 못했다. 이에 대한 더 충분한 설명은 다음 장에서 다룰 백과사전에서 이루어질 것이다. 지금은 '발견의 시대'의 세 권의 책의 예를 통해서 서신의 변치 않는 중요성을 설명할 것이다. 즉, 서신 인문주의의 관례가, 출판된 상태라 할지라도, 새로운 지식이 과연 새로운 지식으로서 인식되는지, 그렇다면 어떻게 그렇게 인식되는지를 결정하는 데 어떤 식으로 도움이 되었는지를 보여 줄 것이다.

발견의 수사학

1507년, 문자 그대로 지구를 뒤흔드는 함의를 지닌 책이 출간되었다. 그것은 유럽인들이 세계를 바라보는 방식을 수정한 책이었다. 그 책은 '아메리카'라고 명명된, 이상하게 길게 늘어진 대륙이 그려진 지도를 포함했다. 이 대륙은 수 세기 동안 알려진 세계(유럽, 아시아, 아프리카)에 대한 확정적인 길잡이를 제공한, 고대 알렉산드리아의 논문인 프톨레마이오스의 『지리학Geographica』에서는 찾아볼 수 없는 것이었다. 동부 프랑스의 생-디에-데-보즈Saint-Dié-des-Vosges라는 좁은 지역에서 활동한 독일인 지도 제작자 마르틴 발트제뮐러Martin Waldseemüller와 마티아스 링만Matthias Ringmann은 피렌체의 항해가 아메리고 베스푸치Amerigo Vespucci의 이름을 따서 아메리카라는 명칭을 붙였다. 베스푸치의 출간된 편지들을 연구한 그들은 베스푸치가 콜럼버스보다 먼저 남아메리카 대륙(카리브 해의 섬들과 대비하여)에 도달했다고 잘못 믿었다. 사실 콜럼버스는 베스푸치보다 1년 먼저인 1498년, 그의 3차 항해 기간에 지금의 베네수엘라에 상륙했다.[16] 이러한 실수는 저자와 출판업자 사이의 새로운 구별이 인쇄소에 의

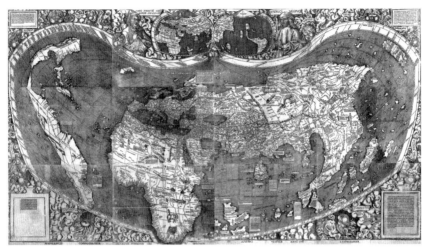

마르틴 발트제뮐러의 1507년 지도. 아메리고 베스푸치의 이름을 널리 알린 이 지도는 유럽인들이 세계를 보는 방식을 수정했다.

해 야기되었음을 보여 준다. 새로운 지식을 창출한 사람들은 일반적으로 그것을 일괄하여 대량 생산한 사람들이 아니었다. 생-디에의 지도 제작자와 베스푸치의 출판업자는 모두 신세계와 멀리 떨어져서 일했다. 유럽의 초기 인쇄소는 대부분 특별한 출판의 자유 때문에 사실 신성로마제국의 자국 보호령 내에 밀집해 있었다. 정보는 종종 이중 혹은 심지어 삼중의 매개자를 통해 간접적으로 입수되어야만 했다.

왜 생-디에의 출판업자들은 베스푸치 대신 콜럼버스를 신뢰하고자 하지 않았을까? 그간 일부에서는 피렌체의 애국자들이 베스푸치의 편지에 맞춰 일부러 조국의 아들의 아메리카 대륙 상륙을 경쟁국인 제노바 출신의 콜럼버스의 상륙에 앞서게 하기 위해 날짜를 앞당겼으리라는 견해를 제시했다. 그러나 더 깊은 이유는 베스푸치가 더 훌륭한 수사학자였다는 데 있었다. 콜럼버스는 고의적으로 자신의 항해의 새로움을 과소평가했다. 그는 죽을 때까지 자신이 인도에 도착했던 것이며, 오리노코 강은 에덴동산으로 이어지고, 자신의 극동 발견은 양쪽에서 이슬람을 에워싸게 될 위대한 기독교 선교를 위한 길을 예비할 것이라고 생각했다. 그와 대조적으로, 베스푸치의 편지에는 의미심장하게도 노부스 문두스Novus mundus(신세계)라는 제목이 붙었다. 그는 자신의 발견의 혁명적인 성격에 대해서는 개의치 않았다. 자신이 지도로 그려 낸 새로운 대륙에 대해서, 그는 "고대인들은 전혀 아는 바가 없다."라고 썼던 것이다. 베스푸치의 항해는 "잎이 절대 떨어지지 않는 울창한 푸른 나무들"과 이전에 유럽인들에게 알려져 있지 않았던 "수많은 달콤하고 맛있는 약초, 꽃과 뿌리"에 대해 일깨워진 경이와 흥분을 설명한다. 그의 편지를 출판한 사람들은 카리브 해 원주민들의 이미지를 식인종(어원이 '카리브'에서 유래했다.)으로 꾸며 내면서 자연스럽게 그러한 경이와 흥분을 윤색했다. 야만인들과 자연 상태에 대한 비유적 표현들은 고대 기행 문학과 공통적이었다. 여기에서 그들은 단지 새롭고 이국적이지만 인문주의적 상상에 이상하게도 친숙한 무언가를 발견했다는 베스푸치의 주장을 강화했을 뿐이다.[17]

달리 말해, 유럽인들은 신세계의 발견을 지식의 혁명으로 인식하지 않았다. 대신에 그들은 새로운 식물, 음식, 사람, 땅에 대한 보고를 헤로도토스의 민족지학과 칼리마코스의 불가사의학paradoxography으로 거슬러 올라가는 매우 진부한 장르에 맞췄다. 예를 들어 『뉘른베르크 연대기Nuremberg Chronicle』(1493)의 열성적인 독자들은 생생한 목판 삽화에서 아프리카인들이 커다란 발을 자연 우산 삼아 기괴하게 들어 올림으로써 과도하게 내리쬐는 햇빛을 막는 모습을 볼 수 있었다.[18] 변화가 일어난 것은 단순히 출판의 성격 때문이었다. 이제 출판업자들의 동기는—이익을 위해, 시장 확대를 위해, 새로움으로 흥미를 끌기 위해, 매력적인 문체를 위해—새로운 발견들이 어떻게 확산될지 결정하는 데 도움이 되었다. 인문주의적 수사학은 이용할 수 있는 가장 안전한 마케팅 기술이었다. 여기에서부터 종종 텍스트의 영속성과 신뢰성을 보장하는 것으로 간주되는 인쇄된 책들이 그만큼 쉽게 오류를 퍼뜨리고 확장할 수 있었다. 이러한 상황에서 개인의 편지만이 소크라테스가 수 세기 전에 세운 기준, 즉 어떤 견해의 신뢰성은 그 견해를 말한 개인의 명성에 신중하게 부합되어야만 한다는 기준을 만족시켰다.

편지로 책의 틀을 구성하기

편지가 개인의 소유임을 알릴—그러지 않으면 실체 없고 낯선 매체가 되었을 것이다.—한 가지 방법은 책의 서문과 후기로서 편지를 인쇄하는 것이었다. '틀을 구성한' 편지들은 오늘날의 책 표지 문구의 조상이었다. 편지는 학자들의 세계로 들어가는 입장권과, 그 세계의 수용을 위한 친숙한 틀과, 후원자와 지지자를 위한 안락함과 자부심을 제공했다. 그러한 편지들은 특히 먼 거리에 있는 학자들이 쓴 책에, 또는 대담하고 새로운 주장의 제시에 필요했다. 니콜라스 코페르니쿠스의 『천체의 회전에 관하여On the Revolutions of the Heavenly Spheres』는 둘 다였다. 이 책에서 다룬 태양 중심의 우주 모델은 태양이 어떻게 지구 주위를 도는지를 설명한 천동설 보고서인 『알마게스트Almagest』에 도전했다. 코페르니쿠스의 책은 먼 옛날 폴란드 정교회에서는 불분명한 이론으로 남았을지 모르지만, 『천체의 회전에 관하여』는 가장 유명하고 영향력 있는 과학 책이 되었다. 1506년에서 1530년 사이에 쓰인 이 책은 1543년에야 비로소 출간되었다. 이 책의 서문인 편지들은 아주 상세하고 기술적인 연구 결과들을 학계에 신중하게 내보냈다.[19] 그중 한 편지에서 코페르니쿠스의 출판업자인 안드레아스 오지안더Andreas Osiander는, 이 책은 단순히 일련의 "새로운 가정들"일 뿐이라고 제시함으로써 태양 중심 우주론의 충격을 완화했다. 이런 식으로 말이다. "오래전에 견고한 기초 위에 세워진 교양 과목들은 혼란에 빠뜨려져서는 안 된다." 또 다른 편지에서 코페르니쿠스는 왜 그가 수십 년 전에 도달했던 연구 결과들을 마침내 출판하기로 결심했는지 교황 바오로 3세에게 설명했다. 한동안 그는 "철학자의 비밀을 오직 친척이나 친구들에게 글이 아닌 말로써 전했던 피타고라스학파 및 다른 사람들의 예"를 따랐다. 그러나 서신 공화국에 있는 그의 친구들이 마침내 모두의 이익을 위해 출판하도록 그를 설득했던 것이다.[20]

이러한 서문 항목들은 모두 책이 스스로를 대변하는 일은 거의 없다는 사실을 강조한다. 즉, 서신 공화국에서 책의 수용은 심지어 그리고 특히 인쇄된 상태의 편지 쓰기 관례에 따랐다. 교회에 마땅한 경의를 표하는 가설로서 영리하게 표현됨으로써 코페르니쿠스의 이론은 학자들이 그 주장을 평가하는 동안 매우 귀중한 안식처를 얻었다. 코페르니쿠스 이론의 발전은 사실 서신 공화국의 국제주의의 완벽한 실례이다. 최초의 정식화에서부터 태양계가 신의 개입 없이 안정적으로 돌아간다는 것을 보여 주는 수학적 증명에서 그 정점에 이르기까지, 이 원리를 발전시킨 사람에는 폴란드인(코페르니쿠스 자신, 1473~1543), 덴마크인(티코 브라헤Tycho Brahe, 1546~1601), 독일인(요하네스 케플러Johannes Kepler, 1571~1630), 이탈리아인(갈릴레오 갈릴레이, 1564~1642), 영국인(아이작 뉴턴, 1643~1727), 프랑스인(피에르-시몽 라플라스Pierre-Simon Laplace, 1749~1827)이 포함되었다.

검열

위의 인물들 가운데 코페르니쿠스의 이론이 함축하는 결론을 이끌어 낸 사람은 갈릴레이였다. 그것은 만약 프톨레마이오스가 대륙의 수에 대해 틀렸다면, 그리고 지구의 운동에 대해 틀렸다면, 고대인들을 버리고 출발점에서 다시 시작하여 경험적 관찰을 이용하는 것이 아마도 자연 세계를 연구하는 가장 좋은 방법일 것이라는 결론이었다. 기압계를 위한 도면과 그 원형, 망원경, 온도계, 현미경, 정밀 시계 등이 정밀과학에 대한 갈릴레이의 독창적인 업적에 포함된다. 그러나 고대 텍스트의 신봉자들에게, 더 나아가 가톨릭의 교리에 도전한 것은 그의 책 『두 개의 주된 우주 체계에 관한 대화Dialogue Concerning the Two Chief World Systems』였다. 코페르니쿠스의 체계를 가정이 아닌 실제로 제시함으로써 갈릴레이는 검열자들과 충돌하기에 이르렀다. 검열은 물론 인쇄된 책을 둘러싸고 있는 가장 큰 위험이다. 검열은 1500년 이후 폭발적으로 증가했는데,

이는 부분적으로는 앞에서 보았듯이 인쇄소가 소유가 아니라 이익을 위해서 책을 대량 생산했기 때문이며, 또한 당국이 책을 원천적으로 검열할 수 있게 해 주었기 때문이기도 했다. 인쇄기는 몰수되고, 장서표는 파괴되고, 인쇄공은 처벌받을 수도 있었다. 그러나 편지는 항상 적대적인 당국 몰래 들여오거나 믿을 만한 중개인들을 통해 전달될 수 있었다.

서신 공화국의 선출되지 않은 첫 번째 시민 니콜라스 클로드 파브리 드 페레스Nicholas Claude Fabri de

『두 개의 주된 우주 체계에 관한 대화』에 실린 그림(1632). 우주를 둘러싼 거인들의 싸움은 인간이 세계를 바라보는 방식에 일대 혁명을 가져왔다. 왼쪽부터 아리스토텔레스, 프톨레마이오스, 코페르니쿠스

Peiresc(1580~1637)는 유명한 천문학자 갈릴레이가 이단으로 고발되어 이단 신앙과 그 외의 가톨릭교에 대한 위협에 대해 싸울 권한을 부여 받은 교회의 기관인 로마 종교 재판소에 의해 가택 연금되었을 때 그의 연구 결과를 구해 내는 것을 도왔다.[21] 이제는 거의 완전히 잊힌 페레스는 일생 동안 500명 이상의 학자들과 약 10,000여 통의 편지를 주고받았다. 주로 프랑스 남부 액상프로방스에 있는 자신의 성에서 작업하면서, 그는 첫 번째 성운을 발견했고, 항해 지도를 수정하기 위해 유럽 전역의 학자들로 구성된 관측단을 조직했으며, 고대 유물 연구에 주목할 만한 기여를 했다. 그러나 페레스는 책을 출간한 적이 없다. 서신 교환이 제공하는 지적 자유를 손상하여 영속적인 명성을 얻는 데 실패하지 않기 위해서였다. 서신으로써 그는 막후에서 일할 수 있었다. 갈릴레이의 경우에는, 교황과 가까운 인사들을 통해 중재하는 역할을 맡았다. 페레스에게 보내는 편지에서 갈릴레이는 그의 후원자이자 친구에게 감언과 겸손을 덧붙이며 "나의 불운의 운이 계속해서 더 달콤하게 느껴지게 하는 호의와 선의의 감정들"에 대해 감사했다. 그의 작품이 치워지고 있는 서점의 서가에 대해서 그는 "세상으로부터 나에 대한 모든 기억을 지우려는 모든 노력이 진행되고 있습니다."라고 썼다. 그러나 이어서 그는 "만약 나의 적들이 내가 그러한 허영을 얻고자 노력하는 일이 거의 없다는 사실을 안다면, 그들은 아마도 나를 압박하려는 자신들의 열망을 보이려 하지 않을 것입니다."라고 썼다.[22] 이런 겸손한 주장들은 솔직하지 않게 여겨질지도 모른다. 그러나 갈릴레이는 서신 교환 네트워크만이 그의 사상을 지지해 줄 수 있다고 여겼다. 갈릴레이의 학문에 대한 페레스의 옹호는 서신 공화국의 시민권이 상징적이고 정치적인 이점이 아닌 현실적인 이점이었음을 예증한다.

미래 지향성

페레스의 경우와 같은 서신 교환 네트워크 덕분에, 갈릴레이처럼 역경에 처한 작가들은 비록 그들의 물리적인 책은 그러지 못했지만 그들의 사상은 다음 세대에 전달되고 그들에게 영감을 줄 것이라는 믿음에서 위안을 찾았을지도 모른다. 그렇지만 인쇄술은 결국 서신 공화국의 학자들에게 다른 어떤 기술도 제공해 주지 못했던 이점을 주었다. 요컨대 생전에 명성을 얻을 수 있는 기회를 준 것이다. 인쇄는 서신 공화국의 두 가지 지향성, 즉 공간 지향성과 시간 지향성을 근본적으로 강화했기 때문이다. 공간적으로, 책은 지식을 이전보다 훨씬 더 큰 규모로 그리고 이론적으로는 민주적인 방식으로 널리 불균등하게 확산했다. 대륙을 아우르고 대양을 건너 책은 이미 학문을 맥락으로 이해하고 새로운 발견을 해석하는 방법을 알고 있던 불특정한 청중에게 말을 걸었다. 이는 정확히 개인이 서신 공화국의 시민권으로부터 획득한 기술이었다. 시간적으로, 책은 후대, 즉 책이 말을 걸 수 있는 잠재적인 불특정 다수의 청중에게 말했다. 영속적이며 장정한 인공물로서 책은 인쇄 부수가 적더라도 수고본手稿本보다 잔존할 가능성이 더 높고 부패도 덜했다. 르네상스 시대는 고대의 부활로 시작되었으나 시간과 그 순환을 의식하는 뒤이은 세대들은 책에서 고대인들과 겨루어 그들을 능가할 기회를, 그들 자신을 위한 영원한 명성을 얻을 기회를 보았다.

수도원에서의 생산, 즉 필사본의 생산과 출판의 대조는 특히 여기에서 유익하다. 전자는 과거를 보존하기 위한 것이었고, 후자는 미래를 구현하기 위한 것이었다. 또한 전자는 문자 그대로 지식을 세속 세계로부터 분리하여 수도원에 가두는 것이고, 후자는 그 세계를 개선하기 위해 지식을 받아들이고 찾는 것이다. 인쇄된 책은 필사본과 달리 기계로 복제되어 전례 없이 대량 생산되었다. 수도원의 글쓰기라는 소규모의 헌신적 행위와는 완전히 다른, 자본 집약적 영리 기업의 상품인 책은 생산자들이 손익을 맞출 수 있도록 독자들을 찾아야만 했다. 서신 공화국의 관습과 의례에 적절히 적응한 이 상품들로 인해 미지의 청중과 아직 태어나지 않은 세대들에게 말을 걸기가 더 쉬워졌다. 현재뿐 아니라 미래와의 연결을 통해 후대에게 말하고자 하는 페트라르카의 꿈이 처음으로 기술적이고 문화적인 가능성을 보였다. 이 미래 지향성은 확실히 고전 이슬람 전통, 산스크리트 전통, 유교 전통의 전승과 권위에 대한 관심에서 출발했다. 이들 전통은 모두 항상 과거와 현재 사이의 '황금 사슬'을 만들고자 했다. 서신 공화국의 학자들은 미래로의 다리를 세우고 있었다. 같은 이유로, 서신 공화국의 학자들은 이전의 그 어떤 서양 학자들보다 다른 대륙에서 흘러 들어오는 새로운 지식을 훨씬 더 잘 받아들였다.

박물관

16세기와 17세기에, 대부분 부유한 유한계급의 애호가 혹은 세속적인 성직자였던 소수의 재능 있는 기인들이 완전히 새롭고 초기 근대적인 성격의 일을 하기 시작했다. 그것은 열정적으로, 닥치는 대로, 그리고 거장의 감각으로 물건을 수집하는 일이었다. 사실, 근본적인 도덕적 성격보다는 예술적·학문적·정치적 기술의 외관에 더 관계된 특질인 비르투virtù를 기려 이들을 '비르투오시virtuosi'라고 불렀다.[23] (예를 들어 마키아벨리는, 군주에게는 키케로가 미덕virtue이라고 부른 것보다 비르투virtù가 더 중요하다고 논한 것으로 유명하다.) 콜럼버스와 베스푸치, 코페르니쿠스와 갈릴레이가 프톨레마이오스가 고대 알렉산드리아에서 창안한 지구 중심의 우주 모델을 대체한 반면, 이들 비르투오시는 프톨레마이오스가 연구한 장소인 바로 그 기관의 용도를 변경했다. 알렉산드리아의 박물관은 무차별적으로 텍스트를 수집하는 공간, 즉 최초의 도서관이었다. 비르투오시의 박물관은 오늘날과 마찬가지로 모든 종류의 자연적·인공적 물건들을 수집하고 전시하는 장소였다.

교수들은 여전히 플리니우스, 프톨레마이오스, 아리스토텔레스의 낡아 빠진 필사본으로 강의를 하고 있었지만, 모험을 즐기는 상업-제국주의자들과 해외 파견 선교사들은 자연과 문화의 새로운 문물에 대한 새로운 대량의 지식을 유럽으로 실어 왔다. 르네상스인들은 이미 회화, 조각, 공예, 로마의 골동품에 빠져 있었다. 콜럼버스의 탐험을 비롯한 여러 항해 탐사 이후, 유럽은 갑자기 전 세계의 향신료, 비단, 바다 조개로 넘쳐 나게 되었다. 비르투오시의 수집품은 고대 이래로 텍스트를 통한 학문에 기반을 둔 학술 문화 전체에 충격을 가했는지도 모른다.

분더카머

오늘날의 박물관 관람객은 회벽을 가득 채운 신성한 예술 작품에서 경이감도 경험하겠지만, 그만큼 넓은 마룻바닥을 걸어 다니는 일에 싫증도 날 것 같다. 그러나 희귀한 것과 기이한 것에 집중하고 그것들을 보유함으로써 경이감을 불러일으키는 것은 이 초기 근대 기관의 원래 목적이었다. 박물관 수집품의 (비록 유일하지는 않지만) 전형적인 형태는 분더카머Wunderkammer였다. 분더카머른Wunderkammern, 즉 '호기심의 방'은 오래된 것과 새로운 것, 유럽적인 것과 비유럽적인 것, 자연물과 (예술 작품을 포함한) 인공물을 함께 섞어 놓았다. A. H. 프랑케가 독일의 할레에 세운 프로테스탄트 자선 재단의 분더카머는 소라고

둥, 힌두교 신상, 악어(몇 마리는 방부 처리되어 있었고, 한 마리는 천장에서 늘어뜨려 져 있었다.), 그리고 사람 크기만 한 태양계 모형 두 개로 유명했다. 원전들 또한 수집품만큼이나 중요했는데, 문헌학적 가치 때문만이 아니라 이국적 출처 때 문이기도 했다. 예를 들어 어느 선반에는 중국의 두루마리가 주판 옆에 그리고 오스만 제국 술탄의 투그라(공식 서명)가 있는 아랍어 필사본 바로 위에 놓여 있 었다. 분더카머는 (다음 장에서 다뤄질) 프랑케의 거대한 고아원·학교·신학교· 선교 단체·약국·인쇄소 단지의 명소 가운데 하나였다.[24]

분더카머의 수집 원리는 백과사전적—조직적으로 모든 것을 포함하는—이 지도, 소우주적—자연, 동물, 식물, 광물 세계의 모든 것을 대표하는 표본을 제 공하는—이지도 않았다.[25] 수집가들은 특히 기이한 품목을 선택했다. 전형적

16세기 나폴리의 한 약국에 있었던 '호기심의 방'. 경이로운 물건들을 수집하고자 했던 열정은 자연의 모든 비밀을 이해하 고자 했던 인류의 오랜 꿈에서 비롯되었다.

인 목록을 보면, 산호, 자동 로봇, 유니콘의 뿔, 남아메리카의 깃 장식품, 코코넛 껍질로 만든 잔, 과학 기구, 화석, 고대 동전, 거꾸로 선 상아, 기형 동물과 기형 인간, 터키의 무기, 다면체 크리스털, 자수정, 석화한 인간 두개골과 거기에서 자라 나오는 산호, 플랑드르 풍경화, 멕시코 신상, 로마의 메달, 키클롭스, 방부 처리된 새끼 악어, 수술대, 거북 등껍질, 금잔과 은잔 등이 나열되어 있다.[26] 이러한 '경이로운' 물건들이 어떤 공통점을 가질 수 있겠는가? 공통적으로 이 수집품들은 조물주가 창조할 수 있는 모든 것을 포괄하기 위해, 자연의 풍요로운 창조력이 미치는 가장 먼 경계까지 뻗치고 관람자의 상상력을 확장한다. 어떤 종합의 이론이나 실제가 새로운 박물관 수집품을 뒷받침할 수 있다고 한다면, 진리를 드러내는 것은 인간의 체계적인 계획이 아닌 자연의 무차별적인 혼합이었다. 아리스토텔레스의 주의 깊고 체계적인 자연 지식 분류학보다 칼리마코스의 불가사의학의 혼란에 더 가까운 분더카머른에 의해 관람객들은 세상이 어떻게 종합되는가를 스스로 생각하고, 대개는 아리스토텔레스가 했던 말을 무시하게 되었다.

책으로서의 박물관

1655년, 네 권짜리 『보름의 박물관Museum Wormianum』을 통해 올레 보름Ole Worm은 다소 먼 세계의(코펜하겐 출신의) 수집가로서 발생학적 표본과 바이킹 시대의 룬 문자 비문 수집으로 사후 명성을 얻었다. 제목이 보여 주는 것처럼, '박물관'이라는 단어는 장소와 책 모두를 가리킬 수 있었다. 삽화가 그려진 이 책들은 비르투오시와 그들의 분더카머른이 서신 공화국으로 들어가는 주요 매개체로서 기능했으며, 새로 발견된 놀라운 물건들 외에도 새로운 자연 지식이 수집되고 생산되는 많은 물리적 장소들을 알려 주었다. 초기 근대를 유명하게 만든 세계 지도의 궁극적 원천인 항해 탐사는 말할 것도 없이 식물원, 해부학 실습실, 천문 관측소 등이 여기에 포함되었다.[27] 인쇄술로 인하여 사과가 처음으로 삼과와 동등해졌다. 이제는 악보, 천문 관측도, 수학 공식, 기하학 도형이 종이 위에 쓰인 글자처럼 쉽고 정확하게 복제될 수 있었기 때문이다. 다시 인쇄술은 유럽의 학문 세계에 혁명을 일으켰다. 이번에는 텍스트의 대량 복제를 통해서가 아니라 이미지의 대량 확산을 통해서였다. 자연의 재이해에 있어 초기 근대 유럽의 항해 탐사, 천문학적 발견, 동판 인쇄술보다 더 큰 자극은 없었을 것이다.

그러나 '출판된 박물관'은 심각한 문제를 제기했다. 박물관에 대해 새로운 사실을 알아낸 학자들은 유럽 전역에서 박물관 수집품으로 점점 쌓여 가는 신기한 것들로 정확히 무엇을 해야 할지 몰랐다. 성경, 아리스토텔레스, 그리고 막연한 고대에 휩싸여 있는 신비주의 학문—상형 문자, 피타고라스 신비주의—에서 비롯된 것들과 마찬가지로, 이런 새로운 것들을 어설프게나마 전통적인 도식에 끼워 맞추려는 유혹이 뒤따랐다. 독일 출신의 박식가 아타나시우스 키르허Athanasius Kircher(1602~1680)가 대표적이다. 키르허는 로마에 근거한 세계에서 가장 큰 선교 및 서신 네트워크, 즉 예수회 네트워크의 중심에 거미처럼 앉아 있었다. 그는 유럽에서 가장 훌륭한 수집품 목록 가운데 하나를 로마 칼리지 박물관에 구성했다. 이집트와 중국의 문서와 공예품에 중점을 두었던 키르허는 상형 문자를 해독하고 그것을 만만치 않게 어려운 중국 문자에 연결했다고 공표했다. 『중국 도설China Illustrata』이라는 제목의 책에서, 그는 중국 최초의 정착민들이 이집트 식민 생활을 거쳐 노아의 아들 함에게로 거슬러 올라간다고 주장했으며, 그것을 증명할 그림들을 제시했다.*[28] 키르허가 새로운 발견을 성경과 이집트의 지식에 혼합하는 것은 확실히 당시에도 회의적으로 받아들여졌다. 그러나 그가 결코 예외적인 것은 아니었다. 성급한 결론, 경이와 기적에 대한 경신, 조급한 체계화 성향이, 서신 공화국에 새로운 물건들을 들여올 뿐만 아니라 새로운 해석을 요구하는 박물관 수집가들에게 계속 붙어다니는 악덕이었다.

새로운 것에 대처하기

수집가들의 열정은 사물에 대한 새로운 지식과 텍스트에 주어진 오랜 권위를 충돌시켰다.[29] 프톨레마이오스, 플리니우스, 아리스토텔레스 같은 고대 종합자들의 권위를 해체하는 것과 새로운 발견에 기초하여 자연 세계를 새롭게 설명하는 것은 완전히 별개의 문제였다. 텍스트에 의거한 학자들은 항상 도서관에 앉아, 필사본에 의지하여 입증할 수 있는 텍스트에 대한 주장에 논거를 두고 결론을 내렸다. 자연의 관찰은 주관적인 감각 자료에 따라 달라지며, 경이로운 현상의 연구에 고질적인 환상의 비약에 몰두하기 쉬우므로 오류에 빠지는 경향이 있었다.

박물관 바깥에서 일어나는 많은 경이로운 현상들—18년간 임신했다거나, 프랑스 남부 하늘에 여러 개의 태양이 출현했다는 등의 보고가 있었다.—이 이러한 난점들을 고조했다.[30] 또한 오늘날 '실험'이라고 부르는 것, 즉 인간의 기술과 발명에 의해 만들어진 경이로운 현상들은 어떠한가? 초기의 근대인들은 이러한 현상에 '과학'이라는 딱지를 붙이는 것만큼이나 쉽게 '마술'이라는 딱

---

* 키르허는 또한 인도의 '암모나이트snakestone'를 입수했는데, 뱀에 물린 상처에서 독을 빨아 낼 수 있다는 것을 증명하기 위해 개를 가지고 실험을 했다. 그리고 그 놀라운 힘을 모든 자연 현상의 중심에는 자력이 작용한다는 자신의 지론으로 해석했다.

지를 붙였다. 『자연의 마술Natural Magick』에서 가짜 보석을 만들어낸다든지 납을 수은으로 바꾼다든지 하는 잠바티스타 델라 포르타Giambattista della Porta의 주장 보다, 공기가 제거된 유리 반구 속에서 새가 질식하는 것을 보고서 기존의 "자연은 진공 상태를 혐오한다."라는 주장을 반증한 로버트 보일Robert Boyle의 유명한 공기 펌프 실험이 더 믿을 만하다고 누가 말했던가? 불확실한 조건 아래에서 영국의 조신 프랜시스 베이컨은 유일하게 분별력 있는 처방을 내렸다. 즉, 사실에 초점을 맞추고, 판단을 유보하고, 상상력을 훈련하고, 이론화의 충동에 저항하는 것이다. 베이컨이 발전시킨 귀납적 혹은 '과학적' 방법은 새로운 지식이 어떻게 합법화될 수 있는지, 가짜 주장이 어떻게 증명할 수 있는 주장과 구별될 수 있는지, 그리고 조야한 사실들이 어떻게 정련된 사고를 지닌 사람들이 열망하는 일반적인 이론 지식으로 다듬어질 수 있는지에 대한 문제들을 제기했다.

이는 유럽의 학술 학회에서 점점 더 의문이 제기되는 문제들과 같은 종류였다. 초기 근대 상상력의 혼란스러운 세계를 차지하고 있는 경이로운 사건들, 진기한 것들, 완전한 속임수들의 범람 속에서 자연의 관찰자들은 진정한 새로운 발견을 추려내어 그 함축성들을 탐색해야 했다.[31] 일군의 비르투오시들은 처음에는 이탈리아에서 그다음에는 프랑스, 영국, 독일에서 그들 스스로를 학회, 협회, 회의, 그리고 뚜렷한 이름은 없으나 정기적인 모임들로 형성해 가기 시작했다. 그들이 출간한 '회보會報'와 '의사록議事錄'은 오늘날 학술 저널의 전신으로서 그들의 연구 결과에 대하여 국제적 관심을 불러일으켰다. 학회는 또한 현장 회원들을 보완해 줄 '서신 회원들'을 포함했고, 이는 그들을 서신 공화국에 편입시켰다. 학자들은 사실과 진리를 오류와 사기로부터 구별해 내기 위해 이러한 기관들에 의존했으며, 이것은 서신 공화국이 멀리서 수행할 수 없었던 임무였다. 공기 펌프 같은 과학 실험에 직접 입회함으로써, 학회원들은 새로운 지식에 대한 권리에 직면하여 개인적 만남을 통해 그에 대한 판단을 내렸다. 객관성에 대한 근대 과학의 이상은 철학적 학설로서보다는 냉정한 조사 탐구 방법으로서 유럽의 학회에서 발전되었다. 오늘날에도, 학회는 창조적 사유를 증진하기보다는 새로운 업적을 승인하기 위해 기능한다. 1739년에 설립되어, 노벨상을 수여하는 스웨덴 왕립 과학 아카데미를 보라.

학회

앞에서 본 바와 같이, 편지, 책, 박물관은 함께 대학, 수도원, 도서관의 많은 관행들을 개혁했고 학자들을 위해 새로운 지평을 열었다. 서신 공화국은 이 새로운 기관들에서 합법성을 찾았다. 이 기관들은 기존 기관들을 보완했을 뿐만 아니라 종종 급진적으로 확장했다. 그러나 한밤중의 서신자들, 고립되고 박해받는 저자들, 호기심의 방에 물건을 쌓아 올리는 기이한 수집가들은 매우 외로운 학문의 우주로 향할 수 있었다. 또 다른 르네상스 기관인 학회는 사람들을 한 방에 모아놓게 되었다. 과학 실험 실연에 입회하거나 페트라르카에 대한 강의를 듣거나 실험적인 음악 작업에 참여하거나 농업 개혁 계획을 토론하기 위해서였다. 전통적인 지적 권위들은 쇠퇴하고 일반인들이 이러한 새로운 지적 커뮤니티를 발견하면서 전례 없는 주도권을 쥐게 되었다.

리테라티와 비르투오시

초기 근대 유럽에서는 '학회academy'라는 용어가 많이 사용되었다. 편의상 우리는 두 가지로 구분하기로 한다. 학회의 한 가지 모델은 고대 아테네로 되돌아간다. 그것은 젊은 귀족들을 가르치기 위해 고안되었으며, 인문주의 커리큘럼이 그 특징이었다. 이러한 의미에서 학회는 대학의 인문 학부를 위한 양성 기관으로서 김나지움(또 다른 아테네 기관)과 서로 바꿔 쓸 수 있었다. 그것은 오늘날 여전히 학회라 종종 불리는 엘리트 준비 학교의 전신이다. 좀 더 현대적인 또 다른 모델—서신 공화국이 결국 흡수한 모델—은 '성인' 귀족들을 위한 것이었다. 그것은 플라톤의 아카데메이아로부터가 아니라 키케로가 자신의 호화로운 시골 대저택에서 자기 자신과 다른 좋은 집안 출신의 친구들을 위해 학문적 은퇴로서 창설한 '아카데미아academia'로부터 영감을 얻은 것이었다.[32] 이러한 형식의 학회는 르네상스 이탈리아인들이 '리테라티literati', 즉 문인들이라 부른 이들을 위해 공통 영역을 제공했다.

키케로가 아직 거친 모국어인 라틴어를 자신이 그토록 중요시한 그리스어 학문의 수준에 올려놓고자 애썼던 것과 마찬가지로, 이탈리아 최초의 학회원들은 천오백 년이 흐른 후에도 키케로의 라틴어의 수준에 모국어를 고양시키고자 했다. 피렌체 아카데미아 델라 크루스카Florentine Accademia della Crusca(오늘날에도 여전히 활발히 활동 중이다.)는 학회원들이 위대한 피렌체의 작품들, 즉 단테, 페트라르카, 보카치오의 작품들에서 발견한 단어들을 체계적으로 목록화함으로써 유럽 최초로 모국어 사전을 만들어냈다. 초기 근대 학회들은 사실 모국어와 국내 문학을 진지하게 받아들여 근대의 창작 작품들을 고대인들의 업적과 동등하게 하고자 했던 최초의 유럽 기관들이었다. 가능한 한, 학회원들은 그리스-라틴 학문과 철학을 교양 있는 비지식인 계층이 이해할 수 있는 언어, 즉 이탈리아어, 프랑스어, 영어로 번역했다. 키케로와 마찬가지로 리테라티들은 언어의 민족주의자이자 근대화주의자였다.

또한 키케로가 자신의 아카데미아를 교육의 중심지로서보다는 원로원과 법정에서의 논쟁적 삶에서 물러난 안식처로서 보았던 것과 마찬가지로 초기 근대 학회원들은 화려함과 허식, 계급과 음모의 장소인 르네상스 왕궁에 대한 대안을 찾았다. 16세기 이탈리아 학회는 세속 세계에 대한 경멸과 그로부터의 분리를 강조하기 위한 것처럼, 터무니없이 과시적인 이름들—아찔해진 사람들, 불타오른 사람들, 눅눅한 사람들, 혼란스러운 사람들, 심취한 사람들, 고양된 사람들, 졸린 사람들—을 채택했다. 자조적인 이름들은 또한 메디치가 혹은 합스부르크가와 같은 통치자들이 이들의 사적 만남에 대해 품을 수 있는 음모 혹은 선동에 대한 의심을 피하는 역할을 했다. 학식이 있는 귀족들이 처음으로 궁정 환경 바깥에서 동등한 자들로서 사회화할 수 있었을 뿐만 아니라 상아탑만을 고집하는 주의(혹은 젊은이들의 미성숙함)에 불만을 품은 대학 교수들과, 또한 공증인 혹은 법률가로서 경력을 쌓기 시작하는 데에 열정이 없는 대학 졸업생들과 협력할 수 있었다. 일부 학회들은 심지어 학식이 있는 장인들과 상인들도 그들 가운데 받아들였다.[33]

1600년대 무렵, 학회는 왕궁과 서신 공화국 사이 중간 지점으로 진화했다. 비르투오시는 궁정에서 진지한 리테라티의 이미지를 얻고자 경쟁하는 흥행사로서 명성을 쌓았다. 궁정인들은 경이와 기적, 마술 트릭과 댄스 음악, 시대극과 불꽃놀이, 즉흥시와 난쟁이 퍼레이드 등에 빠져 있었다. 학회원들은 이러한 전통적인 쇼와 오락에 텍스트적 학문, 공예 기술, 그리고 일종의 지적인 엄숙함을 가져왔다. 그리하여 이탈리아 오페라는 궁정인, 음악가, 무대 설계자, 악기 제조자, 화성에 대한 지식을 갖춘 수학자가 다양한 학술·유사 학술 회합 장소에서, 영혼에 미친 기적적인 효과에 대하여 플라톤과 피타고라스가 격찬한 고대 그리스인들의 노래극이라고 그들이 생각한 것을 부활시키기 위해 함께 협력하면서 생겨났다. 프랑스 발레는 종교 전쟁이 한창일 때 설립된 유사 신플라톤주의 학회에서 영감을 얻어, 우주 공간의 조화를 모방하는 우아한 운동에

의 참여를 통해 서로 적대적인 프로테스탄트들과 가톨릭교도들의 화해를 문자 그대로 조정해 냈다. (1572년 성 바르톨로뮤 축일에 파리에서 가톨릭교도들이 프로테스탄트들을 학살한 이후 화해의 노력은 대부분 실패해 왔다고 할 수 있었다.)[34]

심지어 과학적 엄정함으로 알려진 학회들—로마의 린케이Lincei('날카로운 눈'), 피렌체의 치멘토Cimento('실험'), 파리 과학 학회—도 자연의 마법과 여러 다른 비교적 현상들을 실험하기 위해 만들어진 장소들에서 유래됐다. 이 학회들에서, 르네상스의 박사들은 혼자 하는 사색에서 벗어나 자연 현상에 대하여 집단적이고 훈련된 연구를 하게 되었다. 유명한 런던 왕립 학회에는 수많은 신비주의자들과 연금술사들—예를 들면, 아이작 뉴턴—과 프리메이슨들이 속해 있었다. 과학이 나중에는 자동으로 지속되게 할 환상적인 결과를 낳았던 이전 시대에는 자연의 신비를 자세히 연구했던 사람들이 그들의 실험이 어떠한 통찰을 가져올 것이라고 믿을 만한 다른 근거를 필요로 했다. 초기 학회들은 종국에는 신의 진리를 밝혀 낼 '자연 철학', 어쩌면 유럽과 세계의 다양한 종교들을 화해시킬 저변에 있는 '원시 신학'까지도 약속함으로써 그들에게 그러한 근거를 제공했다. 다른 명백한 근거들에 비해 이것은 서신 공화국의 실무가들에게는 매우 흥미로운 제안이었다.[35]

이제 실제 세계와 아무런 관련이 없는 '학회'에 의문을 제기해 보자. 그러나 이러한 예들은 초기 근대 학회원들이 탁상공론에 빠져 있을 때조차 항상 권력가들과 세력가들을 교육함과 동시에 그들을 즐겁게 해줌으로써 그들의 마음을 사로잡고자 했다는 것을 증명해 준다. 학회는 서신 공화국이 유럽 엘리트들의 사회적 삶에 기반을 두도록 했다. 학회의 성장은 지식 생산에 있어서 귀족들—그리고 적어도 처음에는 귀부인들—의 역할 증대뿐만 아니라 학문 세계에 대하여 특히 남성의 기여도를 강조한다.

귀족과 귀부인

항상 남녀 동석을 특징으로 하는 유럽 궁정 문화에 기원을 둔 덕택에, 프랑스와 이탈리아의 많은 초기 학회들은 여성들을 환영했다. 카트린 드 메디치 Catherine de Medici는 발레를 개척한 파리 아카데미를 세우는 데에 도움이 되었고, 그녀의 친척인 엘레오노라 디 톨레도Eleonora di Toledo는 '변화한 사람들'이라는 피렌체 학회의 유일한 여성 회원이었다. (메디치가는 초기 근대 유럽의 프톨레마이오스라 불릴 만하다.) 그러나 근대 과학에 더 가까이 다가설수록 더 많은 여성들이 스스로 밀쳐졌다고 느꼈다. 마거릿 캐번디시는 자연 과학 분야에서의 성취와 많은 학회원들과의 친분에도 불구하고 런던 왕립 학회 회합에서 배제되었다. 그녀의 과학소설은 그녀가 현실 세계에서 조우한 남성들만으로 이루어진 곳들에 대한 상상적 대안으로서 여성 아카데미를 이야기했다. 아마추어 천문학자인 마리아 빙켈만Maria Winkelmann은 충분히 축적된 과학 지식으로 1702년 혜성을 발견하기에 이르렀으나 마찬가지로 베를린 과학 아카데미는 그녀를 멀리했다.[36]

문학적 추구와 학문적 추구 사이의 균열, 그리고 특히 훌륭한 표현의 고전 예술과 경험적 과학의 진지한 일 사이의 균열은 서신 공화국에서 시작되는 중이었고, 남성과 여성은 서로 그 반대편에 서 있었다. 18세기 초, 여성을 받아들인 유일한 학회들은 의미심장하게도 즉흥시에 초점을 맞춘 이탈리아 아르카디아 운동 쪽 분과였다. 프랑스의 여성들 또한 자신들의 집 안, 대화를 나누는 살롱으로 유명한 지식인들을 불러 모으기 시작했다. 살롱은 점점 증가해 가는 고루하고 보수적인 왕립 학회들에 대한 대안으로서 연합한 비공식적인 장소였다.[37] 그러나 여성들이 짜증냈던 바로 그 기관들—아카데미 데 시앙스Académie des Sciences, 아카데미 프랑세즈Académie Française, 그리고 오늘날에도 여전히 활동하는 다른 국립 학회들—이야말로 서신 공화국의 학자들이 원했던 곳이었다. 프랑스의 국립 부속 기관으로서든 영국의 독립적인 남성의 절제의 보루로서든 학술 학회가 신용 보증자가 된 것은 학회의 진부하지만 공식적인 성격 때문이었다. 학회는 이 장의 제명에 쓴 용어에 따르면, 서신 공화국의 법정으로서 기능했다. 오직 학회에서만 학회원들은 얼굴을 마주하고 신랄한 토론—예를 들어 공기 펌프 실험의 해석에 대한—을 벌일 수 있었다. 그렇지 않았다면 이러한 토론들은 서신 공화국을 분열시킬 위협이 되었을 것이다.[38] 또한 오직 귀족들만이 새로운 발견들에 학술적 승인을 해주는 사회적 지위를 누렸다. 좋은 가문 출신 사람들의 명예와 공정성을 거래함으로써, 학회는 학자들의 국제 공동체 이전에 새로운 지식을 인가하는 기능을 점점 더 맡게 되었다. 그 누구도 귀족의 말을 부정할 수 없었다고 한다. 그의 증언은 이론적으로 나무랄 데가 없었기 때문이다.[39] 다만 악착같이 돈을 모으는 장인들이나 사회적으로 출세하려고 하는 중간 계급의 사람들, 혹은 잘 속아 넘어가는 여성들은 그렇지 못했다.

학회 vs. '서원'

키케로나 플라톤과 마찬가지로, 학회원들은 세상에서 물러나 은거하여 지식을 추구하는 데에 몰두했지만 사회적 삶 속으로 다시 들어가서 새로운 삶의 모습을 만들고자 하는 목적을 결코 잃지 않았다. 그러나 초기 근대 유럽 학회 운동과 이 운동에 영감을 준 고대의 아카데미 사이에는 한 가지 근본적인 차이점이 있다. 이 장의 제명을 다시 읽어 보라. 이 제명은 권력의 세계와 지식의 세계 사이에 명백한 거리를 두고 있다. 서신 공화국의 학자들은 자신들이 그 치하에 살고 있음을 깨닫게 된 어떠한 형태의 정체政體라도 묵인하는 조건으로 지적 자유를 샀다. 소크라테스는 정치적 박해 앞에서 지적 완전성을 손상하기보다는 차라리 독배를 마셨다. 플라톤은 철인왕哲人王이 다스리는 공화국을 상상했고, 그의 아카데메이아는 제자들이 그리스 세계 전역에서 중요한 위치를 차지할 수 있게 했다.[40] 키케로는 그가 사랑하는 공화국이 카이사르의 손에 사라졌을 때에도 수사학의 중요성과 정치적 미덕을 배우는 라틴어 학문을 용감하게 지지했다. 그러나 초기 근대 학회는 키케로와 다른 사람들이 갖지 못한 기회를 누렸다. 그들은 독재와 전제주의의 침략에 반대하여 현실 정치에서 싸우기보다는 새로운 지식에 대한 토론이 왕성한 가상의 서신 공화국에 참여했던 것이다. 학회원들이 스스로를 국제적인 '공화국' 시민들이라고 주장하고, 조직화된 정치 음모에 간주되지 않는 것 외에 달리 어떻게 할 수 있었겠는가?

학회원들이 비정치적인 비르투오시보다 플라톤의 철인왕 혹은 키케로의 공화국 시민들을 훈련시켰을 것이라는 견해는 그다지 부자연스럽지는 않다. 이탈리아 예수회 선교사 마테오 리치Matteo Ricci(1552~1610)는 당대의 중국 명조明朝에서 그와 똑같은 일을 한 기관을 발견했다. 서원이라고 불리는 중국의 학회는 주로 학생들에게 과도하게 경쟁적인 제국의 관료 시험 준비를 시켰다. 논리적으로라면 리치는 이 집단을 대학이라고 불렀겠지만, 고국의 유사한 문학 모임을 따라 '아카데미아 디 레테라티accademia di letterati'라고 명명했다.[41] 그렇게 한 것은 그가 옳았다. 중국의 학회는, 지방의 문벌 귀족들을 주제별 강연으로 이끌고, 제국의 어느 지역 출신이라도 여행하는 학자들을 후원하며, 유교 고전을 다시 읽고 그에 입각하여 국가 정책을 도덕적으로 비판한 내용들을 회람하기 위해 출판된 책과 손으로 쓴 편지들, 개인적 연줄들을 사용하는, 제국 전역의 서신 공화국에서 중심점으로 기능했다.[42]

가장 유명한 중국의 학회로, 오늘날의 상하이 근처, 크게 도시화된 양쯔 강 삼각주에 위치한 동림서원(1604년 설립)은 제국의 공공기관을 가장 영리한 졸업생들로 채우기 위해 시험 제도를 사용했다. 동림서원파派 졸업생들은 유명한 부패 관료인 환관 위충현魏忠賢(1568~1627)과 대결했는데, 많은 수의 지도자들이 위충현의 손에 숙청되었다.[43] 그러나 아무리 변덕스러운 전제주의라도 중국의 리테라티가 국가를 개혁하는 것을 막을 수 없었다. 동림서원 후대의 모방자들은 의미심장하게도 재건회(1629년 설립)로 이름을 붙였는데, 이는 당대의 정치 문제에 고대 유교적 가르침을 적용하려는 그들의 욕망을 반영했다. 제국 전역을 아우르는 압력 단체로 구성된 이들은 관료 시험 수험생들이 재건회의 출판물을 후보자들의 시험 점수를 매겨서 공공 기관 합격자를 결정하는 사실상의 표준으로 받아들이게 했다. 1600년대 중반에 이르자, 유럽에 필적할 만한 규모와 세력의 문학 공공 영역은 국가로부터 지적 표준을 제어할 권리를 거의 빼앗았다.[44] 명조를 전복한 청의 침략 이후, 이러한 학자-사대부의 다수는 외적에게 대항하는 영웅적(그리고 종국에 가서는 무익했던) 저항을 준비하기 위해 지방 공동체를 결집했다.[45] 동림서원의 순교자들도 명조의 충신들도 초기 근대 유럽과 전혀 유사하지 않다. 학식 있는 문벌 귀족 단체가 학술 기관을 작전 기지 및 지적 비판 기지로 사용하여 죽음에 이르기까지 개방적이면서 조직화된 저항을 준비했으리라고는 생각할 수 없다.*

고대 중국, 고대 그리스, 고대 로마는 실용 기술보다 도덕 교육의 중요성을 더 강조함으로써 젊은이의 교육과, 시민의 책무를 위해 학생들을 준비시킬 필요성을 거의 동일시했다. 초기 근대 시기, 유럽의 인문주의자들과 중국의 인문주의자들(신유학자로 불렸다.)은 출생과 혈통이 아닌 학문과 품행을 한 인간의 척도와 정치·사회의 활동적 삶을 위한 기준으로 만들고자 했다. (계급 사회였지

---

* 프랑스 대혁명 사료 편찬에 있어서 영향력 있는 해석의 한 흐름은 근대 유럽의 가장 유명한 혁명적 대변동을 프리메이슨 지부들과 프랑스의 사상학회sociétés de pensée와 같은 유사 학술 기관들이 준비했다고 주장하는, 제한적인 반증을 제시한다.

만 중국인들은 기적적인 자기 전념의 힘으로 시험 제도에서 성공함으로써 관리가 되기까지 상승한 소수의 농민들을 축하하기도 했다.) 모두가 지식과 미덕의 귀감으로서 각자의 고대인들을 안내자로 찾았다.

다양한 종류의 학회들이 양쪽 사회에서 이러한 기능에 종사했다. 그러나 리테라티는 두 문화에서 정치권력에 대하여 근본적으로 다른 관계를 발전시켰다. 중국의 명조에서는, 학자들이 이론적으로 절대 권력이 부여된 제국의 정부를 비판하는 준거로서 고대의 텍스트의 권위를 재확인했다. 초기 근대 유럽에서는, 학자들이 고대 텍스트에 의해 승인되지 못한 새로운 지식의 정당성을 입증하기 위해 귀족, 왕자, 궁정, 왕들의 권위를 잡으려고 했다. 어떤 경우에도 학자들은 그들의 케이크를 만들어 먹을 수가 없었다. 중국의 사대부들은 유럽의 귀족들처럼 세속적이고, 학식이 있으며, 호기심에 차 있었다. 그리고 유럽의 새로운 발견들을 그들과 그들의 제국 왕궁에게 가져다준 예수회 덕분에, 그들은 새로운 과학의 추구에 몰두할 수 있는 충분한 기회를 얻었다.[46] 그러나 그들은 유교 고전에 충실하기를 선택했고, 그리하여 고전이 그들에게 부여한 정치적 영향력을 유지하기로 했다. 대조적으로, 유럽인들은 천문학, 물리학, 해부학, 자연사에서 전례 없는 신기원을 이룩했다. 그러나 그 대신에 정치학을 포기하고, 유례없는 폭력과 혼란의 한가운데에서 번영하는 상상적인 서신 공화국을 구축했다. 유럽의 리테라티는 비르투오시와 융합되었지만, 둘 다 특히 문학 연구에서 생겨나는 키케로적인 미덕 뒤에 남게 되었다. 그 이후로, 인문주의적 학문과 과학적 학문은 모두 '객관적인' 진리를 찾아서 인격을 도야하기보다는 새로운 지식을 생산하는 데에 목표를 두게 되었다.

5장

최초의
지식 시장의 탄생

전문학교

1700년~1900년

복음주의 프로테스탄트들과 세속적 인문주의자들은 최초의 대중 교육 국립 기관의 창설과
그와 더불어 새로운 학술 전문 시장의 형성을 위해 결집했다.

계몽운동은 서양 최초의 지식 시장과 함께 전문학교라고 부르는 지적 노동의 전문화를 초래했다. 자유 시장 경제 옹호자 애덤 스미스Adam Smith는 그 관계를 잘 설명했다. 『국부론The Wealth of Nations』(1776)에서, 애덤 스미스는 "다른 모든 산업에서뿐 아니라 철학에서도 분업은 숙련도를 향상시키고, 시간을 절약한다."라고 주장했다. 그는 지식을 하나의 상품으로, 지식의 생산을 산업 노동의 한 형태로, 지식의 발전을 부가적이고 누적적인 것으로 보았다. "각 개인이 각자의 고유 분야에서 점점 더 전문적이 되어 갈수록, 전체적으로 더 많은 일이 이루어지며, 그 결과 지식의 양이 늘어난다."[1] 스미스에 따르면, 전문학교는 사상에 있어서 틈새시장을 찾는 학자들의 인위적인 산물이다. 이 유쾌한 자본주의자의 시각은 18세기까지 서신 공화국이 되었던 각축장, 즉 근대적이고 세속적이며 경쟁적인 장에 적합한 것이었다.

스미스의 시대에 이르기까지 시장 상황에 밝은 일부 유럽의 지식인들은 서신 공화국의 지식을 수집하고, 체계화하고, 널리 퍼뜨리고자 노력해 왔다. 광

범위한 검열에도 불구하고, 출판업자들은 식자층을 모든 사회계급으로 확대하는 18세기 '독서 혁명'을 촉진했다. 그러므로 계몽 사상가들은 문서를 통해 일반 대중 독자에게 유용한 지식을 줄 수 있으리라고 믿었다. 의미심장하게도, 그들은 자국어로 글을 썼다. 즉, 라틴어의 학술어로서의 지위를 따라잡게 되었다. 영어로 글을 쓴 이프리엄 체임버스Ephraim Chambers와 프랑스어로 글을 쓴 피에르 베일Pierre Bayle은 학문의 다양한 분야에서 발견된 지식들을 보급하기 위해 백과사전, 사전, 신문을 편찬했다. 프랑스의 베스트셀러『백과전서Encyclopédie』의 저자들은 71,818개의 항목 아래 예술, 과학, 심지어 공예 기술에 이르는 모든 지식들을 모았다. 2,885개 인쇄 활판 사이에는 광산을 개발하는 방법과 시계를 조립하는 방법을 보여 주는 도표도 있었다. 표제어는 독자로 하여금 상식 사이를 넘나들며 정보를 결합하게 하는 정교한 전후 참조 체계와 함께 주제별이 아니라 A부터 Z까지 알파벳순으로 정렬되었다. 1500년에서 2000년 사이에 출간된 모든 책들 가운데 어떤 책도 이 책의 공동 편찬자 드니 디드로Denis Diderot의 말처럼 이보다 더 충실히 "지구상에 흩어진 모든 지식을 모으는" 것을 지향하지는 못했다.[2] 백과전서는 신문, 잡지, 정보지, 연감, 기행문 그리고 소설까지 포함하여 사람들을 위한 계몽을 상업화하기 위한 목적으로 쓰인 수많은 새로운 장르들 가운데 가장 두드러진 장르였다. 닥치는 대로 섭렵하는 게걸스러운 독서를 통하여 독학한, 가난한 인쇄소 식자공이었던 벤저민 프랭클린Benjamin Franklin을 생각해 보라. 그는 그러한 독서를 통하여 실용적 지식과 발명을 세상에 내놓는 유용한 직업을 가지게 된 것으로 유명하다.

그러나 인쇄 자본주의의 신봉자들은 결코 면대면 학습에 참여하는 계층을 대체하지 못했다. 오늘날 지식의 탐구자들은 단순히 백과사전상의 지식만을 갖추고 감히 세상으로 나서지 않는다. 대신에 그들은 수년 동안을 학교 교육에 바쳐야만 한다. 상위자들은 특별한 연구 분야, 즉 역사, 화학, 심리학 등에 일생을 바친다. 서유럽 자유방임주의의 선도자들을 의외로 비난하면서, 나폴레옹에게 패배한 시기의 낙후된 가난한 독일은 세계 최초로 성립된 보편적인 공공 의무 교육의 종합 체계 위에 전문학교를 올려놓았다. 이제는 보스턴에서 베이징까지 그 체계를 모방하는 독일의 연구 대학은 교수들을 세속의 제사장으로 만들었다. 강당은 최고의 학자들과 학생들을 놓고 경쟁하기 위해 배우는 교실의 단순성과 경제성을 이용했다. 연구실은 그로부터 특수한 학문 분야가 성장할 수 있었던 강력한 스승-제자 관계들을 양성했다. 대학 졸업생들이 직원으로 근무하는 학교들을 지원하는 독일의 국가들은 서양 세계가 종교 기관들로부터 각 세대의 문화를 재현하는 것에 대한 책임을 넘겨받도록 했다.

19세기 민족주의자들은 공공 교육을 이용하여 종교, 민족, 계급으로 분열돼 있던 사회로부터 통일된 문화를 만들어 낸 것에 대해 자축했다. 그러나 이것을 가능케 한 조건들은 먼저 매우 다른 분야, 즉 18세기 복음주의 프로테스탄티즘의 종교적인 반문화에서 발생했다. 독일의 프로테스탄트들은 성서를 백과전서를 되는 대로 훑어보듯이 하는 것이 아니라 매우 정밀하게 조사했고, 이는 조직적인 전문학교의 공통 프로그램의 초석이 되었다. 세속적 인문주의자들은 그때 자신들의 방법을 사용하여 성장해 가는 민족국가를 위해 고등 교육과 하부 교육 체계를 구축했다. 이런 방식으로 진정한 지식 대중 시장이 마침내 형성됐을 것이다. (스미스가 예견한 대로 시장은 곧 상상할 수 있는 모든 학문 분야의 전문가들로 꽉 차게 되었다.) 각 전문학교는 심지어 종교적 지도에 순응한 지 한참 지난 오늘날까지도 분파적 특색을 유지하고 있다. 자신들만의 문제와 방식들에 이끌려 고립된 집단인 그들은 새로운 연구의 성과를 자체 내에서 끝내며, 종종 더 넓은 세상의 지식에 맞춰 보는 것을 대수롭지 않게 생각한다.

방법으로서 전문학교: 세미나

전형적인 지식 추구자인 파우스트Faust는 중세 대학의 네 학부인 "철학, 법학, 의학, 그리고—가장 나쁜—신학"의 무용성과 현학을 안타까워하는 괴테의 시극詩劇 속에 처음 등장한다. 스테인드글라스로 어둑한, "저주 받은, 곰팡내 나는 돌 감옥" 속에 갇혀, "벌레가 갉아 먹는 이 거대한 책 더미에 속박된" 그는 마술 쪽으로 방향을 돌려 악마와 계약을 맺고, 한 경건한 소녀를 속이고 배반한다. 파우스트는 바다를 매립하여 땅을 일구는 개척자로서 삶을 마친다. 이것은 종종 전통적 학문과의 싸움에서 승리한 기술적 현대성의 알레고리로 보인다.[3]

유럽의 대학들은 실로 대부분의 계몽 사상가들이 지식의 갱생으로 보았던 최후의 장소들 가운데 하나이다. 옥스퍼드와 케임브리지 대학은 젊은 귀족들의 예의범절을 세련되게 하여 좀 더 진지한 연구를 하도록 보내는 것으로 잘 알려져 있었다. 파리의 소르본 대학은 프랑스의 왕립 학술 학회와 사적인 귀족 살롱에 의해 더욱 크게 빛을 발했다. 300여 개의 독립 국가와 소小국가로 이루어진 독일 신성로마제국에서 전문 직업학교는 전도유망한 전문직 종사자들을 유치하고자 경쟁했고, 반면에 승마 자격증을 딸 수 있는 사설 교양 학교들은 많은 귀족 자제들을 끌어들였다. 무질서와 부도덕이 전통적인 대학들에 만연해 있었다. 예나 대학(괴테가 그 관리 감독을 도왔다.)에는 난폭한 주정뱅이들이 모여들었고, 그 학생들은 "술잔들을 흔들고, 게걸스럽게 마셔대고, 토하고, 하녀들에게 입 맞추고, 소리 지르고, 마을로 뛰어 나가서는 결투를 하곤 했다." 스스로 맥주 학부라고 명명한 무리는 모의 토론회를 열어 승자를 "이스트와 포도주 박사Doctor cerevisiae et vini"로 임명했다. 인기 없는 교수들의 유리창은 성난 학생들에 의해 부서지기도 했을 것이다. 한번은 지루한 강의를 했다고 해서 선생이 폭행당한 적도 있었다.[4]

독일이 어떤 식으로 세계를 근대 학문의 시대로 이끌었는지에 관한 이야기는 그러므로 지식의 역사에 있어서 가장 놀라운 반전에 속한다. 이는 1694년 할레 대학과 1737년 괴팅겐 대학이라는, 새로 설립된 두 대학 재단에서 시작된다. 우리의 의도에 맞는 각각의 특징은 바로 새로운 교육 기관으로서, 대학 생활의 혼돈과 혼란 가운데에 떠 있는 규율의 섬인 세미나였다. 대학 교육의 엄격한 프로그램을 수행할 종교적인 선생들을 양성할 필요에 의해 할레 대학에서 생겨난 세미나는 괴팅겐 대학에서 이교도 고전들의 전문 연구자들을 훈련할 목적으로 발전했다. 할레 대학으로 다시 돌아갈 때까지 세미나는 학문의 다른 분야들의 모델이자 규율의 온상이었다.

할레 대학에서의 경건과 이윤

독일에서 가장 공격적으로 영토를 확장해 갔던 독립 국가 프로이센은 루터의 고향인 인근 작센에 위치한 경쟁 상대인 한 프로테스탄트 교육 기관으로부터 학생들을 빼앗아 오기 위해 할레에 주요 대학을 세웠다. 할레 세미나리움 Halle Seminarium(할레 대학의 교원 양성 학교-옮긴이)은 2년 후에 세워졌다. 세미나로서가 아니라 신학교로서 잘 알려진 이 학교는 130명에 달하는 가난한 신학생들에게 숙식을—그리고 신분 상승의 기회를—제공했다. 숙식을 제공받는 대신 이들은 그 지역의 어린이들에게 성서와 다른 기초적인 글들을 읽을 수 있도록 가르쳤다. 할레 대학 세미나는 그 학문적 성과가 뛰어나지는 않았다. 그럼에도 세미나는 할레 대학을 경건주의 사회 개혁가 아우구스트 헤르만 프랑케August Hermann Francke(1663~1727)에 의해 창안된 대규모 선교 집합체에 연결함으로써 고등 교육과 하부 교육 사이에 새롭고도 중요한 관계를 맺었다. 프랑케는 쇠락해 가는 석염 채굴 도시를 새로운 예루살렘으로, 그 중추부는 인상적인 바로크식 건물들이 우뚝 솟은, 40여 개가 넘는 건물들의 군락으로 변화시켰다.

전통적인 루터파 교회에서 발견된 예배의 메마른 교리와 단조로운 양식에서 한발 물러난 경건주의자들은 대신에 성서를 자세히 연구하고 직접적이고 감정적으로 성서를 경험하는 개인적인 집단으로 모였다. 그들은 청교도들과 초기 감리교도들 같은 여타 근본주의 프로테스탄트들과 엄격한 도덕규범, 가난한 자들을 구제하고자 하는 소망, 선교에의 열망 등을 공유했다. 규율에의 충동이 경건주의 교육 기획의 모든 면을 특징지었다. 할레 근교 마을인 글라우하의 목사가 된 프랑케는 주민 200명에 술집 37군데가 있다는 것을 알게 되었다. 그는 음주와 주일날의 댄스파티와 같은 악덕들을 금지하는 것부터 시작했다. 그러고 나서 그는 고아들이 네 가지 R, 즉 읽기reading, 쓰기writing, 셈arithmetic, 종교religion를 배우는 자선 학교를 세웠다.[5] 오늘날 너무나 친숙한 프랑케의 모든 교육 개혁 가운데에는 매일 출석하도록 강제하기 위한 학급 출석부와 수업일 이외에는 자유롭게 일할 수 있도록 하는 방학이 있었다. 다른 경건주의자들은 질문을 하려면 손을 들도록 하는 것과 교실 책상들을 줄지어 놓는 것을 고안해 냈다. 그들의 학습법은 너무나 유명해져서 중앙 유럽의 다른 지역의 부유하고 지위 높은 시민들과 심지어 귀족들도 곧 소년들뿐만 아니라 소녀들을 위한 자신들의 사립학교들을 개혁하기에 이르렀다. 엘리트를 위한 라틴어 학교와 가난한 계층과 고아들을 위한 문법학교들이 곧 할레와 그 너머 지역에까지 생겨났다. 할레 교원 양성 학교는 신학생들에게 훌륭한 기독교인으로서의 도덕규범을 갖추게 하여 직원으로 두었다.

"보라, 경건과 순수 기독교의 씨여, 진정한 실재와 영광 속에 하느님의 왕국이 독일 속에서 되살아나 커져 가는 것을."[6] 당시 급속도로 확장해 가던 프랑케 재단 소속 대학을 부러워했던 전형적인 청교도 코튼 매더Cotton Mather는 이렇게

쓴 바 있다. 1720년대까지, 할레 단지는 수천 명의 학생들을 위한 학교들 외에
도, 도서관, 분더카머, 병원, 빈민을 위한 무료 급식 홀, 빈민가 여성들(과부 혹
은 매춘부)을 위한 여자 기숙사들이 있었다. 할레의 선교사들은 곧 혹한의 시베
리아에서부터 열대 인도의 말라바에 이르기까지 파견될 수 있었다. 이 모든 성
장의 원동력은 이윤이었다. 신자들의 아낌없는 기부와 프로이센 정부의 세금
감면 조치를 이용하여 프랑케는 박애 사업을 위한 기금을 더 모으기 위해 제약
공장과 인쇄소를 세웠다. 그의 대리인들은 설탕, 차, 커피를 사서 베네치아에
서, 그리고 암스테르담 동인도회사 경매에서 재판매했고, 철물과 유리 제품을
엘베 강에서 선적하여 함부르크 북해 항으로 향했으며, 포메라니아산 가축과
러시아산 곡물 도매 무역을 행했으며, 고아들의 노동력을 이용하여 리넨, 스타
킹, 그리고 특히 '달콤한 에센스essentia dulcis', 즉 다양한 신경질환 치료제로 팔
리는 금빛 팅크제 같은 약들을 제조했다. 프로테스탄티즘의 노동 윤리가 경건
한 신앙심을 자본주의적 근면성—애덤 스미스가 간과한 요소—에 연결시킨
장소가 있다면, 프랑케 재단이 바로 그러한 곳이다.[7]

무엇보다도, 할레의 성서 인쇄 작업이 이러한 연결을 증명했다. 1700년대
내내, 할레의 서점에서는 거의 300만 부의 성서가 다양한 판형과 번역으로 팔
렸고, 특히 슬라브어로의 번역이 두드러졌다. 대량 판매된 값싼 판본들이 곧
이윤으로 바뀌었다. 답답한 정통 루터파 신앙을 매우 싫어했음에도 불구하고,
할레 경건주의자들은 말씀을 전파하기 위해 루터파 성서에 의존했다. 목회자
로서 그리고 기업가로서뿐만 아니라 할레 대학 신학 교수로서 프랑케가 이 점
에 주눅이 들었으리라 기대했을지 모른다. 기독교 성서가 완벽한 정전이었던
적은 결코 없었던 대신 영원한 신학적 논쟁의 대상이었음을 상기해 보라. 에라
스무스가 다소 성급하게 기초한 그리스어 신약 성서의 라틴어 번역본이 그러
했듯이 그것을 번역 판본으로 했던 루터의 독일어 번역본 또한 결함이 있었다.

1600년대 후반, 한 영국인 학자가 원전 그리스어 필사본으로 되돌아가서 신약 성서의 다양한 번역본들 가운데 30,000개가 넘는 오류들을 목록화했다. 가톨릭교인 프랑스에서는, 신학자들이 이 사실은 간단히 그들 주장의 정당성, 즉 잘못 베껴 쓰기 쉬운 성서의 사본들이 아니라, 단 하나의 참된 교회가 충실한 신도들에게 유일하게 확실한 안내를 제공한다는 사실을 입증하는 것이라고 주장했다.[8] 그러나—적어도 처음에는—표현의 정확함과 정밀함보다는 성서의 감정적 영향력을 더 중시했던 할레 경건주의자들은 이런 사실들에 개의치 않았다.

더욱 크게 염려한 것은 사실 대학에서 명백히 무신론자인 철학자들이 가르치고 있다는 위협이었다. 경건주의자들의 가장 유명한 표적은 G. W. 라이프니츠Leibniz와 밀접한 관계가 있었던 크리스티안 볼프Christian Wolff교수였다. 라이프니츠는 계산기를 공동 발명했으며, 중국인들에 대한 예수회의 보고에서 그가 고안해 낸 2진법 계산의 선구인 『역경易經』을 발견해 낸 박학자이다. 1721년 7월 12일, 볼프는 「중국의 실용 철학에 대하여」라는 강연을 한 바 있는데, 그는 그 강연에서 유학 경전의 윤리적 정수와 합리적 교훈을 크게 칭찬했다. 프랑케는 예수회 선교사들에 반대하여 중국으로 진출할 수 있는 기회로 인해 관심을 갖게 되었으나, 프랑케와 다른 신학 교수들은 중국의 이교도들이 그리스도의 은총 없이 도덕적 완벽성에 도달했을지 모른다는 볼프의 생각에 격렬하게 이의를 제기했다.[9] 2년 이상의 음모 끝에 볼프의 적들은 볼프를 프로이센 영토 밖으로—그것도 48시간 내에—추방하라는 칙령을 얻어냈다.

볼프는 다른 대학에 자리를 잡았고, 심지어 1740년 프로이센의 새로운 계몽 전제군주인 프리드리히 대제가 그를 옹호해 줌으로써 할레 대학으로 돌아오기까지 했다. 그러나 1723년 볼프가 추방된 사건은 할레의 경건주의자들이 서신 공화국에 대한 국제적인 종교적 반문화 운동에 먼저 개입되어 있었음을 드러냈다. 그들의 대학은 독일의 가장 유명한 계몽 철학자와의 관계를 불미스럽게 단절했다. 성서의 권위와 계몽운동의 세속적 합리주의를 조화시키려는 지적 도전은 해결되지 않은 채 남았다. 이 과제는 할레와 다른 어떤 곳의 개인 학자들에게 떨어졌다. 그들 모두 경건한 신앙인이었지만 일부는 쇠락한 경건주의자들이었다. 오직 괴팅겐에서 이 문제를 해결하기 위해 개발한 정독精讀이라는 정성을 들이는 방법이 결실을 맺을 것이다.

괴팅겐: 살아 있는 백과사전

요한 다비드 미하엘리스Johann David Michaelis(1717~1791)는 할레와 괴팅겐 사이의 연결과 두 대학 사이를 연결하는 새로운 학문적 방법들의 혼합을 구현했다. 1745년부터 죽을 때까지 괴팅겐에서 가르친 미하엘리스는 단 1년간(1762~1763) 두 유명한 고전학자들 사이의 중간 인물로서 세미나를 지도했다. 그러나 그의 연구 방향은 경건주의와 서신 공화국 사이를 화해시키는 쪽으로 향했다. 새로운 세미나 안에서 그 둘이 강력하게 제도적으로 융합하자 교사들은 세속적 지식이 더욱 폭넓게 진보하는 데에 힘쓰도록 설득되었다.

미하엘리스는 유명한 할레의 경건주의 집안 출신이었다. 아버지는 세미나리움 프라에솁토룸을 졸업했고, 삼촌은 프랑케가 창설한 또 다른 학교인 동방 신학교의 교장이었는데, 이 학교의 강점은 동양 언어들을 가르치는 데에 있었다. 폴란드, 페르시아, 중국 같은 동방에서 전도될 민족들과 칼데아, 시리아, 에티오피아 같은 고대 근동 민족들의 현대어들 모두가 학문적 관심의 대상으로 보고서 목록에 올라 있었다. 이 학교는 이렇게 해서 세속적이고 실용적이며 이익을 추구하는 프랑케 재단의 그늘 속에서 진정한 학문을 발전시키는 데에 몰입하게 되었다. 한편, 미하엘리스는 고대 히브리어의 모음 부호들이라는 뛰어나게 현학적인 주제로 할레 대학 논문을 썼다. (아라비아어처럼 히브리어가 원래는 독립된 모음들 없이 쓰여 성서를 해석하는 데 있어 수많은 문제들을 일으킨 사실을 상기해 보라.)

미하엘리스는 또한 새로운 경건주의 신학을 받아들였다. 이는 한결같은 비판적 시각으로 성서를 다시 읽기 위해 뒤늦게 시작한 것이다. 경건주의자들은 계몽운동의 미디어 혁명으로 시작된 광범위한 독서 추세에 역행했다. 지역 변호사들이 백과사전에 기대고, 하녀들이 값싼 소설들을 탐독하는—많이 읽지만 피상적으로 읽는—동안, 독실한 학자들은 훨씬 더 '집중적으로' 성서 본문에 전념했다. 신약 성서는 자연히 정밀 연구의 첫 번째 대상이 되었다. 필사본에 나타난 30,000개의 오류들에 곤혹스러워했던 학자들은 원전 그리스어 텍스트를 복원하는 정밀한 작업을 시작했다. 이는 알렉산드리아인들이 호메로스를 부활시키기 위해 했던 작업을 모방하는 것일 뿐만 아니라 이를 뛰어넘는 일이기도 했다. 할레에서 멀리 떨어져 경건주의의 도시 뷔르템베르크에서 일하던 J. A. 벵겔Bengel은 지금도 여전히 학자들에게 요구되는 하나의 기술을 개발해 냈다. 그것은 어족별語族別로 필사본을 배열하고, 어떤 판본이 어떤 판본으로부터 무엇을 (잘못) 필사했는지 알아내기 위해 공통된 오류들로 그룹을 나누는 것이다. 그리고 나서, 두 독본들 가운데 어느 쪽이 더 오래되고 더 신빙성이 있는지 확증하기 위해, 벵겔은 더 어려운 독본이 아마도 맞는 쪽일 것이라는 반직관적 원칙을 세웠다. 왜냐하면 고대와 중세 필경사들은 텍스트를 더 복잡하게 만들게 될 변화를 일으키기보다는 문체를 단순화하고 텍스트의 흐름을 원활하게 하기 위해 고의로 실수를 저지르는 경향이 더 많았기 때문이다.[10]

미하엘리스는 이러한 방법들에 몰두해 있었으나 텍스트를 탈출하고자 열망했다. (자신의 연구와 관계있는 역사, 고고학, 그리고 자연 탐구 조사로부터 지식을 가져오기 위해서였다.) 20대 중반에 그가 한 유럽의 국제적인 프로테스탄트 중심지들인 영국과 네덜란드로의 여행은 그의 시야를 넓혀 주었다. 그리하여 귀국 후 몇 년이 지나자 그는 할레를 떠나 괴팅겐에 자리를 얻기를 열망했다. 고향의 완고함과 엄격함을 겪은 이후 지적인 신선한 공기를 들이마시기를 원했던 것이다. 북중부 독일, 교역의 교차로에 자리 잡은 괴팅겐은 넓은 공간을 차지한 쾌적한 곳이었고, 그렇지 않았다면 그다지 호감이 가지 않았을 것이다. (학문적 개방성과 자유의 전초 기지가 될 곳으로 이곳이 선택된 주된 이유이기도 하다.)[11]

괴팅겐 대학은 프로이센의 할레 대학과 경쟁하여 유럽 전역의 귀족들을—그리하여 그들의 돈을—끌어 모으기 위해 하노버 국립대학으로 세워졌다. 이 당시까지 대영제국의 왕들로 더 잘 알려져 있던 하노버 왕가의 지배자들은 교양 있는 젊은 귀족들을 끌어당기기 위해 자유롭고 국제적인 분위기의 대학을 설립했다. 승마와 펜싱이 이러한 마케팅 전략의 일부였으나 더 중요하게는 다른 독일의 국가들이 경쟁할 수 없는, 영국식의 출판과 표현의 자유가 또한 그러한 전략이었다. 영국의 사업 감각 또한 그들의 계산속에 현저하게 두드러졌다. 군주들은 어디에서나 대학을 재정 수익과 국제적 신망을 위한 투자로 여겼다. 그러나 괴팅겐 대학은 진실로 어느 현대인의 표현처럼 "학문을 위한 대규모의 상사商社"로서 기능했다. 괴팅겐은 다른 대학들로부터 최고의 학자들을 데려오기 위해 높은 보수를 지급했고, 학자들은 종종 원래의 통치자들에 대한 충성 서약을 깨고 밤중에 사라지곤 했다. (슈마우스Schumauss라는 한 교수는 할레의 공무원들을 속여서 그가 마을을 가로질러 가는 것으로 생각하게 한 다음, 그의 모든 재산을 가지고 국경을 넘어 괴팅겐으로 달아났다.)[12] '대학 상업주의' 정책으로 인해 교수들은 자신들만의 교과서를 집필해야 했고, 그리하여 국가가 국경 너머 출판업자들에게 지나치게 큰 현금 자산을 잃지 않도록 했다. 괴팅겐 대학의 강의 목록이 널리 유포된 《괴팅겐 학술 신문》에 실렸다. 그 목록에 오른 지적 상품들은 전통적인 학부가 아니라, '응용 수학', '민사소송 이론', '해부학' 같이 모두 신문 독자들을 유혹할 의도를 지닌, 현대적으로 들리는 과목 이름들로 분류되었다. 신약 성서의 '심리학적-도덕적' 독서가 당당하게 '반이신론 신학'과 번갈아 가며 나타났다. 터키의 통계학과 광물학이 교회법과 문장학紋章學과 나란히 나타났다.[13] 입문 강의들은 '백과사전'으로 불렸는데, 원하는 대로 왔다 갔다 하는 학생들의 편의와 지적 함양을 위해 다양한 분야들이 일괄적으로 꾸려진 종합 강의였기 때문이다.[14] 괴팅겐은 문자적으로 말하자면 살아 있는 백과사전이었다.

서신 공화국의 소우주 그 자체인, 유럽에서 가장 역동적인 대학에 안착한 미하엘리스는 성서학 또한 마찬가지로 백과사전적으로 만들었다. 이제는 '하부' 비평이라고 부르는, 고대 텍스트들의 면밀한 조사와 재구성이 미하엘리스의 손으로 넘어가자, 그러한 글들이 생산된 '맥락'에 대한 조직적 탐구인 '고등' 비평으로 바뀌었다.[15] 특히 신약 성서보다 더 길고, 풍부하고, 복잡하고 오래된 구약 성서가 인정받게 되었다. 구약 성서는 전全 문화에 창을 열었고, 미하엘리스의 세속적 정신에게는 서로 모순적인 사대 복음서의 설명들보다 더 유혹적이었다. 구약 성서에 접근하면서, 미하엘리스는 경건주의자로서의 자신의 배경을 되살렸다. 할레의 교수들은 이미 성서를 하느님의 영원한 말씀의 정확한 필사가 아니라 인간 문화의 소산으로 보는 급진적인 새로운 시각을 개진하기 시작했다. 그들의 주장에 따르면, 하느님은 계시를 위해 처음 선택한 사람들의 역사적으로 제한적인 지적 능력과 표현력에 맞게 말씀을 "조정해 주셨다." 그렇다면 현대 학자들은 고대 히브리인들과 현대 유럽인들을 분리하는 모든 차이점들에 주의함으로써 기록된 성서 속에 나타난 특징적인 언어적·문화적 표현들로부터 말씀의 메시지의 핵심—시공간을 초월하는 구원의 열쇠들—을 아주 정확하게 추출해 낼 수 있을 것이다.[16]

이렇게 하는 가장 좋은 방법은 성지로 탐험대를 보내어 최초의 원전 성서 속에 묘사된 세상의 기이함과 생소함에 직면하게 하는 것이라고 미하엘리스는 결론지었다. 덴마크의 왕으로부터 탐험대 모집 지원을 받은 미하엘리스는 고대 근동의 자연과 문화가 가장 잘 보존되어 있다고 믿었던 남부 아라비아(현대의 예멘)로 다국적 탐험대를 보냈다. 탐험대에는 덴마크인 문헌학자, 스웨덴인 식물학자, 독일인 측량 기술자, 덴마크인 의사, 독일인 삽화가가 포함되었다. 그들은 아무리 사소한 세부사항이라도 주의를 놓치지 않았다. 그래서 마태복음 3장 4절에 메뚜기와 야생 꿀을 먹었다고 하는 세례자 요한의 당혹스러운 식사의 진위를 판단하기 위해, 오늘날의 아랍인들이 실제로는 메뚜기를 굽고 말리거나 끓이고 소금을 친다는 것을 확증했으며, 기독교인들이 조개를 좋아하기 때문에 아랍인들이 밀려난 것 같다는 사실 또한 덧붙였다. 식물학(아라비아의 식물군), 인류학(원주민의 요리 도구와 농기구), 언어학(예멘 방언), 그리고 심지어 파충류학(사막의 뱀)에서 다루는 문제들에 대한 정보가 수집되었다.[17] 그 학문적 성공에도 불구하고, 그 임무는 개인적 비극으로 끝났다. 떠났던 다섯 학자들 중에 오직 측량 기술자인 카르스텐 니부어Carsten Nibuhr만이 살아서 돌아온 것이다. 그러나 탐험은 완전히 서신 공화국의 정신과 일치했고, 캡틴 쿡 같은 사람들을 남태평양으로 보낸, 더 유명한 박물학적 대양 항해와 관련하여 눈부신 길잡이가 되었다.

문헌학Philology: 최초의 전문학교

결국 우리는 전문학교의 역사에 대한, 괴팅겐 대학의 가장 중요한 공헌인 괴팅겐 문헌학 세미나리움 필롤로지쿰Seminarium philologicum(문헌학 학교)에 이르렀다. 그 주제는 신약이나 구약에서가 아니라 로마와 특히 그리스 고전에서 가져왔다. 그리스 고전은 서신 공화국의 귀족들에게 여전히 전통적인 교과 과정을 제공했다.

1738년에 설립된 괴팅겐의 세미나는 할레의 기존 세미나를 모델로 하여 만들어졌다. 성서에서 고전으로 내용이 바뀌었음에도 불구하고, 괴팅겐 대학의 세미나는 교원 양성이라는 목표를 할레와 공유했다. 교화—인격과 양심의 주조, 정신의 삶에 부여하는 본질적으로 경건주의적인 선물—는 여전히 중심적인 교육 목표였다. 괴팅겐의 세미나 교육은 내적 인간을 새롭게 만들어 내는 것인데, 관습적인 엄격한 반복 훈련을 통해 모두 비슷한 유형의 귀족으로 찍어 내기 위함이 아니라 키케로나 페리클레스의 외적인 말과 태도를 본받기 위함이었다. 대신에 괴팅겐 고전주의자들은 학생들에게 고대 이교도처럼 생각하는 것이 무엇을 의미하는가에 대한 깊이 내면화된 감각을 주입했다.

세속적 방향에 따라서, 세미나리움 필롤로지쿰은 신학 학부가 아닌 교양 학부에 속했다. 라틴어화한 그리스어 단어인 'philology'가 할레의 세미나에서 '교사들'을 양성하는 기능을 대신했다. 'philology'는 말에 대한 사랑을 뜻하며, 이는 괴팅겐에서 고귀한 텍스트들에 대한 공동의 관심으로써 훈련된 사랑—경건주의 성경 공부의 세속적 버전—이 되었다. 이전에 고전어를 공부했던 학생들은 그들의 담론을 뿌리기 위해 "다른 지적 세력들이 편안히 잠을 자는" 동안 단순히 "단어와 문장, 규칙과 예외, 점잖은 어법과 파격적 어법의 혼돈"을 암기했다. 그러한 지식은 강의 중에 나누어질 수 있었다. 그러나 이제 그리스어와 라틴어 수업은 원어 습득을 활성화하는 데에 목표를 두었다.[18] 이것은 참여자들이 함께 모여 한 어려운 고전 작가를 독파해 내는 세미나 환경에서만 일어날 수 있었다. 다양한 형식 변화들이 이러한 수업에 활기를 띠게 하고 그들의 학문적 취지를 고양시켰다. 교수가 종종 문자 그대로 학생들보다 더 높은 연단 위에 서 있곤 했던, 중세 토론에 있어서 위계位階는 토론자들이 테이블 주위에 동등하게 둘러앉은 '원탁 토론'에 길을 내주었다. 학생들은 '일일 감독'의 역할을 교대로 맡아 교수를 흉내 냄으로써 교실 경험을 체득했다. 일일 감독을 맡은 학생들에게는 기존 연구자들의 진부한 논점들을 그대로 모방하기보다는 참신한 연구를 기반으로 하는 독창적인 발표가 요구되었다. 종종 학생들은 교수가 배분해 준 주제 대신 자신들만의 고유한 주제를 선택하기도 했다. 동료로부터 받는 압력과 교수의 인정을 받기 위한 경쟁은 학생들로 하여금 가장 어려운 연구 문제들을 맡아 부지런히 해결해 나가도록 이끌어 갔다. 이 때문에 학생들은 미리 에세이를 준비하지 않을 수 없었다. 성문成文 학문이 세미나의 대면對面 환경에 있어서 전문 학문을 위한 새로운 황금 기준이 되었다.[19]

이러한 엄격함에 특별히 흥미를 가진 중간 계층 학생들은 교사가 되어 아마도 좀 더 신분이 상승하기를 원했다. 문헌학 세미나는 이렇게 상승 욕구를 지닌, 주로 책을 읽을 줄 아는 목사 아들들로 이루어진 고객들의 요구를 채워 주었다. 귀족들로 둘러싸인 대학에서 문헌학 세미나는 야망을 품은 평민들에게 그들보다 사회적으로 우월한 계층의 예절과 태도를 능가할 수 있는 기회를 제공했다. 귀족들과 함께 있을 때 어색해 보이도록 만드는 세미나 구성원들의 현학성은 이제 자신들의 고전적 방식들을 숙달하는 데에 사용됨으로써 펼쳐질 수 있었다. 그들은 그 과정에서 자신들의 직업적 장래성을 절충할 필요도 없었다. 문헌학 세미나는 가르치는 직업에 필요한 실용적 기술과 고전 학문을 '동일시함'으로써 그들의 물질적 요구와 심리적 요구를 한 번에 만족시켰다. 재능을 통한 신분 상승에의 믿음은 고대 그리스의 학문적 업적을 신인문주의적으로 (다시)읽는 데에 뿌리를 둔, 문헌학 세미나의 이데올로기가 되었다. 그리하여 괴팅겐 세미나는 할레 대학의 경우가 그랬던 것처럼, 필요가 아닌 재능을 기준으로 장학금을 할당했다. 게으르고 학습 동기가 없는 학생들을 쫓아내도록 법적 절차가 마련되었다. 학업 집중도와 행동 발달 상황이라는 두 가지 의미에서의 규율이 괴팅겐 문헌학 세미나에서 처음으로 함께했다.

최초의 전문학교로서 고전 문헌학의 탄생의 연대를 정확히 매긴다면, 프리드리히 아우구스트 볼프Friedrich August Wolf(1759~1824)가 괴팅겐에서 교양 학부도 신학 학부도 아닌 '문헌학과의 학생'으로서 계속 등록했던 1776년까지 거슬러 올라갈 수 있다. (스미스가 『국부론』을 출판한 해와 우연히 같다.) 괴팅겐의 세미나 지도교수이자 저명한 고전주의자인 크리스티안 고트로프 하이네Christian Gottlob Heyne는 이를 오만한 행위로 생각했고, 따라서 볼프는 정식 일원으로 합류하지 못했다. 그는 미하엘리스와 사이가 매우 좋았고, 히브리 문화에 접근하기 위해 구약 성서를 이용하는 미하엘리스의 방법론을 고전 고대 연구에 적용했다. 그러나 미하엘리스와 달리 볼프는 텍스트를 맥락으로 보완하지 않고 문헌들 자체의 아주 상세한 세부사항들에 전적으로 몰두하기로 했다.[20] 이것은 당시에 괴팅겐 세미나에서 가르치던 접근 방법과 훌륭히 조화를 이루었다. 작은 규모의 재정적 지원만을 필요로 했고, 왕실의 후원도 세계 유적 답사의 경향도 필요 없었다. 볼프의 방법은 어디에서나 실행될 수 있었다. 그러므로 프로이센이 그를 할레 대학으로 초빙한 1783년, 그는 세미나의 탄생지에 세미나 교육을 재도입한 것으로 이름을 높였다. 1787년부터 1806년까지 활발했던 볼프의 세미나는 모든 세대의 고전주의자들을 훈련했다. 경건주의의 성채로 볼프가 이주한 사건은 당시 독일 전역의 문학, 문화, 건축을 일소하는, 그리스 신인문주의 부활의 승리를 나타냈다.

할레 대학에서 볼프는 학문의 대상을, 이전 어느 때보다 훨씬 더 과거로, 즉 키케로의 라틴 문학 이전으로, 심지어 소크라테스의 그리스 철학 이전으로, 그리스 문화를 최초의 정신 속에서 가장 진실하고 가장 원래대로의 형태로 표현하여 이제는 정전正典으로 인정받은 시인 호메로스에 이르기까지의 과거로 되돌려 놓았다. 볼프는 1795년 출판한 『호메로스 서설Prolegomena to Homer』에서 호메로스라고 하는 장님 시인의 서사시 원본을 우리는 절대 소유하지 못할 것이라고 주장함으로써 학계를 아연실색케 했다. 대신에 『일리아스』와 『오디세이아』라고 알고 있는 텍스트들은 수 세기에 걸쳐 사본이 덧붙여진 결과의 산물이라는 것이다. 우리는 기껏해야 알렉산드리아의 문헌학자들에 의해 구성된 판본을 복구할 수 있을 뿐이다. 그러나 켜켜이 쌓인 필사본의 개악의 층들을 위에서부터 차례로 벗겨냄으로써, 학자들은 또한 더 나은 작업, 즉 서사시들의 유래가 된 고대 그리스의 역사적 문화를 재구축하는 작업을 행할 수 있다고 볼프는 주장했다.

목적 면에서, 이 기획은 명백히 미하엘리스에게 빚진 것이지만, 방법 면에서 볼프는 현재의 민족지적, 박물학적 연구를 과거의 낯섦이라는 문제와 대체했다. 역사에의 몰입이 이번에 역시 또 다른 반직관적 통찰에 기대게 되었다. 텍스트에 나타난 실수, 모순, 시대착오에 초점을 맞추는 것은 '원래의' 필사본보다 더 귀중한 것을 산출해 내리라는 것이다. 그러한 방법론이 새로운—옛 고전을 복구하는 것보다 훨씬 더 좋은—통찰들을 가져왔다. 예를 들어, 1793년, 볼프는 『일리아스』 제3권 257행에서 'κατεάξαμεν'이라는 단어가 우리에게 전승된 문헌에서는 'κατεαξάμην'으로 잘못 베껴져 왔을지 모른다는 내용의 편지를 미래의 교육 개혁가 빌헬름 폰 훔볼트와 주고받았다.[21] 단순한 강세와 모음의 두 변화가 단수에서 복수로 의미 변화를 일으켰고, 그리하여 메리오네스라는 이름의 지엽적인 등장인물이 혼자가 아니라 개인 수행원과 함께 싸운 것을 의미하게 되었다. 호메로스의 등장인물이 얼마나 개인주의적이었어야 하는지 분명히 설명하기 위해 다른 곳에 나타나는 유사한 격어미들과의 훨씬 더 상세한 비교가 필요했다. 그러한 언어학적 탐구의 현학적 작업에 왜 관심을 가졌는가? 왜냐하면 그것은 모든 인류의 가치 기준으로 숭배되는 잃어버린 세계의 상세한 점들을 밝혀 주기 때문이다. 그리고 만약 그러한 작업을 『일리아스』의 모든 단어에 대해 행한다면, 그 세계를 모자이크 식으로 재구축하는 일이 되기 때문이다.

이렇게 텍스트들을 분쇄함으로써, 볼프는 그 어떤 대양 항해보다도 훨씬 더 깊은, 정신 속 여행을 한 셈이 되었다. 이러한 방식이 볼프와 그의 제자들이 성문 텍스트 아래 감춰져 있는 구어口語에 직관적으로 접근할 수 있게 해준 것이다. 무엇보다도 호메로스와 그의 동시대인들은 글을 모르는 음유시인들이었다. 그러나 바로 그들의 언어가 후기 그리스의 정신의 원천이었다. 훔볼트가 말한 바대로, "호메로스의 시처럼 완성된 언어는 이제는 우리에게 아무런 기록도 남아 있지 않은 오랜 세월 내내 노래의 파도 위를 이리저리 움직이며 이미 기나긴 여행을 했음에 틀림없다." 그리스인의 정신은, 바꾸어 말하면 호메로스보다 먼저 존재한 것이다. "언어는 정신이 무의식중에 발현되는 것으로, 민족들의 작업이 아니라, 민족들의 내적 운명에 의해 그들에게 주어진 선물이다." [22] 이 점에서 조직적, 심지어 기계적 언어 훈련이 그 언어에 내재하는 정신을 학생들에게 전달한다고 결론짓게 되었다. 충분한 근면과 훈련, 연습으로써, 어떠한 세미나 신참자라도 비판적 사유를 할 수 있게 바뀔 수 있었다. 단순히 고대인들의 정신을 모방하는 것 대신에, 학자들은 이제 그 정신의 원천, 후에 서양 문명이라고 부르게 되는 것의 궁극의 원천에 접근할 수 있었다.

정신 훈련 프로그램을 만들어 냄으로써 문헌학자들은 마침내 백과전서파들이 퍼뜨린, 광범위하지만 결국 피상적인 독학 방식을 개선했다고 주장할 수 있었다. 단지 점점 수가 줄어가는 소수의 인쇄물 소비자들만—아마도 벤저민 프랭클린만—이 서신 공화국에 공헌하기 위해 자가 훈련을 했다. 경건주의 교육은 일상적인 교실 환경 내에서 정독精讀하는 교육법을 만들어 냈지만 지엽적이고 분파적인 사고방식을 받아들이는 결과를 가져왔다. 고전 문헌학 세미나는 두 세계의 장점들을 조합했다. 볼프의 학생들은 고대 그리스에 대한 힘든 연구를 통해 정확히 근대적이고, 세속적이고, 연구 지향적인 서신 공화국의 사명을 받아들였다. 볼프의 비판적 방식을 통해 학생들은 철학을 창안한 사람들의 문화에 합류할 수 있었다. 키케로가 어떻게 말했는지를 넘어서서, 예수가 무엇을 말했는지를 넘어서서, 호메로스가 무엇을 노래했는지를 넘어서서, 문헌학은 문화들이 어떻게 집단적이고 창조적으로 생각하는지를 밝혔다. 언어 연구를 통해 비판적 사유 기술을 습득한 문헌학 신봉자들은 이제 다른 문제들을 다룰 수 있었다. (사실, 신인문주의자들의 정신으로는 어떠한 문제들이라도 다룰 수 있었다.) 인문학은 결국 인간 지식의 궁극적 원천으로서의 성서를 대체해 버렸다.

전문화: 현자 vs. 교수

문헌학 세미나는 할레 대학과 괴팅겐 대학이 서로를 능가하게 하려는 국가들의 경쟁 때문에 생겨났다. 19세기 말엽까지 독일은 전공 학문들 전체에서 논의의 여지없이 세계적 선두주자였다. 그러나 현실 정치가 매우 불쾌하게 침입해 들어왔다. 1789년 7월 14일, 볼프가 세미나를 설립한 2년 후, 파리의 폭도가 바스티유를 습격함으로써 프랑스 대혁명이 시작됐다. 1792년, 프랑스는 총대를 메고 비열한 독재에서 독일인들과 이탈리아인들을 해방하기 위해 동쪽과 남동쪽으로 행진하면서 자유를 수출하는 최초의 국가가 되었다. 이탈리아 전쟁의 영웅, 나폴레옹 보나파르트는 12년 후 스스로 프랑스의 황제가 되었다. 1806년 나폴레옹은 예나 전투에서 독일을 패퇴시켰다. 프리드리히 대제의 역전의 정예부대였던 프로이센 군 조직은 다른 독일 국가들의 사기士氣와 마찬가지로 흩어졌다. 호전적인 학생들이 폭동을 일으킬까 두려워진 나폴레옹은 같은 해에 할레 대학을 폐교시켰다. 볼프는 베를린으로 망명했고, 거기에서 높은 명성을 누렸지만 그 충격에서 결코 회복되지 못했다.

그렇다면 왜 세미나인가? 종교적 뿌리를 버린 후, 볼프의 제자들은 이제 서신 공화국 내에서 어둡고도 외로운 위치를 차지하게 되었다. 그리스 문헌학자들이 근대의 승리자들과 그들이 높이 평가한 '실용 지식'에 의해 폐기된 것은 당연한 일인지 모른다. 세상의 반만큼 멀리 떨어진 영국령 인도의 현자들이 이와 똑같은 위협에 직면해 있었다. 또 다른 고대 언어인 산스크리트어의 애호가인 현자들은 서양 제국주의자들과의 파괴적 충돌을 겪었다. 그럼에도 불구하고 그들은 인도의 국가적 부흥의 지도자들로서 지위, 부, 영향력에 있어서의 특화된 전문 기술을 이용했다. 이러한 일이 어떻게 일어났는가를 이해하는 것은 유럽에서 일어난 기적적인 사건, 즉 나폴레옹의 정복이 독일을 세계적인 부러움의 대상으로 만든 학술 연구 전공 학문들의 확산을 어떻게 촉발시켰는가를 설명하는 데 도움을 준다.

샤스트라 Sastra

인도의 고전기 이래로, 현자들은 산스크리트 지식의 수호자로서 행동해 왔다. 그들은 법적 분쟁에 대한 판결을 내리고, 정치 지도자들에게 지혜로운 조언을 해주며, 가계家系의 역사들을 구성하고, 예식의 올바른 절차들에 대하여 부유한 보호자들에게 충고를 하고, 힌두 카스트제와 관련된 다양한 규칙과 제약에 대하여 학술적 결과물들을 내놓았다. 많은 현자들이 자신들의 학교, 특히 신학교들을 운영하며 그곳에서 구루로서 존경받았다. 브라만(가장 높은 카스트)으로서 그들은 학생들에게서든 왕들에게서든 봉공奉公에 대한 대가를 받기 싫어했다. 대신에 단지 돈이나 토지의 '자발적인' 기부만을 받아들임으로써 현자들은 정치적, 법적, 정신적 조언자로서 경력을 쌓기 위해 자신들의 지식을 이용했다. 그러나 1700년대 후반에 이르기까지 많은 현자들이 양심을 잃어 갔고, 이제는 펀디트pundit라고 불리면서 전문적 의견에 대한 대가를 기꺼이 받았다.[23] 그들의 변화의 동인은 나폴레옹과 전투를 치르면서 동시에 남아시아에 제국을 세웠던 영국인이었다.

전통적으로, 현자들은 하나 혹은 그 이상 여러 샤스트라에서 전문 지식을 얻었다. 샤스트라는 세계에서 가장 오래된, 특화된 전문 학문들의 체계로 이루어져 있다. 이 산스크리트어 전문 서적들은 인간 활동 혹은 인식의 생각할 수 있는 모든 영역을 포함했다. 문법, 논리학, 천문학, 수학, 문학 같은 친숙한 학문 영역들과 비슷한 부문들이 있었고, 의무(다르마dharma, 거의 법과 같음), 부(아르타artha, 정치 경제학에 가까움), 쾌락(카마kama)의 학문들 같은 고유의 철학적 개념에 기반을 둔 샤스트라들이 있었다. 그러나 또한 유럽 전통에서 찾아볼 수 없는 많은 주제들에 대하여 정전으로 인정받은 작업들도 있었다. 코끼리 사육법, 요가 수행법, 요리, 혹은 가장 유명한 주제로 성애에 관한 샤스트라들이 그것인데, 『카마수트라Kamasutra』는 성애의 여러 유형의 기술들을 학술적으로 아주 상세하게 분석하고 있다. 샤스트라는 인간사에서 일어날 수 있는 모든 우연, 문제 혹은 질문에 대하여 포괄적인 이론적 가르침을 주는 것으로 생각되었다. 『카마수트라』가 성적 무능에 대하여 다음과 같이 말해 주듯이. "『카마수트라』를 아는 사람이 기술이 별로 좋지 않다면 그것은 전적으로 그들 자신의 잘못이지 샤스트라의 잘못이 아니다."[24]

샤스트라는 베다, 우파니샤드, 그리고 다른 고대 성전聖典들의 본문에서 추려 모은 주석과 분석으로서 생겨났다. 그러나 이러한 '경전들'의 대부분은 수세기 동안 성문화 되지 않았고, 심지어 필사본 형태로 기록된 이후에도 구두로 전승되고, 교육되고, 토의되고, 토론되었다. 초심자들은 모든 책들을 완벽하게 기억해야 했다. 산스크리트어의 감탄스러울 만큼 조직적인 운율과 문법 규칙들과 함께, 풍부한 경구들('수트라')과 다양한 기억술들과 암송 훈련들이 도움이 되었다. 현자들은 또한 널리 퍼져 있는 문화적 믿음, 즉 (기도와 마법의 주문 같은) 발화된 소리들이 세계를 드러내어 이해할 수 있는 힘, 심지어 그 세계를 지배할 수 있는 힘을 품고 있다는 데에 동의했고, 또한 그로부터 혜택을 받았다. 그리하여 그들은 수백 명의 청중을 끄는 토론('샤스트라타스')에 참가하여 다른 세계의 지식 전통에는 알려져 있지 않은 구술적 명민함을 드러내 보였다. 이렇게 극단적으로 구술에 집중하는 것은 곧바로 전문화를 야기했다. 정전으로서의 경전을 코란, 성서, 유교 경전들처럼 의존하고 참고할 수 있는 고정된 성문 형태로 보존하고 있지 않기 때문에, 현자들은 필연적으로 구술로 교육함으로써 산스크리트어를 전승하는 집단적 노력의 일부인, 이 텍스트적 전통의 개별적인 부분들에 이끌릴 수밖에 없었다.[25]

서사시 『마하바라타Mahabharata』는 샤스트라를 창조자 브라마의 작품들로 묘사하는데, 수천 년 전에 생겨났지만 인간의 수명이 줄고 능력이 퇴화할수록 점차적으로 축소되고 부서진다.[26] 개념적으로 샤스트라는 계속 신성과 함께했다. 한 영국 작가는 어떻게 '힌두인들이 자신들의 학술 경전을 신성시하는지' 관찰했는데, 그들은 책들을 우상으로서 경배하고, 책들에 기름을 붓고, 화환으로 장식했다.[27] 그러나 이때에도 이 책들은 아무런 변화도 겪지 않은 채 그저 수동적으로 받아들여지며 존중의 뜻으로 수정이 가해지지 않는 그러한 텍스트들은 아니었다. 현자들은 항상 불변의 진리의 '말씀'이 필사본들 속에서 잘못 보존되었다고 계시하는 신적인 영감을 주장하며 책들을 '교정校正'할 수 있었다. 이것은 문헌학과는 정반대이다. 문헌학은 고대의 권위에 기대어 새로움을 표현하기 위해, 과거의 낯섦을 강조하는 대신 그것을 지워냄으로써 텍스트들 속 전문 지식을 영리하게 사용하는 것이다.[28] 법학처럼 중요한 영역에서는 현자들이 조정하는 부분이 상당한 덕분에, 산스크리트 언어에 의해 지배되는 광대한 정신적 우주 안 어디에서나 여러 지역적 변이들과 지방 관습들이 공존할 수 있었다.[29] 샤스트라의 풍요로움은 인도의 다양성의 핵심이었다.

두 가지 새로운 국면들이 상호 작용하여 1700년대 후반 현자들의 지위를 무너뜨렸다. 첫째, 영국이 현자들을 시골 지역에서 캘커타, 베나레스, 그리고 다른 중심 지역들로 이끌어 내고, 봉급에 대한 전통적인 혐오감을 버리게 함으로써 그들이 조언자로서 봉사할 수 있는 새로운 거대 시장을 창출했다. 뱅골 총독 워런 헤이스팅스Warren Hastings는 1772년 영국령 인도의 신민들을 그들 고유의 법, 『다르마샤스트라』에 따라 통치하기로 결정했고, 그리하여 영국 판사들은 원주민 현자들을 고용하도록 명령받았는데, 그들만이 유산 상속과 재산 분쟁 같은 세속적인 문제들에 대한 복잡한 소송을 해결할 수 있는 필수 지식을 소유했기 때문이다. 이후의 총독, 리처드 웰즐리Richard Wellesely(그의 동생 아서 웰즐리는 워털루 전투에서 나폴레옹을 패퇴시켰다.)는 인도를 사랑―그래서 지배― 하기 위해서는 영국 행정관들이 직접 인도의 언어를 배워야 한다고 느꼈다. 1800년에 웰즐리는 영국에서 온 젊은 사무관들이 캘커타의 매음굴과 담배 소굴에서 벗어나 교실로 향하도록 이끌기 위해 포트 윌리엄 칼리지를 설립했다. 원주민 현자들은 유럽의 문헌학자들과 짝을 이루었다. 볼프가 독일에 돌아가서 호메로스 텍스트에 적용한 것과 똑같은 비판적-역사적 방법들을 인도의 텍스트에 도입한 것이다.* 한편, 이에 대해 많은 현자들은 '고대' 텍스트의 창조적인 '복원'으로써 대응했다. 아마도 꾸며 낸 것으로 보이는, 탄트라(힌두교의

---

* 산스크리트어가 그리스어와 라틴어와 기원이 같고, 산스크리트어가 완벽성과 세련미에 있어서 그리스어와 라틴어를 능가한다는 놀라운 발견을 한 이는 캘커타 고등 법원 판사, 윌리엄 존스 경Sir William Jones이었다. 가장 광범위한 어족인 인도-유럽어족은 이란에서부터 남아시아 대부분을 관통하며, 유럽에서부터 아메리카 대륙과 그 너머 식민지들에까지 퍼져 있다.

비교적祕敎的 성전聖典–옮긴이)의 영성靈性에 대한 한 논문에는 과부 순사('사티')에 반대하고 카스트 간 결혼에 찬성하는 주장들, 전사 여신 칼리의 '달콤한' 이미지, 탄트라 섹스를 완곡히 다루는 것 등이 나타나 있는데, 이 모두는 서양 습속의 미묘한 침투를 드러내 보이는 것이다.[30]

두 번째, 침례교 선교사들은 1800년 인도 최초의 인쇄소를 세움으로써 미디어 혁명을 일으켰다. 처음에 영국 당국에서는 전도에 대한 힌두교와 이슬람교의 반발을 두려워하여 선교 사업을 금지했다. 그래서 선교사들은 캘커타 상류 15마일 정도 떨어진 세람포르의 덴마크 식민지에 공장을 열었다. 프랑케의 경건주의자들처럼 침례교 선교사들은 그곳에 출판 제국을 세웠다. 이후 30년 넘게 세람포르 미션 프레스Serampore Mission Press는 212,000권의 책을 40개 언어로 출간했다. 다소 급하게 준비된, 성서 번역서 30종이 인도 언어들로 복음을 전파했다. 선견지명이 있는 세계주의적 정신 속에서 선교사들은 또한 많은 학술적, 문학적 작품들, 특히 『라마야나Ramayana』(고대 인도의 대서사시–옮긴이)와 『바가바드 기타Bhagavad Gita』(고대 인도의 힌두교 경전–옮긴이)를 지역 방언들로 번역했다. 마침내 선교사들은 초등학교를 열었고, 103명의 선교사들이 1816~1817년에만 거의 7,000명의 제자들을 키워 냈다. 그들은 출판된 서적들을 가지고 대량 학교 교육을 실시한다면 필사본 샤스트라에 대한 현자들의 독점을 뒤집고, 일군의 박학한 브라만들 사이에서 교육이 계속되었던 구루–제자의 성스러운 관계를 깨뜨릴 수 있을 것이라고 생각했다. 그들의 자기만족적인 논평을 보면, "'서신 공화국'에서는 평범한 사람들이 지위와 중요한 위치를 차지하는 것은 거의 눈에 띄지 않는데, 그들 종교와 학교의 창립자들이 그들을 거부했기 때문이다."[31]

많은 현자들이 음울한 쇠퇴 속으로 물러나는 반응을 보였다. 그러나 적극적인 현자들은 새로운 출판 미디어에 마음껏 빠져들었다. 그들은 시와 신앙 텍스트들을 출판했고, 벵골 독자 대중을 대상으로 하는 개혁적 성향의 신문과 정기 간행물들을 창간했다. 1820년과 1835년 사이에 이러한 신문과 정기 간행물들 26종이 발행됐다. 후에 '근대 인도의 창설자'로 불린, 캘커타의 현자 라자 라모한 라이Raja Rammohan Ray(1772~1883)는 우파니샤드와 다른 고대 경전들을 재검토하고 나서 '사티'를 비판했다. 그가 창설한 '유일신회One God Society'(브라마 사마지Brahmo Samaj)는 경전들이 계시했다고 믿는 고대의 유일신교, 즉 비非다신교적 힌두교를 재건하고자 애썼다. 이보다 나중 인물인 산스크리트 칼리지(1824년 설립)의 교수 이스바르찬드라 비드야사가르Isvarcandra Vidyasagar(1820~1891)는 과부에게 재혼할 권리를 주자는 운동을 벌여 성공했다. 비드야사가르가 쓴 인기 있는 교과서에는 『니티샤스트라nitisastra(지혜로운 행동에 관한 학문)』의 교훈과 빅토리아 왕조의 윤리가 섞여 있었다. 이 책으로 그는 캘커타 거리 팬터마임의 조롱의 대상이 되었다. '외설'이라는 단어를 벵갈어 속으로 들여온 데 대하여 비판당했기 때문이었다.[32]

이들처럼 서양화한 인도 현자들은 영국 문화를 '실용 지식'의 샘으로 바라보기 시작했다. 고급 외국 언어에 접근함으로써 신분 상승을 하게 된—이러한 관점에서 독일 고전주의자들과 매우 비슷한—그들은 역사적 과거와 텍스트 유산에 대한 인도의 감각을 전복시키는 벵갈 르네상스를 일으켰다. 수 세기 동안 축적된, 지식을 분류하고 전달하는 방법들이 포기되었다. 야심에 찬 현자들은 특별 고객들을 위한, 인간 활동의 전문 영역(법, 성, 요리)으로부터 벗어나 일반 식자 대중을 위한 일반적, 포괄적, 도덕적, 영적, 사회적, 그리고 (간디의 시대에 이르러서는) 정치적 개혁 활동으로 옮겨 갔다.

국가적 후원, 선교, 인쇄 문화는 벵갈에서 샤스트라의 쇠퇴와 소멸을 초래했고, 인도 국가주의를 위한 초석을 놓는 공공 영역을 현자들이 창출하도록 이끌었다. 이와 똑같은 원동력들이 독일의 문헌학 세미나의 근원이었다. 왜 당시의 유럽은 이 수년간 지식의 새로운 분화를 경험했을까? 한마디로, 산스크리트어는 활어活語였고, 그리스어는 사어死語였다. 한쪽 전통에서는 새로운 영향력 있는 매체로 행동 방향을 옮겨 가기만 하면 되었고, 다른 한쪽 전통에서는 순수 학문적 연구의 새로운 영역을 개척해 내야만 했다. 샤스트라와 달리 문헌학과 그로부터 파생된 전문학교들은 실용적, 응용적, 수행적 요소가 부족했다. 그들의 연구 목표와 방법은 대학의 공적 권위를 넘어서는 인간사에 대한 권위를 필요로 하지 않았고, 요리나 성, 외교술이나 구원의 문제 등을 지도하거나 관리할 야심도 요구되지 않았다. 교수들은 여전히 현자들(그리고 오늘날의 펀디트들)이 주장하는 세속적 일을 삼갔다. 교수들은 사상의 시장에서만 거래했다. 더 넓은 세상과의 어떠한 끈도 교수들이 훨씬 더 비밀스러운 방법들을 마음껏 전공하지 못하도록 하는 일은 없었다. 이런 방식으로 새로운 전문학교들의 설립자들은 시장의 힘이 지적 노동의 분할을 가져올 것이라는 애덤 스미스의 예측을 마침내 충족시키게 되었다. 1800년대 초기까지는 중요한 요소가 빠져 있었다. 그것은 바로 순수 교육 서비스에 대한 수요의 원인, 즉 곧 대량 학교 교육으로 제공될 역할이었다.

출판 혹은 소멸: 사상의 국내 시장

프로이센의 일반 공공 교육 체계는 세계 최초로 국가가 지원하는 계층 통합 체계로서 주요 신인문주의자 중 한 사람인 귀족 출신의 빌헬름 폰 훔볼트(1767~1835)가 설계했다. 볼프를 지도교수로 하여 괴팅겐에서 교육받았으며 경험이 풍부한 외교관이자 산스크리트어에 정통한 언어학의 창시자, 훔볼트는 (아마도 다음 장에서 보게 될 그의 동생 알렉산데르를 제외하면) 사실상 독일의 유일한 유한계급 학자로 평가되었다. 그러나 훔볼트는 우연한 혁명의 소산이었다. 주駐교황청 대사로서 로마에 주재하던 그는 1808년 베를린으로 소환 명령을 받던 당시, '영원한 도시'를 떠나기를 주저했다. 대사직의 가벼운 업무량으로 인해 훔볼트는 그의 주위를 둘러싸고 있던 많은 유적들과 고대 세계에 대한 연구를 통해 스스로를 계발할 시간이 풍부했기 때문이었다. 게다가 아내 캐롤라인은 임신 중이었다. 결국, 아내와 딸들은 로마에 남아야 했고, 이 때문에 이들은 2년간 떨어져 지내게 될 것이었다. 그러나 프로이센이 예나에서 모욕적인 패배를 겪은 후, 훔볼트는 애국심의 호소와 야심의 각성을 느꼈다. 캐롤라인이 로마에서 예술가들과 고미술품 수집가들의 모임을 활발히 주재하는 동안, 빌헬름은 알프스를 넘어 그를 애타게 기다리는 독일로 출발했다.[33]

왕실의 개인적인 총애를 받았던 훔볼트는 나폴레옹의 프로이센 영토 점령으로 "우리가 물질적 힘에서 잃은 것을 정신적 힘으로 대체하라"는 임무를 왕에게서 직접 부여받았다고 전한다. 문교부 장관으로서 무제한의 권한을 위임받은 훔볼트는 자신의 학문과 지적 재능의 혜택을 다른 사람들이 널리 이용할 수 있게 하기로 결정했다. 어리둥절해하며 그는 캐롤라인에게 "사람들은 내가 없다면 프로이센의 누구도 글을 배울 수 없다는 듯이 행동하고 있소."라고 편지를 썼다.[34] 프로이센의 학교 교육에 대한 광범위한 점검에 착수한 그는 프랑케의 교육 기획을 좀 더 세속적인 시대에 맞게 새롭게 했다. 일반 의무 교육을 국가의 공적 책임으로 확정한 19세기 전반기에 30,000개의 초등학교가 개교하거나 일신하여 다시 문을 열었다. 그리고 할레를 대체하기 위해 훔볼트는 오늘날 세계 최초의 연구 중심 대학으로 알려진 학교를 베를린에 설립했다. 그러나 엘리트 고등학교인 김나지움이야말로 훔볼트가 세운 체계의 요체였다. 이러한 적절한 단계만을 통해서 고등 교육 시장이 발달할 수 있었기 때문이다.

볼프의 문헌학이 학문의 역사에 있어서 하나의 주석이 되었을지 모르지만,

학문의 접목에 있어서 그 유용성에 대한 훔볼트의 공헌이 없었다면 실패하고 말았을 것이다. 프리드리히 대제의 유명한 군국주의 정체政體는 프랑스 침략자들에 의해 부서지기 쉬운 것으로 밝혀졌다. 신인문주의자들의 김나지움은, 라틴어와 그리스어에 초점을 맞추되 현대 언어들과 수학, 약간의 신학을 더하여 가르치고, 특히 과학은 거의 가르치지 않는 포괄적인 고전 교육 환경 속에서 새로운 프로이센 엘리트를 가르침으로써 치유책을 제시했다. 이러한 커리큘럼이 프로테스탄트들과 가톨릭교로 나뉜, 종교개혁의 심장부에서보다 더 유용한 곳은 없었다. 특히 칼뱅주의자들이 지배한 루터파 프로이센은 프리드리히 대제의 발흥과 나폴레옹의 실각 시기 사이, 슐레지엔과 라인 지방의 새로운 가톨릭교도 수백만 명을 흡수했다. 신인문주의는 통합된 민족 문화를 형성하기 위한 사상적 원료를 제공해 주었다. 먼저 서신 공화국을 성립시켰던 것과 동일한 종교 분열을 치유하는 서양 문명 숭배는 근대성의 새로운 종교가 될 것이었다. 그리하여, 김나지움 교사들은 이제는 설교대가 아닌 교실에서 세속적 지식을 나누어 줄 돌격대로서 갑작스러운 수요에 직면했다. 훔볼트의 개혁은 이 모든 학교들을 청소년을 위한 문헌학 세미나로 만들었다. 즉, 공무원 혹은 개별 전문가로서 국가를 위해 봉사할 수 있는, 유연하고 적응 잘하는 비판적 사상가들의 양성소로 만든 것이다.

김나지움은 또한 더 진학하고자 하는 누구에게나 진로를 정해 주었다. 김나지움의 커리큘럼을 모두 마치고 나면 베를린 대학과 그 경쟁 대학들에 입학할 수 있는 주요 요건이 충족되었다. 고전 문헌학 기초 지식과 함께 학생들은 '철학'의 모든 영역 내에서 대학 수준의 전공을 할 수 있었다. 철학은 문헌학이 멈춘 곳에서 다시 시작했다. 구舊 교양 학부가 철학 학부로 형식적으로 다시 명명되었다. 그리고 새로운 학위인 철학 박사 학위(Ph. D.)가 1800년대 독일 대학들에서 널리 쓰이기 시작했다. 오늘날에도 모든 전문학교에서 철학 박사 학위는 여전히 가장 상위의 전문 자격 증명서로서 간주되며, 철학, 인류학, 러시아 문학 교수들은 모두 '철학 박사들'이다.

한 세대의 독일 사상가들에 의해 철학은 지식의 모든 분야에서의 경험적 발견들을 심사하는 주된 방법론이 되었다. 그뿐만이 아니었다. 그들은 철학을 유행시켰다. 우아한 학사, 임마누엘 칸트Immanuel Kant는 법학, 의학, 신학은 단순한 실용적 연구에 불과하다고 봄으로써 이러한 학문들을 조용히 무너뜨린 반면, 속박되지 않은 지적 자유를 향한 철학의 바로 그 무용성無用性을 크게 칭찬했다.[35] G. W. F. 헤겔Hegel은 강의를 하면서 기침을 하고 말을 더듬고 코담배를 맡고 노트를 뒤적이느라 멈추고, 때때로 몇 분 동안 눈을 감기도 하고, 발작적으로 손을 흔들었지만, 그 '깊이' 때문에 인기가 있었으므로, 그의 강의록은 베를린 암시장에서 곧바로 거래될 수 있었다.[36] 그러나 철학자들 가운데 대중교육의 제공을 독일의 국가적 야심의 주된 목표로 각성시킨 이는 베를린 대학 초대 총장이었던 요한 고트리프 피히테Johann Gottlieb Fichte였다.

피히테는 알코올 중독에 폭력적 성향이 짙었던 학생들을 '아我'와 '비아非我' 사이의 차이에 대한 형이상학적 성찰들로 매혹시키면서 1790년대 예나에서 명성을 떨쳤다. 청중들은 '학자들을 위한 도덕'에 대한 그의 금요일 저녁 강의를 위해 문밖으로 길게 줄을 섰고, 탁자와 의자 위에 올라서서는 "경쟁을 벌였다." 어떤 사람은 그를 '철학의 보나파르트'라고 불렀는데, 그가 키가 작고 땅딸막하고 투쟁적이기 때문이었다. 또 어떤 사람은 그가 부츠를 신고 채찍과 박차 등등을 들고서 원기 왕성한 말 등에서 내려 얼마나 활기차게 강의 홀로 들어섰는지를 자세히 이야기했다.[37] 피히테는 겸손한 인물은 아니었다. 그는 『모든 계시의 비판 시도』, 『인간의 존엄성에 관하여』와 겸손하게 제목을 붙인 『전체 지식론의 기초』와 같은 책들을 저술함으로써 경력을 쌓았던 것이다. 그러나 크리스티안 볼프 논쟁이 재연되면서, 무신론 혐의를 받은 그는 1800년

예나를 떠나 베를린으로 향해야만 했다. 그곳에서 때가 오기를 기다리던 그는 프로이센의 패배 이후 1807년과 1808년 대규모 군중 청중들을 대상으로 한 「독일 국민에게 고함」이라는 일련의 강연으로써 운명을 맞이했다. 그 강연들에서 그는 그 어떤 나라들보다 우위에 있는 독일이 인류를 구원할 특별한 임무가 있다고 주장했다. 그러나 프랑스 정복자들에게 저항하기에는 너무나 무력하다는 것이 증명된 후, 독일인들은 그리스인들이 그러했던 것처럼 그들 자신의 국가적 정수를 개발하도록 먼저 재교육되어야만 했다. 피히테는 유년 시절부터 시작하는 국가 교육 프로그램의 초안을 짰다. 그것은 엘리트 학교에서 절정에 이르는 것이었다. 피히테가 상상한 엘리트 학교는 제복이 완비된 플라톤의 군막사로, 가난한 학생들에게 철인왕이 되기 위한 학문적 훈련을 시킬 신성한 임무를 부여받은 곳이었다.[38]

프로이센이 실제로 귀족 엘리트를 피히테의 제자들로 대체하리라는 것은 지나친 희망이었다. 대학 졸업생들은 그 대신에 자유 시장의 부드러운 자비 속에 맡겨졌다. 독일의 많은 박사들은 보통 김나지움의 교사가 되었다. 대학 교수를 희망하는 이들은 '프리바트도첸텐Privatdozenten', 즉 '비정규' 강사가 되었다. 이것은 새로 박사 학위를 받은 이는 본인이 선택한 대학에서 가르칠 수 있는 허가증을 신청할 수 있고, 그래서 그의 강좌가 대학 강의 목록에 오를 것을 의미했다. 베를린을 비롯한 많은 대학들이 이러한 돌아다니는 학자들, 즉 이전에 이미 자신들의 아파트 혹은 세 낸 강의실에서 강의를 한 바 있는 이들을 위해 열기로 가득 찬 강당을 제공했다.[39] 그러나 '프리바트도첸텐'은 국가로부터의 봉급 없이, 혹은 아주 적은 봉급만을 받고서, 학생들에게 직접 받는 수업료로 생계를 이어야 했다. 이 때문에 그들은 학생의 요구에 빨리 반응하게 되었고, 좌석을 채우기 위한 건전한 경쟁이 장려되었다. 불운한 아르투르 쇼펜하우어Arthur Schopenhauer가 헤겔에 맞서 시도했으나 실패한 바 있듯이, 젊은 학자가 심지어 같은 대학에서 경쟁 상대인 선배 교수의 강의 시간에 맞추어 강의를 하는 일도 있었다.[40] 적절한 재능을 지니고, 적절한 정치, 많은 정치 활동을 하는 소수의 행운아들만이 먼저 '임시' 교수직에, 그다음 '정규' 교수직에 임명될 수 있었다. 극히 드물었던 이 직위는 국가에서 주는 봉급과 독일의 교수가 향유하게 된 신성한 사회적 지위를 보장해 주었다.

이러한 체계의 수많은 낙오자들은 동시대인들이 배고픈 예술가들 혹은 유랑 극단들로 비유한, 그 수가 점점 증가했던 '학문적 프롤레타리아'의 무리에 합류했다. 여기에서 벗어나는 유일한 길은 출판이었다. 대부분 예외적인 경우에만 대학 바깥으로 퍼져 나가는, 교사로서 강사의 명성과 달리, 인쇄된 학문적 업적은 전문 지식인의 명함과도 같은 역할을 했다. 헤겔은 베를린 대학 교수직을 『정신 현상학Phänomenologie des Geistes』 같은 불가해한 제목의 책들을 저술함으로써 유지했다. 『정신 현상학』은 1806년 예나에서 집필이 완료되어 나폴레옹의 군대가 문자 그대로 창문 밖에 와 있을 때 몰래 도시 밖으로 반출되었던 바 있다. 특수 전공 논문과 헤겔의 ≪철학 비판 저널≫과 같은 학술지들은 학술 전문가들에 의해서 그리고 그들을 위해서 출판 산업을 창출해 냈다. 이렇게 근본적으로는 인공적인 출판 시장이 국내 학술 기관 외부로 국가적 접촉을 가능케 하고 경쟁 상대 대학으로부터 초청을 받게 하는, 선호 수단이 되었다.

물론 위험을 감수하는 경향의 사업가들은 수익성 높은 출판업 투자에 운을 내맡길 수 있었다. 이것은 아이러니하게도 공산주의의 주창자, 칼 마르크스Karl Marx가 선택한 길이었다. 마르크스는 베를린 대학에서 그리스 자연 철학에 대한 학위 논문을 쓰면서 전형적인 학자로 출발했다. 그러나 그는 정치적 성향 때문에 베를린의 보수적 체제에서 나와야만 했으며―그는 '우파' 헤겔주의자가 아닌, '좌파' 헤겔주의자였다.―따라서 예나에 박사 학위 논문을 제출했다.

그 후 그는 급진적 신문의 편집장이자 기고가로서 악명을 떨치며 파리, 브뤼셀, 라인 지방에서 수년간 보냈다. 검열관들과 주주들과의 갈등으로 인해 저술로 수입을 얻을 수 없었으나, 마르크스는 곧 부유한 사업가의 아들인 프리드리히 엥겔스Friedrich Engels라는 새로운 투자자를 찾았고, 엥겔스는 마르크스의 지적 동업자가 되었다. 엥겔스는 마르크스가 런던에서 망명 생활을 할 때 보조금을 댔다. 그리고 바로 그곳에서 이 두 사람은 자본주의에 대한 그들의 분석을 발전시키고, 인간의 상품 가치를 직접 목격했다. 마르크스는 영국과 프랑스라는 산업 강국에 뒤지는 국가로서 독일의 열등성에 대한 예리한 감각을 보여 주었다. 한번은 마르크스가 "독일인들은 다른 국가들이 '행한' 것을 정치적으로 '사유'했다."고 썼다.[42] 독일의 주지주의에 대해서는 그가 옳았지만 그가 의미하는 바대로는 아니었다. 현실의 올리버 트위스트와 데이비드 코퍼필드들이 마르크스의 런던 거리를 돌아다니고 있는 반면, 그의 조국의 아이들은 이미 최초의 유치원—1840년대에 독일의 교육자 프리드리히 프뢰벨Friedrich Fröbel이 창설한 기관—에서 바쁘게 지내고 있었다.

유치원에서 칸트에 이르기까지 전반에 걸친 공공 교육은 여전히 분열되어 있던 이 나라의 여러 국가들 사이에 건전한 경쟁을 일으키면서 19세기 전반기 독일 전체에 퍼져 갔다. 국가들 사이의 경쟁 관계는 전문학과의 시초로 직접 이어졌다. 1816년 이후, 베를린 대학은 '철학'의 다양한 학과들 중 가르치게 될 과목을 정확히 지시하기 위해 새로운 박사들을 필요로 했다.[43] 이 날짜는 어느 지점에서 전문 학자들이 종합적 성향을 배제하도록 요구되었는지 알려 주는 편리한 표지이지만, 진정한 원동력은 베를린 대학을 모방하고 또한 능가하고자 하는 라이벌 대학들 간의 경쟁에서 비롯되었다. 독일어가 통용되는 지리적 범위 내로 제한된 국내 고용 시장에서 각국 문화부 장관들은 각자의 교육기관으로 최고의 교수들을 초빙하고자 경쟁적으로 일했다. 각 대학은 전문학과당 하나의 교수직이 할당되었다. 그러나 이미 독일에서는 너무나 많은 수의 전문학과가 운영되고 있었으므로, 학자들은 대학들 간에 경쟁을 붙여 이익을 볼 수 있었다. 스스로를 기꺼이 상품화하는 스타 학자라면 본인이 선택한 분야에 새로 만들어진 교수직을 얻을 수도 있었다. 박식가인 헤르만 헬름홀츠 Hermann Helmholtz는 이런 방식으로 베를린 대학에서 철학을 연구하다가 쾨니히스베르크 대학의 생리학 교수로 자리를 옮겼다. 그의 지도교수는 베를린 대학의 신학 교수에서 괴팅겐 대학의 철학 교수로 옮겨 갔고, 제자인 빌헬름 분트 Wilhelm Wundt는 생리학에서 라이프치히 대학 철학 학부 내에서 그가 분리해 만들어 낸 새로운 학과인 실험 심리학으로 바꾸었다.[44]

이런 식으로 교수직을 얻는 것은 교수의 개인적 성공을 보장했지만, 새로운 학과들이 확실히 확산되기 위해서는 초심자들을 훈련시킬 장소가 필요했다. 1820년대까지 세미나는 교수들이 박사들에게 자신들만의 교육법을 주입시키는 주요 선호 수단이었다. 이런 방식으로 한 사람의 개인적 연구 계획이 새로운 연구 영역을 수립하는 데 기초가 될 수 있었다. 확실히 몇몇 잘못된 출발도 있었다. 본Bonn과 쾨니히스베르크에 생겨난 초기 자연 과학 세미나는 점차 소멸되거나 그렇지 않으면 원래 연구자들보다 더 나은 선생들을 배출하거나 했다. 자연 과학 분야의 지속적인 성공은 세미나 외에도 연구소(다음 장에서 논하게 될 것이다.)라는 기관을 필요로 했다. 그리고 예술은—과학처럼 본래 수행적 성격인—대학이 아니라 학회 혹은 박물관에서 발전했다. 전문학과로서는 세미나를 기반으로 한 텍스트 해석학, 즉 예술 대신 예술사가, 음악 대신 음악학이, 시나 소설 대신 문학 비평이 발달했다. 이 분야들은 급속도의 성공을 맞이했는데, 문헌학 그 자체는 물론이고, 역사학, 철학, 법학, 신학, 혹은 심지어 수학에 이르기까지 그 방법론이 모두 김나지움에서 주입된 문헌학적 문화에서 직접 생겨났기 때문이었다.[45] 예를 들어 괴팅겐 대학의 문헌학자들이었던 그림

Grimm 형제는 독일 민담에서 호메로스의 정수에 필적하는 민족의 정수를 찾아 내어 민속학을 창시하기에 이르렀다.

새로운 남성적 사회성이 세미나에서 구체화되었다. 정복하고자 하는 욕망이 타인에게서 연구 대상으로 치환되었던 것이다. 역사학의 창시자로 간주되는 레오폴트 폰 랑케Leopold von Ranke(1795~1886)는 놀라운 실례를 보여 준다. 랑케는 상세한 문서 분석에 맹목적으로 집착함으로써 베를린 대학에서 공적·전문적 명성을 얻었다. 랑케가 선호한 자료는 초기 근대 베네치아 대사들의 '보고서'로, 이는 공적 보고報告의 자기 충족적 자원을 이루는 전쟁과 외교에 관해 직접 목격하고 쓴 보고서였다.[46] 랑케는 그가 발견한 한 고문서에 대해서 이렇게 썼다. "어제 나는 내 사랑의 대상, 한 아름다운 이탈리아인― '시뇨리나 signorina'가 아니라, 감춰져 있던 곰팡내 나는 서류들―과 달콤하고도 멋진 사랑을 나누었다. 그리고 나는 우리가 아름다운 로마·독일의 신동(연구 저작!)을 낳기를 희망한다." 책상에 앉아 밤샘 연구를 하고 나서, 랑케는 "완전히 지친 채 정오에 일어났다."고 썼다.[47]

랑케의 세미나에서와 마찬가지로, 아벨라르식 토론의 의례적인 논쟁은 협력, 우정, 친밀함과 남자들끼리의 유대감의 분위기에 휩쓸리게 되었다. 새로운 통찰을 낳는 자발적인 토론에 의존함으로써 근대 전문학교들은 실시간으로 아테네 철학자들의 심포지엄으로 되돌아갔다. 랑케의 세미나에는 형식적인 성문 법령이 없었고, 국가의 지원을 받지도 못했다. 수업은 베를린에 있는 랑케 자신의 아파트에서 이루어졌다. 중요한 것은 스승-제자 관계의 친밀성, '독토르 파테르Doktorvater', 즉 '사부師父'에 대한 학자의 존경이었다. 이러한 관계는 제자들 각자가 가족의 유산을 물려받으면서 동시에 '도야된' 학자의 품성을 만들어 내는 데에 도움이 되었고, 이러한 초심자군群은 훔볼트식 보편성에서 학자의 소명의 종점으로서 근대적 전문화로의 결정적 이동을 나타낸다. 한쪽은 도덕적-지적 연마를 높이 평가하는 한편, 다른 한쪽은 엄격한 체계를 중시하는 것이다. 전문학교를 통해 양성된 학자들은 지식의 폭보다는 깊이를 통해 구별되었다. 이들은 서신 공화국의 백과사전적 지식인들보다 훨씬 더 지식의 더 좁은 영역 속에 자신들의 에너지를 기꺼이 쏟아 넣고자 했다. 그리고 그렇게 함으로써 더 높은 수입과 제자들의 찬사로써 후하게 보상받았다.

1800년대에 거의 10,000명의 미국인들이 독일에서 공부했다. 이는 또 다른 개발도상국에서 신인문주의자가 인기가 있다는 증거였다. 독일에서 돌아온 이들은 미국에 교육의 일신 및 확산의 씨를 뿌렸다. 그들 가운데에는 미국 최초의 대학원인 존스 홉킨스 대학의 설립자들과 당시에는 지역 칼리지에 불과했으나 이제는 세계에서 가장 부유한 대학이 된 하버드 대학을 변화시킨 개혁가들이 있었다. 독일의 자리가 채워지기 시작하던 바로 그때, 무상으로 토지를 불하받은 많은 대학들이 미국 중서부 지방과 그 외의 지역에서 신설되고 있었다. 헌신적인 랑케주의자인 월터 프레스콧 웹Walter Prescott Webb은 '6연발 권총의 역사적 의미'를 연구함으로써 텍사스 대학에 자신의 고문서에 대한 열정을 쏟았다. 그는 세미나 리더를 탐험대 리더에, 세미나의 일원들을 '나무꾼, 관찰자, 사냥꾼, 정찰자'에, 도서관을 '높은 산'에, 세미나 탁자를 '일행이 모여 각 일원이 보고하는 캠프파이어'에 비유했다.[48]

오늘날 건조한 학술적 글쓰기에 의해 그 울림이 약화되었다 해도, 개척 정신은 학술 전문학교 기관에 살아 있다. 지식의 백과사전을 더 늘리기 위해서는 애덤 스미스의 성실한 사업가의 근면과 계산 이상이 필요하다. 그것은 선교의 충동에서 생겨나 전문적 연구의 욕망으로 전이된 열정을 필요로 한다. 세속의 인문주의자들은 이런 방식으로 프로테스탄트 복음주의의 불을 훔친 최초의 사람들이며, 연구 성과를 내는 것이 근대 대학의 기본 임무라는 것을 만들어 낸 최초의 사람들이기도 했다. 그러나 19세기 민족주의라는 또 다른 준準 종교 운동에 그들이 유용하지 않았더라면 그들이 그렇게 번영을 누리지 못했을 것이다. 민족 문화는 여전히 연구 중심 대학의 임무를 규정하며, 모든 나라의 교수들은 각 나라의 대리인처럼 행동한다.[49] 교수들은 각 나라의 방언으로 말한다.―예를 들어, 독일어, 영어 혹은 프랑스어로 말하는 것이지 서신 공화국에서처럼 국제적 라틴어로 말하는 것이 아니다.―그리고 각 나라 언어에 학문적 실체를 부여한다. 다양한 전공으로 틈새시장에서 일하기를 추구함으로써, 그들은 여기저기 옮겨 다니며 집단적으로 국가 문화적 지역들의 경계를 따라간다. 교수들은 단순한 지역적 시각에 불과했던 것을, 학자들이 여행을 통해 직접 알게 된 더 넓은 국가적 네트워크에 참여하고 소속되는 감각으로까지 끌어올림으로써 고급문화를 지방으로 전한다. 교육을 열망하는 대중에게 다양한 지식을 전달함으로써, 전문학교는 이렇게 계몽의 꿈이었던 것, 즉 대중에게 다가가는 꿈을 실현했다.

연구소는 물리적으로 객관적 사실의 영역을 둘러싸고 있었다.
그리고 더 많은 공적·사적 영역으로 방법론을 확장하는 것은 과학 전문가들의 영역을 확대했다.

사랑과 과학이 매혹적으로 뒤얽혀, 1900년경 핵물리학이 발전한 격렬한 몇 해 동안 연구소의 역사를 장식한다. 1894년 마리 스클로도프스카 Marie Sklodowska(1867~1934)는 파리의 한 다과회에서 피에르 퀴리Pierre Curie를 만났다. 9년 후, 피에르와 마리 퀴리 부부는 앙리 베크렐Henri Becquerel과 노벨 물리학상을 공동 수상했다. (1906년 피에르의 비극적인 죽음 이후인 1911년 마리는 두 번째 노벨상을 수상했다.) 마리는 기저귀를 갈다가도 원자핵에 충격을 가하는 실험을 하는 등 과학 연구와 가사 일 사이를 왕복하며 결혼 생활을 보냈다. 마리는 라듐을, 딸들인 이렌과 이브 다음의 셋째 아이로 불렀다. 가정생활과 일을 융합하는 것으로써만, 즉 이중의 일의 요구에 잘 정돈된 집을 희생함으로써만, 마리와 피에르는 방사능의 신비를 탐구할 시간을 찾을 수 있었다.[1] 그러나 퀴리 가족에게 부르주아적 안락이 부족했지만, 이는 선구자적인 과학자들을 위한 양성소라는 점에서 보상되었다. 이렌 퀴리는 남편 프레데릭 졸리오Frédéric Joliot가 마리의 라듐 연구소에 합류했던 1925년에 그를 만났고, 이들 두 사람은

10년 후에 자신들의 노벨상을 자랑하게 되었다. 비슷하게, 그들의 딸인 엘렌Hélène은 퀴리-졸리오 핵물리학 연구소에서 남편인 미셸 랑주뱅Michel Langevin을 만나 결혼했다. (미셸은 마리의 옛 연인이자 후에 졸리오의 직업적 스승이 된 폴 랑주뱅Paul Langevin의 손자였다.)

과학계의 명문가와 학술계의 내혼은 결코 유럽사에서 드문 일이 아니었다. 퀴리가를 신기하게 만든 것은 여성이 이제는 남성들과 거의 동등하게 선다는 점이었다. 우리는 종종 자연 과학을 본질적으로 남성의 영역으로 생각한다. 그러나 여성들이 19세기 후반 대학에 입학하게 된 이후, 여성들은 문학이나 역사학, 철학이 아닌 물리학과 화학 같은 분야에서 처음으로 주목할 만한 학문적 성공을 거두었다. 퀴리가는 전혀 예외적이지 않았다. 예를 들어 리제 마이트너Mise Meitner(핵분열 연구의 창시자)와 밀레바 마리치Mileva Marić(아인슈타인의 부인)와 같은 다른 여성 인물들은 실험 과학의 문을 통해 남성 학계의 성城으로 접근할

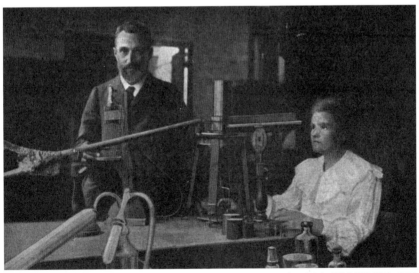

피에르 퀴리와 마리 퀴리. 두 사람의 만남은 사랑과 과학의 매력적인 결합을 보여주기도 하지만, 남성의 영역이었던 과학이 여성에게도 동등한 기회를 제공하는 시대가 도래했다는 사실을 보여 준다.

수 있었다. 연구소 환경에서 여성은 야망과 재능, 일과 헌신의 조합을 통해 시험관 청소 보조에서 벗어나 주요 연구자로 발돋움했다. 이렌 퀴리-졸리오는 자기 어머니의 연구소에서 젊은 보조원으로서 일하면서 (상사가 상당히 관대하게 대해 주었다면) 정확히 그렇게 했다.[2] 비록 그 수는 적지만 유명한 과학계의 여성들은 전통적인 인문학에 과학 기술이 행한 의미심장한 도전을 예증한다. 실험 과학의 성공은 객관적인 사실이다. '자격 없는' 여성일지라도 실험 기구들을 자유로이 다룰 수 있다면 자연 세계를 조작하여 눈에 보이는 결과를 산출할 수 있었다. 문헌학 세미나라는 남성들만의 문화에 기반을 둔 학자들은 '단순한 기술자들'의 습격에 반대했겠지만 결국 실험 방법의 놀라운 성공을 인정해야 했다.

얼마간, 여성 성공의 가능성은 초기 근대 시기, 부유한 가정의 사적 영역과 중간 계급 장인들의 작업장에서 시작된 기관에 내재되어 있었다.[3] 가정, 일, 학교가 전근대적 가정에서와 마찬가지로 근대적 연구소에서 모두 겹쳐 있었다. 물리적 공간으로서 연구소는 장인적 기술, 즉 일종의 비공식적 지식을 들여와 공식적인 학문 분야로 만들었다. 실험 영역의 사방 벽 안에서 자연을 제어하는 방법을 배운 후에 실험 과학자들은 사람들이 가정과 이웃, 심지어 모든 나라들에서 살아가는 방식을 바꾸기 위해 자신들의 방법을 이용했다. 사회 과학자들 또한 마찬가지로 전 세계를 하나의 연구소로 다루기를 열망했다. 실험 과학은 산업화 이전 가정의 양상들을 영속화한 반면, 사회 과학은 산업적 근대성의 새로운 공간들을 연구하기 위해 힘을 합쳤다. 증기와 강철의 시대는 신중한 실험의 장소가 된 거대한 도시 산업 집적체 속에 사람들을 함께 몰아넣음으로써 물리학과 인간의 지평을 새롭게 했다. 사회 과학은 사람들과 관련이 있기 때문에, 이러한 학문 분야는 과학적 '사실' 연구에 있어서 특수한 장애에 부딪쳤다. 그러나 근대 작업장, 학교, 가정에서 늘어가는 이 분야의 영향력은 연구소의 제한에서 생겨나는 객관성의 규약들이 외부 세계를 어떻게 계속 정복해 나갔는지를 현저히 드러내 보여 준다.

실험 과학의 공간들

실험 과학의 몇몇 친숙한 특징들로써 실험 과학은 인문학 분야의 실용 학문과 구분된다. 첫째, 실험 과학은 제어되고, 제한되고, 예측 가능한 환경에서 마음대로 복제 가능한 결과들을 산출한다. 이 결과들은 경이도, 기적도, 마술도 아닌 것이다. 둘째, 실험 과학이 이끌어 내는 법칙들은 시공간을 초월하여 보편적으로 적용 가능하다. 보편적인 기체 법칙인 PV = nRT는 어디에서건 진리이며, 오늘날 진리이듯이 천 년 후에도 진리일 것이다.* 셋째, 인문학이 논쟁과 논리 위에 번영하는 반면, 과학은 학문적 합의에 특권을 준다. '사실'로 간주된 업적들은 과학자들의 전체 공동체에 의해 재빨리 '진리'로 받아들여진다. 이것은 우선, 실험 과학이 비교적 개방된 귀족들의 학회에서 실행되기를 멈추고 닫힌 문 뒤에서 다뤄지게 된 이후에도 공공의 찬사와 폭넓은 수용을 즐기게 된 이유를 설명해 준다. '객관성'은 이러한 일단의 특징들에 붙여줄 수 있을 꼬리표이고, 연구소는 과학의 장인들이 자연으로 하여금 특이한 것을 행하도록—한 번이 아니라 반복적이고 신뢰할 만하게—하는 신성화한 공간에 '객관성'을 배치했다.

---

* 간단히 말해서, 이 법칙은 주어진 양(n)의 기체의 온도(T)가 증가할 경우, 기체의 부피(V)가 증가하거나, 같은 공간 내로 제한된다면, 그 압력(P)이 증가한다는 것이다. R은 보편 기체 상수를 가리킨다.

세계로서의 연구소: 훔볼트

1800년대 초에, 자연 과학과 인문학은 두드러진 조화를 이루며 공존했다. 두 훔볼트 형제를 그 예로 들자면, 빌헬름 훔볼트는 연구 대학의 설계자이고, 동생 알렉산데르 훔볼트(1769~1859)는 19세기의 가장 유명한 과학자 중 한 사람이었다. 빌헬름은 프로이센 교육 체계의 청사진을 그리고, 비교 언어학 논문을 쓰고, 프로이센 대사로서 로마, 비엔나, 런던에서 차례로 외교 사절로 활동하면서 평생을 글 쓰는 책상 앞에서 보냈다. 알렉산데르는 세계적인 여행가가 되었다. 1799년부터 1804년까지 알렉산데르가 떠난 남아메리카와 중앙아메리카로의 광범위한 여행은 그에게 세계적인 명성을 가져다주었고, 그는 여행에서 돌아온 후 수십 년간 조사 결과 보고서 서른 권을 내놓았다. 몇 년 후, 학계에서의 영향력이 정점에 이르렀을 때, 알렉산데르는 러시아 중앙아시아 탐험대와 함께 방랑하는 자연주의자의 삶으로 돌아갔다. 오늘날 훔볼트 해류, 훔볼트 펭귄, 미국의 세 훔볼트 카운티, 달 분화구인 훔볼트의 바다는 자연 연구에 대한 알렉산데르 훔볼트가 갖는 영향력의 순전히 물리적인 범위를 입증한다. (알렉산데르는 심지어 어떻게 마르틴 발트세뮐러Martin Waldseemüller가 베스푸치를 따라 아메리카 대륙의 이름을 붙이게 되었는지 처음으로 입증한 문헌학적 연구에도 손을 댔다.)

알렉산데르 훔볼트. 세계 전체를 자신의 실험실로 여겼던 그는 후대의 과학에 무수한 흔적을 남겼다.

알렉산데르의 방랑하는 생활양식은 빌헬름과 그의 아내 캐롤라인이 —비록 이들은 각자의 지적 관심사에 따라 주기적으로 헤어졌지만—자신들로서는 한 번도 생각해 보지 못한 것이었다. 이상한 용어를 하나 사용하자면, 확고한 독신 남성인 알렉산데르는 남성 여행 동료들과의 강한 애착 관계를 형성했으며, 그의 성적 취향은 수수께끼로 남았다. 어쨌든, 알렉산데르식의 과학은 안정적인 가정생활과 양립할 수 없었다. 그의 소명은 무엇보다도 현지 조사였다. 알렉산데르는 연구소 작업대 혹은 세미나실의 닫힌 공간에서 멀리 떨어져 일했다. 세계 전체가 그의 연구소였고, 자연의 총체성은 이 성실한 독신주의자가 추구하는 대상이었다. 바이런 경Lord Byron은 『돈 후안』에서 더 근본적인 쾌락에 빠지는 대신 하늘의 색깔에 대한 정보를 기록하는 것에 대해서 "훔볼트, '1등 여행가'"라고 풍자했다. '푸른색의 강도를 재는' 대신에, 돈 후안은 연인에게 "오 다프네 아가씨, 당신을 재도록 허락해 주오!"라고 말하는 것이다.[4]

진실로, 아마존 정글이건 눈 내리는 우랄 산맥이건 간에 훔볼트가 어디에 있든, 그는 기압계와 육분의를 꺼내고, 먼지와 암석을 캐냈다. 그는 생각할 수 있는 모든 기후적, 지리적 현상들을 수적으로 측량했다. 그는 암석과 구름의 형성, 식물군과 동물군, 인구와 풍습을 질적으로 기술했다. 높은 산꼭대기에 대해서건 노예제의 잔인성에 대해서건 감정적 반응에 대한 암시들이 억제된 그의 작품은 문학적 색채가 적었다. ("꿈에서 깨어나는, 그러나 고통스럽게 깨어나는" 듯한) 지진 한가운데에서 냉정하고, ("어떤 황량한 행성의 암석들이 드러난 표면"처럼) 끝없는 대초원 지대를 횡단하는 마차 여행에도 겁먹지 않지만, 납치된 아이들을 찾아다니지만 결국 찾지 못한 구아히바 인디언 여성의 이야기("흔히 비난받는 종족에 존재하는 감동적인 모성애의 이야기")에 동정심을 보이는 알렉산데르는 자연 견본들의 냉혹한 수집가가 아니었다.[5]

알렉산데르의 잡다한 관찰들을 묶어 주는 것은 전체 자연의 통일성, 그가 명명한 대로 하자면, '내적 에너지에 의해 움직이고 활기를 띠는 전체성'에 대한 낭만적인 믿음이었다.[6] '훔볼트적 과학'은 일련의 특수한 사실들을 모두 연결 시키려는 목적으로 모으는, 강박적이고 훈련된 수집을 가리키게 되었다. 전 세계 관측소에서, 온도계와 기압계에서부터 대기의 산소량을 재는 유디오미터와 바이런 경이 언급한 하늘의 푸른색의 강도를 추산하는 시안계에 이르기까지 수많은 규격화된 기구들이 사용되었다. 과학자들은 이 측정 정보를 통합하여 지구의 다양성과 유형화된 균일성을 시각적으로 한눈에 전달할 수 있도록, 식물 생장, 기후, 고도 등등이 서로 유사한 지대를 지도화할 것이다. 오늘날 신문의 날씨 난에서 볼 수 있는, '등온선'(대륙 전역에 걸쳐 유사한 기온대를 표시한 것)은 훔볼트가 고안한 등위지도와 단면도, 그리고 여러 다른 그래픽 기술의 한 종류였을 뿐이다.[7]

이 기획을 위해, 훔볼트는 국제적인 서신 네트워크를 양성했다. 1789년부터 1859년까지 그는 50,000통의 편지를 썼고, 100,000통의 답장을 받았는데, 때로는 한 주에 80여 통을 받기도 했다. 그는 특히 오스트레일리아와 북아메리카의 독일인 이민자들과 편지를 주고받았는데, 미주리 주의 세인트루이스에 사는 한 통신원은 47년 동안 하루에 세 번씩 온도계, 기압계, 유속계를 측정하여 그 결과를 수집해 보내왔다.[8] 한데, 알렉산데르는 학술 공동체만큼이나 국제적인 인물이었다. 그는 모국어인 독일어가 아니라 세계 공용어인 프랑스어로 편지를 썼으며, 토머스 제퍼슨Thomas Jefferson과는 영어로, 아마존 지역 선교사들과는 스페인어로 유창하게 대화할 수 있었다. 그는 서신 네트워크를 이용하여 다른 과학자들을 후원하고, 그들이 경력을 시작할 수 있도록 도왔으며, 자신의 과학 연구를 위한 후원금도 받을 수 있었다. 훔볼트는 멀리 떨어져 있는 과학자들이 서로 소통할 수 있도록 함으로써, 유럽 식민주의의 전 세계적 네트워크에 접목된 서신 공화국을 주재했다. 훔볼트의 전 세계에 걸친 기획은 우편을 통해 자료를 공유하며 실제로 자연을 관찰하는 비전문가들 각자의 능력에 좌우되었다. 서신 공화국의 개방성 속에서 작동하는 훔볼트식 과학은 원칙상 그의 글을 읽게 된 사람에 의해 계속 연구되었다. 그리하여 찰스 다윈은 일관성 없는 대학 교육에도 불구하고 훔볼트를 읽은 후 갈라파고스 섬으로 모험을 떠날 수 있었다.

훔볼트의 과학은 보편적 적용을 갈망했다. 그렇지 않았다면 연구소 고유의 객관성이 부족해졌을 것이다. 훔볼트는 신뢰할 만하며 여러 번 복제할 수 있도록 자연 현상을 조정하고자 한 것이 아니라 관찰하고자 했다. 자연 현상—예를 들면 화산 폭발의 원인—에 관한 그의 이론의 목적은 논쟁과 토론을 야기하는 것이지, 합의를 도출하는 것이 아니었다. 그의 방법은 열광적인 대중의 지지를 받았지만, 그것은 단지 대중의 참여를 유도했기 때문이었으며, 아무도 전문가적 지식 혹은 사적 지식을 요구하지 않았다. 그러나 훔볼트식 과학에서 발견되는 개방성과 자발성이라는 특성들이 과학 연구의 모든 하위 분야에 적용되는 것은 아니었다. 반세기 전에 막을 연 화학 혁명은 닫힌 문 뒤에서 내부자들만이 알 수 있는 기구와 용어로써 수행되는 훨씬 더 사적인 과학에 의존했던 것이다. 이 분야의 개척자인 앙투안 라부아지에Antoine Lavoisier는 장인적 기술이 귀족 계급에게 가져다준 기회—그리고 위협—를 훔볼트가 실행하지 못했던 방식으로 이용했다.

작업장으로서의 연구소: 라부아지에

프랑스의 화학자 앙투안 라부아지에(1743~1794)는 프랑스 대혁명을 전후하여 살았다. 그는 파리 센 강의 오른쪽 기슭에 위치한 화약고에 자신의 연구소를 세웠다. 게다가 얼마 동안은, 그곳을 자신의 아파트로 사용하기도 했다. 그 보다 훨씬 나이가 어렸던 그의 아내는 어디에서나 그를 도왔고, 특히 조예가 깊은 제도공이었던 그녀는 라부아지에의 과학 설비와 연구소 생활에 대한 생생하고도 정확한 묘사를 많이 남겼다. 라부아지에가 이상적인 사적 삶 속에서 과학 연구를 수행했지만, 그는 복잡하게 얽혀 가는 사업 때문에 너무나 대중적인 인물이 되었다. 연구 자금 때문에 그는 악명 높은 '세금 징수인 조합'의 지분을 샀다. 이 조합은 프랑스의 세금 징수를 맡고 있었는데 프랑스 혁명이 일어나자 불법 행위 혐의를 받았다. 그 결과, 라부아지에는 1794년 단두대에서 처형되었고, 라부아지에 부인은 재산을 모두 잃고 살아남아 그의 유작들을 출간했다. (사랑과 과학의 또 다른 결합의 예로서, 그 자신 역시 화학자이자 라부아지에의 동료였던 피에르-사뮈엘 뒤퐁Pierre-Samuel Dupont은 한때 라부아지에 부인의 정부였다. 그 역시 혁명 정치와 충돌하여 델라웨어로 망명했고, 이곳에서 그의 아들은 지금도 유명한 화학 거대 복합 기업을 세웠다.)[9]

앙투안 라부아지에는 무색무취의 거의 질량이 없는 '불변의 불꽃'이 어떤 물체가 연소할 때 방출된다고 가정했던 플로지스톤 이론을 뒤집은 것으로 유명하다. 그 대신에 그는 우리가 산소라고 부르는 실제 원소가 연소 과정에서 중요한 원소임을 보였다. 이를 증명하기 위해, 라부아지에파 과학자들은 반응물들의 질량을 정확히 측정해야만 했다. 일부 물질들이 연소할 때 실제로 아주 작은 질량의 산소를 '흡수한다'는 것을 보여 주었기 때문이다. 정확한 측정과 특히 양화量化는 이들 연구 접근 방식의 특징이 되었다. 라부아지에는 1그램의 1,000분의 1보다 작은 무게도 정확히 측정하는 측정계를 만들어 냈을 뿐만 아니라, (태양계가 안정적인 상태임을 증명한 피에르-시몽 라플라스Pierre-Simon Laplace와 함께) 열량계를 공동 발명했다. 혁명 기간 동안, 그는 무게와 길이 단위를 규격화하는 계량 체계 설계를 돕기도 했다. 라부아지에 이전 화학자들은 반응물들의 냄새, 맛, 색깔, 심지어 소리까지 주관적으로 보고했다. 충격적이지만, 그의 스승 가브리엘-프랑수아 루엘Gabriel-François Rouelle은 알칼리성 용액을 동물들에게 붓고서, 동물들이 내는 소리를 이용하여, 그 용액의 '부식 성질'이라고 기록했다.[10] 그러나 라부아지에 이후 화학자들은 점점 더 증가해 가며, 정량 측정 결과를 보여 주는, 더 새롭고, 훨씬 더 정확한 수많은 기구들로 측정된 물질들의 물리적 특징에 집중했다. 규격화되고 수송 가능한 기구들 덕택에 과학 연구 결과들이 안전하게 널리 수용될 수 있었고, 시공간을 초월하는 자연의 규칙성들을 인식하고자 하는 홈볼트의 열망이 가능해졌다.

그러나 화학은 홈볼트식 과학이 아니었다. 그것은 이미 감각들에 가능한 인상들을 수량화하기 위한 수동적인 관찰이 아니라 신비하고 보이지 않는 힘으로 보이는 것을 조작하고자 하는 적극적인 개입에 의존했다. 플로지스톤 이론의 주요 옹호자인 조지프 프리스틀리Joseph Priestly는 원칙상 이러한 개입이 수반하는 과학에 반대했다. 실험 기구는 너무 복잡하고 비용이 많이 들었다. 18세기 연구소들은 여전히 주로 귀족 계급 실험자들이 연구 자금을 댔다. 좀 더 드물기는 했지만 왕립 학회와 다른 형태의 후원에 의해서도 자금이 조달되었다. 라부아지에파의 실험 기구들 역시 작동되기 위해서는 섬세하고 손재주가 필요한 조작, 즉 장인의 기술을 필요로 했다. 마침내 화학자들은 이러한 실험 기구들 때문에 오직 기술을 통해서만 자연과 상호작용하게 되었고, 실험 결과가 실패로 돌아갔을 경우 기구들이 불량했기 때문이라고 할 수 있게 되었다. 감각적 기술記述을 수학적 분석으로 대체함으로써, 라부아지에는 부정확한 실험 후 오차의 평균을 산출함으로써 정확한 결과를 얻을 수 있었다. 이제는 실험 과학에서 표준 사례가 된 이러한 실험 절차는 과학적 사실들이 육안으로도 관찰할 수 있을 만큼 뚜렷하고 명백해야만 한다는 생각에 이의를 제기한 것이었다. 그리하여 프리스틀리는 라부아지에의 혁명은 귀족-과학자의 역할과 정체성에 중

심적인, 독립적 판단과 시각 증거의 힘을 해친다고 반대를 표명했다.[11]

라부아지에가 화학 술어에 가져온 혁신들—근본적으로 재창조했다고 할 수 있는—과 관련된 문제가 있었다. '탄산염', '질산염', '황산염' 같은 신조어들은 당대인들에게 '결코 프랑스 언어의 정신에 부합되지 않으며 귀에 거슬리는, 거칠고 야만적인 단어들'로서 충격을 가져왔다.[12] 그러나 라부아지에는 적절하게 고안된 언어는 자의적인 이름과 기호들보다 훨씬 더 중요하다고 믿었으며, 불명확한 언어가 분석적 창조성을 저해하는 반면, 명확한 언어와 명확한 기호는 더 위대한 분석적 창조성을 가능케 한다고 여겼다. 로마의 숫자 체계가 아라비아의 숫자 체계에 자리를 내준 것처럼, 모호하고 질적인 기술은 정확한 화학 용어에 자리를 내주어야만 한다. 예를 들어, 라부아지에는 '나눌 수 없는' 것으로 추정된 고대의 4원소들 중 하나인 물이 실제로 '탈플로지스톤 공기'와 '가연성 공기'의 연소에 의해 발생된다는 것을 증명하면서 이러한 반응물들을 새롭게 명명했다. 모호하나 환기적인 용어들을 '수소'와 '산소'라는 인공적이나 정확한 기술어로 대체한 것이다.

과학은 기술이 되었고, 귀족들의 연구소는 전문가들의 작업장이 되었다. 라부아지에는 마침내 학자들과 전통 공예 기술의 장인들 사이의 협업이라는 프랑스 백과전서파들의 꿈을 실현했다. 그러나 이는 대중을 가르치고자 하는 야심의 희생된 결과이기도 했다. 실험 과학은 비밀 공식과 복잡한 실험 기구들로써 이제는 보편적인 사실 문화, 공공 대중 담론의 흥미를 끌 수 없었다. 실험 과학은 서신 공화국 학자들 사이의 합의를 이끌어 내지 못했으며, 심지어는 일부 학자들과는 불화를 일으키기조차 했다. 그렇다면 어떻게 연구소는 19세기의 지배적인 과학 기관이 될 수 있었을까?

세미나로서의 연구소: 리비히

유스투스 리비히Justus Liebig(1803~1873)가 위 질문에 대한 한 가지 답을 제공했다. 그는 화학 연구가 유용하며, 그러므로 대학, 국가, 기업이 지원해 주어야 한다는 것을 증명했다. 리비히는 유기 화학을 하나의 학문 분야로 발전시켰고, 농업용 비료, 화학 염료, (1897년 독일에서 개발된 바이엘 아스피린 같은) 의약품을 개발하는 것이 막대한 실질적 가치를 지닐 수 있음을 증명했다. 대학 연구소와 대기업 간 협력의 산물인 이러한 유기화합물은 독일 제국이 경제 초강대국의 위치로 올라서는 상승 동력이 되었다. 리비히는 고형 부용(녹여서 수프를 만듦. 고형 스톡이라고도 한다.-옮긴이)과 유아 조제식 같은 상품 개발에 자신의 화학 지식을 이용했다.

리비히는 연구소의 성장에 대한 좀 더 심층적이고 제도적인 답 또한 제공했다. 즉, 자연 과학이 이제부터는 전문학교의 성공을 이용하리라는 것이다. 리비히는 기센Giessen 대학에 세계 최초이자 지금도 가장 영향력 있는 화학 연구 학교를 세웠다. 기센은 파리에서 돌아온 24세의 리비히가 알렉산데르 폰 훔볼트의 도움으로 1824년 화학 연구소를 연 이래 세계 화학의 중심지가 된 헤센 주의 도시이다. 리비히는 끊임없이 대학 학장들과 주 행정관들에게 연구소를 세우는 데 필요한 기금 마련 운동을 했고, 수많은 밀실 정치 운동 끝에 1830년대 말쯤에 이르러서는 작은 소도시 기센을 화학의 국제적 중심지로 성장시켰다. 그의 연구소는 직업 훈련소로서 시작했지만 순수 연구의 최고봉으로 올라섰다. 헤센 주에서 지방 영업 허가를 받으려는 약사들이 리비히가 기센 대학에 정착한 후 10년간 순수 화학 연구자들의 수를 넘어섰다.[14] 그러나 명성이 쌓여 가면서 핵심 인재들이 모이기 시작했다. 리비히는 24명의 '아이들', 즉 다른 대학에서 계속해서 연구 경력을 쌓아 갈 박사들을 양성했으며, 150명의 화학자들이 기업에 들어갔다.[15] 기센의 리비히 박물관에 있는 7세대 가계도를 보면, 비타민 C와 플루토늄의 공동발견자들을 포함한 여러 명의 노벨상 수상자들이 열거되어 있다.[16] 제자들은 자신들의 스승을 정복군의 장군으로 비유하며, 자신들을 "명령만 내린다면 바로 공격할" 준비가 되어 있는 "무장한 젊은 동료 병사들"과 동일시했다.[17] 리비히의 새로운 기관은 대학 세미나의 문화를 남성적 허세를 갖춘 연구소 문화로 변형했다.

리비히 때문에, 귀족들의 사설 연구소와 공공 학회 실험을 내세웠던 영불 과학 공화국은 마침내 자연 과학 전문학교가 실현된 독일 중심의 연구 대학에 자리를 내주었다. 그러나 전통적인 인문학에의 침입은 거의 환영받지 못했다. 리비히는 우선 과학이 철학, 고전, 역사와 마찬가지로 노력을 경주할 가치가 있다고 당국을 설득해야 했다. 프로이센 정부를 겨냥한 비정치적이지만 광범위한 영향력을 발휘하는 출판물에서, 리비히는 사멸된 언어에 대한 숭배를 악의적으로 비판하고 고전 문헌학자들의 고대인들에 대한 우상화를 조롱하여 "진정한 인류 전체에 낯선 자들"로 불렀다. 게다가 그는 전통 학문이 실험 과학의 실용적 가치뿐만 아니라 가장 높은 철학적 수준에까지 도달하는 학문의 한 분야로서의 진정한 지위도 부인했다고 비난했다. 전통 학문은 "화학을 실험 기술로 간주한다. …… 소다와 비누를 만들거나 좀 더 나은 철과 강철을 주조하는 데 유용하다는 것이다. 그러나 전통 학문은 과학 연구 분야로서 화학을 생소하게 여긴다." 대학 교수들은 훌륭한 훔볼트적 추론으로써 "대학은 화학 분야에서, 모든 학과의 학생들이 (실험 기구와 조작 기술에 대한) 실용 화학적 예비 교육 없이 참여할 수 있도록 주로 이론 교육을 표방해야 한다."고 답하면서, 강의와 세미나로도 충분하다고 주장했다.[18] 그리하여 리비히는 대학 내에서 실험 과학의 지위를 영속하기 위해 실험 기술이 기술자들의 작업인 응용 화학뿐만 아니라 화학 연구 그 자체의 발전에도 필수적이라는 사실을 증명해야 했다.

유기체의 분석—미지의 유기 물질들의 확인—이 중요한 시험 사례를 제공했다. 리비히 세대는 유기 화합물과 무기물이 동일한 화학 법칙에 따른다는 것을 처음으로 발견했다. 즉, 유기 화합물은 신비한 생명 에너지로서가 아니라 (여러 원소들 가운데 특히) 탄소(C), 수소(H), 산소(O)의 결합으로 기술되어야 한다. 주어진 유기 화합물을 확인하는 요령은 이 기본 원소들의 상대 비율을 정확하게 측정하는 것이었다. 화학자들은 라부아지에 이후 물질의 연소는 산소O_2와의 결합 반응을 일으킨다는 사실을 알고 있었다.

$$C + O_2 \rightarrow CO_2 \text{ (기체)}$$
$$H + O_2 \rightarrow H_2O \text{ (액체)}$$
$$O + O_2 \rightarrow O_2 \text{ (더 많은 기체)}$$

액체의 무게를 측정하는 것은 간단했다. 수소의 무게는 (라부아지에의 방법에 따라 반응물의 무게에서 생성물의 무게를 빼는 것으로써) 측정될 수 있었다. 그러나 이산화탄소CO_2는 특히 많은 양일 때, 그리고 산소와 혼합되어 있을 때 측정하기 어려웠다. 연구자들은 (칼륨을 뜻하는 라틴어 칼리움kalium을 따서 명명한) 리비히의 '칼리구Kali apparatus'를 이용하여, 이산화탄소를 수산화칼륨KOH에 노출시켜 농축한 다음 액화된 이산화탄소의 무게를 잴 수 있었다. 칼리구는 화합물을 모으기 위한 농축 벌브 다섯 개가 달린, 정교한 유리 삼각 기구로, 유리 부는 직공이 제작했다. 조작 방식이 빨리 습득되며 다른 연구자들도 쉽게 채택하여 사용할 수 있는 간단한 기구였지만, 주로 실연實演을 통해 조작 방식을 익힐 수 있었던 만큼, 리비히와 그의 동료들에게는 경쟁자들보다 훨씬 유리한 이점을 제공했다.[19] 칼리구는 급변하는 연구 환경에 뒤떨어지지 않기 위해 경쟁자들이 빠르게 적응해 가는 데 대한 타개책의 좋은 예로서, 경영 전문가들의 용어로

말하자면 '모범 사례'라 할 수 있다.[20]

좀 더 심층적으로 볼 때, 유기 화학 분야에서의 리비히의 연구 성과들은 집단적, 실용적 교육이 과학 발전에 얼마나 중요한가를 증명해 주었다. 리비히의 훈련 방식들은 산업적으로 복제 생산이 가능한 기술 전통을 만들었다. 예를 들어, 주로 분젠 버너(또 다른 독일 화학 교육자가 완성했다.) 위에 놓인 삼각 플라스크(리비히의 학생 중 하나가 발명했다.), 둘 다 오늘날 대량으로 생산되는, 화학 연구소의 표준 구성 요소들이다. 리비히의 학교는 경쟁 학교들과 모방 학교들, 세미나에서와 마찬가지로 기술 훈련이 학문적 계보들을 구축한다. 그러나 토론을 기반으로 발전하며, 심지어는 계속해서 연구 환경이 변화할 수 있도록 견해차를 요구하기도 하는 텍스트적 해석과 달리, 기술은 합의의 문화를 형성한다. 과학자는 다른 방식으로는 전해질 수 없는 정확한 기술을 배우기 위해서는 스승의 권위에 복종해야만 한다. 기술적 지혜, 이러한 비법들을 받아들임으로써만, 개인은 이러한 회합에 입문할 수 있다. 즉, 분젠 버너와 관련하여 다른 의견을 내놓지 않고(적어도 그리 성공적이지는 못했다.), 실험 방법을 배우는 것이다.

실제 실험자들 사이의 합의는 과학적 신뢰와 과학적 진리의 구축에 중요한 기초가 되었다. 연구 세미나의 위계적인 규율 문화 내에 안착한, 불가해한 지식을 소유한 연구자들은 외부 세계에 단일화된 입장을 취할 수 있었다. 비록 대중도 동료 대학 교수들도 그들의 활동을 이해하지 못했지만 말이다. 이 때문에, 과학자들이 자연 세계에 대해 진리라고 주장하는 것을 대중이 받아들이도록 설득하는 방법의 문제가 여전히 남았다. 파스퇴르와 함께 우리는 실험 기술을 통한 자연의 제어에 있어서 복제성과 신뢰성의 업적으로 향한다.

연구소로서의 세계: 파스퇴르

루이 파스퇴르Louis Pasteur(1822~1895)는 초기 일련의 실험들을 통해 알코올성 발효는 이스트에 의한 것이며, 리비히와 라부아지에가 믿었던 대로 산소와의 반응에 의한 것이 아님을 증명함으로써 화학자로 시작했다. 미생물들—이스트와 균류, 그리고 특히 박테리아와 바이러스와 같은 미생물들—이 연구 전공이었다. 파스퇴르는 질병의 주요 원인으로서 미생물의 역할을 밝히고, 그의 연구 성과를 광견병, 탄저병, 콜레라, 그리고 상한 우유의 예방에 응용했다. 좀더 낮은 온도에서 박테리아를 제거하고, 박테리아가 다시 생기는 것을 지연하기 위해 우유에 순간 열을 가하는 간단한 기술인 저온 살균법은 오늘날 모든 가정용 냉장고에 파스퇴르 미생물학을 응용한 것이다. 우리의 가정환경을 개선함으로써, 파스퇴르의 과학은 문자 그대로 세계를 연구소로 만들었다.

프랑스의 가축 전염병으로 커다란 손실을 가져왔던 탄저병의 백신 개발이 그 중요한 예가 된다. 파스퇴르는 먼저 지저분한 시골 농장에서 탄저균이 득시글거리는 박테리아 표본을 찾아냈다. 파리에 있는 연구소로 표본을 가져온 후, 파스퇴르와 그의 동료들은 살균되고 통제된 실험 조건하에서 다양한 배양을 마음껏 실험·조작하고 난 후, 탄저병 백신을 개발할 수 있었다. 오스만투르크는 오래전부터 소량의 천연두 병균을 사람들에게 주사함으로써 천연두가 예방될 수 있다는 사실을 알았다. 이보다 나중에, 에드워드 제너Edward Jenner는 관련 질병인 우두牛痘를 접종한다면 천연두에 대한 교차 면역이 가능해진다는 것을 증명했다. 그러나 파스퇴르는 원래의 병균의 악성 변종으로부터 여러 세대 배양을 거듭하는 과정을 통해 특별히 약화된 간균桿菌을 배양함으로써 '인공'(연구소에서 제조된) 백신을 최초로 개발하는 데 성공했다. 일단 이 변종을 얻고 나자, 파스퇴르는 원하는 만큼의 혈청을 만들어 내어, 소들에게 투여하도록 프랑

푸이-르-포르에서 가축에게 백신을 놓고 있는 루이 파스퇴르

스의 농장들로 보낼 수 있었다. 1881년 푸이-르-포르의 시골 마을의 한 농장에서 극적인 시연을 연출하면서, 파스퇴르는 그곳의 모든 병든 동물들은 죽을 것이지만 백신을 투여한 동물들은 그렇지 않으리라고 정확히 예견했다.

탄저병 시연의 교훈은 무엇이었는가? 이 교훈은 과학사가인 브뤼노 라투르Bruno Latour가 매우 잘 요약하고 있다.[21] 첫째, 미생물을 배양하여 재배하는 것은 인쇄술, 전자공학, 요리 혹은 가구 제작과 마찬가지로 어려운 기술이며, 연구소는 이러한 기술이 실행되는 작업장이었다. 둘째, 육안으로 볼 수 있는 배양을 통해, 파스퇴르는 보이지 않는 살인자를 갑자기 볼 수 있고 제어 가능한 것으로 만들었다. 또한 그는 나라 전역에 걸쳐 창궐하던 광범위한 전염병을 연구소의 네 벽 안에 담을 수 있는 현상으로 축소했다. 가장 중요한 것은, 파스퇴르가 어떻게 외부 세계와 유사하면서도 제어 가능한 세계를 만들 수 있는지 보여 주었다는 점이다. 푸이-르-포르에서의 시연과 그의 치료법을 채택하고자 하는 농장을 위해, 장소의 위생과 백신의 관리는 파스퇴르가 개인적으로 확립한 엄격한 절차에 따라 조정되어야 했다. 살균, 청결, 접종, 시간 조절, 기록, 통계 분석이 없다면, 백신은 제대로 작용하지 못하여, 그 효과가 '증명될' 수 없었을 것이다. 농장은 일반적으로 청결하지 않았고, 농장 노동자들은 일반적으로 접종 훈련이 되어 있지 않았으며, 농장 소유주들은 일반적으로 소에 대한 기록을 수집하려 들지 않았다. 그러나 파스퇴르의 성공은 이들이 자신들의 방식을 수정하도록 납득시키고, 그렇게 함으로써 세계가 움직이는 방식을 수정하도록 한 데에 있었다. 그는 과학 실험실의 정확한 절차들을 대학 건물의 개인 연구실로부터 더 광대한 대중 공간으로 넓혀 갔던 것이다.

푸이-르-포르 이후 10년, 비유럽 영토의 거대한 영역이 연구소를 기반으로 한 미생물 전사들의 시야에 들어온 이때, 파스퇴르의 과학은 세계의 나머지 정복을 시작했다. 1891년에 창설된 파스퇴르 연구소는 프랑스 식민지들(튀니지, 탕헤르, 카사블랑카, 사이공, 카메룬)과 그 너머(상파울로, 상하이, 다카르, 방콕) 전역에 세워지기 시작했다. 이러한 연구소들에 의해 프랑스 제국의 의학은 해외 '문명화 선교'의 주요 요소가 되었다. 프랑스의 식민주의적·상업적 이익에 있어서 중요한 지역인 북아프리카의 튀니지는 명백한 예를 제공한다. 유럽의 도시들과 마찬가지로, 19세기의 튀니지는 일련의 콜레라, 티푸스, 그리고 여러 유행성 전염병들에 고통 받고 있었다. 무슬림 의사들은 검역 조치들에 대한 풍부한 경험을 지니고 있었다. 예를 들어, 메카에서 돌아오는 순례자들은 잘 알려진 병독 매개자였던 것이다. 무슬림 통치자들은 그러한 검역 조치들이 코란의 가르침인 '하디스'와 이슬람법의 다른 요소들에 부합하는지의 여부를 지역의 '울라마'에게 정식으로 학술적 견해를 요청했다. 그러나 1800년대에, 심지어 프랑스 법이 공식화되기 이전에, 이슬람 의학은 국외로 추방된 의사들이 도입한 유럽 과학의 더 효과적인 방식에 직면하여 거의 무너지고 말았다. 1800년대 중반에 이르러, 튀니지 의사들은 성문 자격증의 오랜 관행을 유지하는 한편 중세 지식 전달의 흐름과는 거꾸로 유럽 의사들에게 의료 행위를 할 수 있는 '이자자'를 발행해 줄 것을 부탁하고 있었다. 그러나 1881년에는 프랑스의 공식 보호령이 성립되면서 유럽의 의사들은 식민지 공중위생 정책과 개업의들에 대한 전적인 통제를 주장했다.[22]

12년 후 설립된 튀니지의 파스퇴르 연구소는 유럽의 식민지 개척자들과 북아프리카 토착민들에게 똑같이 더 안전하고 유용한 삶을 제공해 주었다. 파스퇴르 연구소는 광견병과 천연두 백신을 생산하고, 식수 분석을 행하고, 프랑스 포도주 산업을 거의 파괴한 포도나무뿌리진디 병을 피해 온 포도주 양조업자들을 위해 발효 과학 연구를 수행했다. 뿐만 아니라, 외국 토양에 대한 연구로 목표를 변경하기도 했다. 파스퇴르 연구자로서 노벨상을 수상한 샤를 니콜 Charles Nicolle이 티푸스가 기생충에 의해 전염된다는 사실을 발견한 것도 튀니지에서였다. 결과적으로, 튀니지는 '가장 지적인' 지역민들에게 질병의 확산을 막기 위해서는 옷을 삶아야 한다고 가르치기 위해 보낸 '식민지 의사들'이 존재하는 위생 구역들로 나뉘었다. 이러한 간단한 기술—전 인구가 모방하는 가사 행위의 변화—은 구전으로 전파되었고, 티푸스는 결국 튀니지에서 근절되었다. 니콜과 그의 동료들은 마침내 티푸스뿐만 아니라 임질과 콜레라의 백신까지 개발했고, 혈청을 제조하여 튀니지로부터 전 세계로 보냈다. 이제 튀니지는 파리 실험 과학의 지역 전초 부대가 아닌 것이다. 니콜(제국주의자가 아니었다.)은 다음과 같이 결론 내렸다. "문명의 확장, 즉 식민화의 작업은 의학적 요소를 포함한다."[23]

파스퇴르 과학과 훔볼트 과학을 대조하는 것은 유용하다. 왜냐하면, 둘 다 세계를 자신들의 연구소로 만들고 그들 업적에 대한 대중의 찬사를 받았기 때문이다. 훔볼트는 전 세계적으로 자료를 수집함으로써 과학의 보편적 범위를 강조했다. 파스퇴르의 방식은 실험 조건을 신중하게 확립하고 나서야만 외부 공간으로 확장해 감으로써 제어할 수 있는 복제성을 강조했다. 파스퇴르가 우세한 이유가 무엇인가? 라투르가 썼듯이, 파스퇴르의 접근은 사회적, 경제적, 정치적 권력의 네트워크, 즉 농장의 이익당사자들, 정부의 통계학자들, 해외의 식민지 개척자들의 네트워크와 맞물렸기 때문이다. 이러한 권력의 이해관계에, 파스퇴르는 작은 방에서 개발된 현미기술顯微技術(광학 및 전자현미경으로 관찰하는 실험적 조작-옮긴이)을 통해 물리 세계 전체로 확장되는 거시적 변화를 일으킨 실험 과학자들의 권력을 더했다. 그가 성취한 업적은 여러 면에서 잘 조작된 환상이었다.—그의 개인 노트를 보면, 그가 여러 번 안이한 방법을 취하기도 했고, 완전한 공공 기만이 드러나기도 한다.[24]—그러나 파스퇴르의 홍보 노하우는 그가 경제적, 정치적, 사회적 자원을 그 자신을 위해 이용하여, 값비싼 살균 장비를 구입할 사람들, 특정 치료제를 요하는 법률안을 통과시킬 정부, 식품 소비와 청결에 관한 가장 내밀한 습관을 바꿀 사람들을 얻을 수 있었음을 의미했다. 과학은 놀라운 예측으로서뿐만 아니라, 과학자들이 "이런 일이 일어날 것입니다."라고 신뢰감이 가도록 말할 수 있게 하는 조건들을 갖출 수 있는 실험실로 세계를 변경함으로써 공적 권위를 획득한다.

훔볼트 형제는 비록 한쪽이 여전히 형제애의 결속에 의해 연결되어 있긴 하지만, 과학과 인문학이라는 '두 문화'들 사이의 분열의 시작을 뜻한다. 파스퇴르는 그 분열의 완성을 뜻한다. 학술 학회의 귀족적 과학으로부터 사적 과학으로 물러난 라부아지에를 넘어서서, 그리고 독일 연구 대학의 양지 속에 '기술자들'의 자리를 보장해 주려는 리비히의 반인문주의적 운동을 넘어서서, 파스퇴르는 텍스트를 가지고 작업하는 사람들과 물체를 가지고 작업하는 사람들 사이의 명확한 균열을 상징했다. 새로운 객관성의 기준을 제시하면서, 파스퇴르 과학은 확실하게 연구소의 사회적 유용성, 인간 삶을 향상시킬 수 있었던 매우 실질적인 방법들을 증명했다. 신인문주의자들이 아무리 그리스적 가치에 호소한다 해도 이것의 가치를 부인할 수는 없었다.

사회 과학: 인간 실험

근대 과학이 자연을 조종하고 지배하며, 대중의 존경을 받고, 공공 행위를 변화시킬 수 있게 된 것은 기술 작업장과 전문학교 세미나의 융합의 시너지 효과로부터 생겨났다. 이것은 기술 작업장이 산업 공장에 자리를 내주고, 시골에서는 가족 농장에서 일하던 수백만 명이 대도시로 이주하던 시기에 일어났다. 이러한 변화들과 그에 따라 발생한 사회 문제들은 19세기 사회 과학의 분야가 되었다. 산업화와 도시화는 일터와 가정, 가정과 학교를 분리시키는 결과를 가져왔다. 새로운 물리 공간들, 특히 공립학교, 공장 작업장, 이주민들이 모여 사는 빈민가 등은 전근대적 가정의 해체에서 비롯되어 형성되었다. 새로움 때문에 각각의 공간들은 실험을 위해 개방된 영역이 되었다. 각 영역의 지배적 가치들—민주주의 혹은 계급 질서, 연대 혹은 생산성, 다양성 혹은 동화—은 여전히 유동적이며 유보적이었다.

사회 과학자들은 실험 기술을 사람들이 학습하고, 일하고, 살아가는 공간에 적용함으로써 영향력을 행사하기 시작했다. 경제학, 사회학, 인류학 같은 학과들에서는 이미 전통적인 문헌학적 방법론을 발전시키고 있었다. 애덤 스미스, 칼 마르크스, 에밀 뒤르켐Emile Durkheim 같은 저자들은 끝없는 분석의 대상이 될 정전 텍스트들을 저술했고, 정부 통계와 여행 보고서 같은 성문 자료들은 후대 학자들이 새로운 학문을 발전시킬 방법을 제공해 주었다. 그러나 산업 근대화

공간들은 점점 더 이러한 학과들이 각자의 연구소를 갖추도록 했다. 사회 과학자들은 지능검사자, 능률 향상 전문가, 과학적 박애주의자가 되었고, 그 외에 더 많은 역할을 담당했다. 과학자로 변한 인문주의자들은 하얀 가운을 입은 상대를 모델로 삼았다. 그들은 측정하고 정량했으며, 핵심 전문가 그룹에 실험적 방법론을 가르쳤다. 뿐만 아니라 그들은 광범위한 사회적 변화에 영향을 미치는 '객관적'이고 공정한 연구 결과가 필요한 공공 영역으로 넘어갔다.

공립학교에서의 지능검사

두부頭部 측정 과학인 두골 계측법은 1800년대에 황금기를 맞았다. 최초로 인간에게 실험 기술을 지속적으로 적용한 과학자들—일부는 괴짜였지만 그중 다수가 매우 존경받을 만했다.—은 캘리퍼스와 다른 정밀 기구들을 사용하여 피실험자(살아 있는 사람과 죽은 사람 모두)의 두개골 부피를 측정했다. 두개頭蓋 용량을 인종적 우월성 혹은 범죄를 저지를 성향과 관련짓는 가설을 시험해 보는 것이 목표였다. 정확한 측량과 부량附量에 크게 의존했음에도, 실험은 결론에 이르지 못했다. 작은 (혹은 큰) 머리 크기가 아프리카인들의 지능 저하를 설명해 줄 것이라는 생각은 19세기 의사擬似 과학 가운데 최악의 것으로 보인다. 그러나 이것은 단지 과학자들이 뇌의 바깥이 아닌 안쪽에 있는 것을 객관적으로 편견 없이 측정할 수 있다고 납득시켜 왔기 때문이다. 모든 인간은, 지적 약점과 강점의 개별적인 별자리가 어떻든 간에, 두 자리 혹은 세 자리의 '지능지수intelligence quotient(IQ)'를 지닌다. IQ는 평생 동안 거의 변하지 않는 타고난 지능을 표시해 준다. 지능 검사는 사회 과학 발전에서 차지하는 그 중심적 위치가 자연 과학에서의 화학과 유사한 근대 심리학의 끈질긴 승리이다. 인간에 대한 과학적 연구이자 평가의 상징적 기술로서 IQ 검사는 유럽의 연구소에서 미국의 공립학교로 이동하면서 영향력을 얻었다.

지능 검사의 개척자는 프랑스인 알프레드 비네Alfred Binet(1857~1911)였다. 1891년, 무급 자원봉사자로서 소르본 대학의 생리학-심리학 연구소에 합류한 이래, 고속 승진하여 1894년에는 연구소장의 자리에 올랐다. 지금으로서는 친숙한 유형이지만 말이다. 비네는 두개 측정 방법론을 이용했으나, 그의 실험은 초기 심리 과학에 이용할 수 있는 기술의 전 범위에 걸쳐 있었다. 최면술과 필적 감정, 대면 인터뷰와 정밀 캘리퍼스, 그리고 눈을 가린 체스의 천재에서부터 정신 지체 학교 학생들에 이르기까지 일군의 피실험자들, 이 모두가 그의 연구 자료였다. 비네는 당시 라이프치히 대학의 빌헬름 분트(1832~1920)와 그의 학생들 덕분에 유럽에서 우위를 차지하고 있던 '살균 실험 조건'에 연구자들이 지나치게 의존하는 것을 비판했다. 심리학의 리비히, 분트는 실험심리학의 대가였다. 그는 인간 연구를 연구소의 인공적 제어에 종속시킴으로써, 특수한 경우로부터 보편적 진리를 증류해 내고자 했다. 반면, 비네는 개인의 복잡성과 변이에 관심을 갖고서 병원의 진단 테스트를 선호했다. 실제로 그는 자신의 딸들이 13년간의 임상실험의 대상이 되도록 했다. 그 결과, 그는 마들린은 '관찰자'가, 알리스는 '상상의 대상'이 된 것을 발견했다.[25]

아버지로서 비네는 같은 표준으로 비교할 수 없는 것—그의 아이들—에 등급을 매기거나 비교하기를 거부했지만 과학자로서 그는 정확히 그렇게 했다. 그는 점점 어려워지는 순서로 이어지는 30가지의 문제를 푸는 검사를 고안했다. 가령, 그림 속 창문을 알아내는 것(7번 문항)이라든지, grenouille('개구리', 24번 문항)라는 단어의 운율을 생각해 내는 등의 문제들이었다. 어린이가 이 문제들을 풀다 지체하는 지점이 아이의 정신 연령을 가리켰다. 1908년, 비네와 그의 동료 테오도르 시몽Théodore Simon은 300명의 정상적인 어린이들을 표본 집단으로 하여 80~90%의 어린이들이 각자 나이에 맞는 문제를 풀 수 있도록 이 검사를 표준화했다. '지능'을 피검사자의 연령에 연관된 단 하나의 총합으로 만들게 됨으로써, 비네-시몽 검사는 다양한 자질 요소들을 억누르는 결과를 가져왔다. 이 검사는 훈련된 심리학자라면 누구나 반복할 수 있으며, 내용상 표면적으로는 객관적이었다.

다음 단계는 과학적 승인을, 그다음에는 대중의 승인을 얻는 것이었다. 분트와 달리, 비네는 세미나가 없었으므로, 그의 방법론을 보급할 학파를 만들어 내지 못했다. 비네의 지능 검사는 유럽 학술 여행 중에 그의 연구 결과를 우연히 접한 미국인 헨리 허버트 고더드Henry Herbert Goddard(1866~1957)가 아니었다면 세상에 알려지지 못했을 것이다. 분트의 첫 미국인 학생이었던 G. 스탠리 홀G. Stanlry Hall에게 훈련받은 고더드는 비네-시몽 검사를 심리학 학과의 주류에 편입시켰다. 전통적인 교수 경력을 포기하고, 고더드는 그 대신에 뉴저지 주 바인랜드에 위치한 정신 지체 아동 훈련 학교에서 가르쳤다. 그곳에서 그는 피실험자들에게 훨씬 더 직접적으로 접근할 수 있었다. 한 동료의 감동적인 이야기에 따르면, "바인랜드는 …… 불운한 어린이들이 보살핌을 받고, 보호받으며 사랑받으며, 동시에 무의식적으로 우리에게 영혼 성장의 비밀들을 한 음절씩 속삭여 주는 인간 연구소이자 정원이다."[26] 정신 지체 아동 연구는 주류 청소년층 연구에 팽배해 있던 비조직적 방법론을 대체하는, 연구소 같은, 칭찬할 만한 대안을 제공했다. 예를 들어, 아동 연구 운동은 수천 명의 교사들이 훔볼트식 자연주의자로 변하게 했다. 교사들에게 학생들에 관한 모든 종류의 질문들에 답하도록 하는 조사표를 보냈기 때문이다. 그런데 이러한 방법은 소녀들의 인형 선호도에 관한 의심스러운 조사 결과들이 넘쳐 나고, 어린이들의 권리에 관한 3,000개의 에세이들이 쓰이는 결과를 낳았다. 대학 학계는 "시시하고 저속한 재료들을 제대로 훈련받지도, 기술적이지도 않은 방식으로 수집한

다."고 아동 연구 조사표를 비웃었다.[27]

고더드는 아동 연구 운동에 직접 동참했다. 고더드는 실험을 바탕으로 한 비네-시몽 검사가 좀 더 객관적인 아동 발달 연구 방법론을 제공해 주었으므로, 이에 자연스럽게 이끌렸다. 바인랜드에서, 그는 지능에 따라 백치, 치우癡愚(imbeciles), 모호하고 경멸적인 '저능한'이라는 형용사를 대체하기 위해 고더드가 훌륭하게 고안한 용어인 정신박약자*로 계층화된 표본 집단에 비네의 연구 결과를 적용함으로써 비네-시몽 검사의 적합성을 확인할 수 있었다. 그는 똑같은 방법론이 또 다른 훨씬 더 제도화된 그룹, 즉 학년으로 계층화된 학생들에 적용될 수 있음을 알았다. 미국의 취학 연령 인구는 1880년과 1900년 사이에 50% 이상 증가했다. 이 20년간, 새로운 이민자들과 토박이 농민들 수백만 명이 도시들로 몰려들었고, 아이들이 교실에 넘쳐 났다. 동시에 주에서는 새로운 의무 교육법을 제정하고 현행법을 강제했다. 이러한 상황으로 인해 심리학 연구는 호황을 맞이했고, 고더드는 1910년 비네-시몽 검사를 뉴저지의 공립학교에 정식으로 도입했다. 곧 앨투나Altoona에서 스포캔Spocane에 이르기까지 모든 교사들은 교육위원회에서 도입하기 훨씬 이전부터 이 검사를 이용하기 시작했다.[29]

그런데 학교 행정관들과 교육 개혁가들은 지성을 '연구'하기보다는 '평가'하기 위해 심리학자들을 필요로 하고 있었으며, 가능한 한 신속하고 효율적으로 학생들을 학년과 능력 수준으로 분류하고, 지능이 낮은 아이들을 특수 교육으로 돌리며, 무엇보다도 미국식 민주주의의 약속을 이행하기 위해, 즉 각자의 재능을 가진 아이에게 각각 성장할 기회를 제공하기 위해 그들을 필요로 했다.[30] 대규모 지능 검사에 대한 학교의 절실한 요구에 가장 강력하게 응답한 이는 고더

---

* 고더드의 정의에 따르면, 정신박약자는 8~12세 정도의 정신 연령을, 치우는 3~7세, 백치는 3세 이하의 정신 연령을 지니고 있다.

드가 아니라 스탠포드 대학 교수 루이스 M. 터먼Lewis M. Terman(1877~1956)이었다. 터먼은 미국이 1917년 전쟁을 치르던 시기, 고더드와 다른 동료들과 함께 바인랜드에서 100만 명 이상의 신병들의 집단검사를 수행하기 위해 일하면서 자극을 받았다. (충격적이게도, 이 검사에 의해 평균 미국인 병사가 13세의 정신 연령을 가졌음이 밝혀졌다.) 1916년, 그는 이제는 유명해진, 새로운 스탠포드-비네 검사를 들고 나왔다. 그는 이 검사를 이용하여 샌프란시스코 만 지역에 새로 생긴 학군들을 위한 지능 검사와 능력별 프로그램을 고안했다. 계속 그 규모가 증가하는, 매우 다양한 집단에 대한 효용성을 확신하고서, 터먼은 IQ 검사를 대중에게 적용했고, 정상적인 미국 학생들뿐만 아니라 성인들까지 지능을 측정하도록 재조정했다.[31] 그는 또한 '지능 지수intelligence quotient'라는 용어를 (창안한 것은 아니지만) 대중화했다. 정신 연령을 나이순으로 나누는 것은 이제 매년 전형적인 특정량으로 지능이 성장하는 정상 아동에 맞추어 설정된 고정 숫자로 대체되었다. 지능지수는 인간 개성의 한 특징이 되었다.

비네식의 실험주의자로서보다 통계학자로서 더 재능 있고, 연구소 바깥을 나가 세상에 참여하기 위한 정치적 기술과 야심을 펼치는 데에 고더드보다 더 대담한 터먼은 심리학자가 실험 과학자로서의 자신에서 벗어나, 그의 방법론과 조언이 공공 정책 수립에 도움이 되는 객관적인 전문지식 조달업자로 향하는 모습의 예시이다. 터먼의 스탠포드-비네 검사는 최근 2000년 미국 인구조사에서 얻은 자료를 사용하여 재표준화된 열다섯 번째 판이다. 학습 능력 적성 시험Scholastic Aptitude Test(SAT)같이 이와 유사하게 고안된 측정법은 지적 능력과 학습 능력 예측에 대한 정량적, 일차원적 평가에 십 대들―야심적인 예술가들, 수학자들, 정치 지도자들 혹은 네티즌들―을 종속시킨다.

공장 작업장의 능률 향상 전문가

거대 공장, 거대 관료제, 거대한 기계는 모두 19세기 후반 자본주의 풍경의 새로운 특징들로서, 사회 과학자들이 틈입해 들어갈 또 다른 연구 영역으로 성장해 있었다. 19세기 미국의 산업 자본가들은 이전 혹은 이후 국가의 전체 부의 비율에 맞지 않는 부를 축적했다. 불만을 품은 실직한 노동 계급은 유럽식의 사회주의에 역사상 어느 때보다 더 진지하게 접근했다. 이러한 불안정한 상황에 직면한 자칭 능률 향상 전문가들은 산업 시스템이 능률적인 기계처럼 잘 돌아가도록 준비된 채 손에 든 스톱워치와 클립보드로써 한발 앞서 갔다.

프레더릭 윈슬로 테일러Frederick Winslow Taylor(1856~1915)는 그의 신봉자들이 '과학적 관리법'이라 불렀던 관리 방식의 거장이 되었다. 테일러는 1911년 다음과 같이 썼다. "과거에는 인간이 먼저였다. 그러나 미래에는 시스템이 먼저여야 한다." 그가 실시한 첫 번째 시스템은 황폐하고 말라리아 질병이 도는 부적절한, 필라델피아의 '나이스타운'이라는 지역에 위치한 미드베일 강철 회사의 것이었다.[32] 테일러는 그곳에서 기계공으로 일하다가 후에 십장이 되었다. 마침내는 나라 전역에 걸쳐 모든 회사들에 적용된 방법을 사용하여, 그는 모든 공장 조업을 부분 작업들로 나누고, 낭비를 최소화하고 결과를 극대화하기 위해 각각을 수리하고, 작업의 완성을 위해 정확한 시간표를 짜고, 노동자들이 변화를 받아들이도록 현금 장려금을 제공했다. 테일러는 재계 대표들뿐만 아니라 과학적 관리법에서 철도 산업의 낭비를 줄일 기회를 보았던 미래의 대법관, 루이 브랜다이스Louis Brandeis 같은 진보적 개혁가들의 갈채도 받았다. 테일러의 제자들은 태평양 연안에서 대서양 연안까지 그리고 그 너머까지 스승의 복음을 전파하기 위해 테일러 협회를 직접 구성했다. 테일러주의에 감탄한 블라디미르 I. 레닌Vladimir I. Lenin은 고속 성장 중인 소련 산업화를 위해 이 방법론

에 빠져 있던 미국 기술 인력들을 수입했다.[33]

테일러는 학자가 아니라 기술자였다. 그는 현장에서 그의 방법론을 개발했고, 그것은 프랑스, 이탈리아, 독일 등지에서 실행되었던 유럽식 노동 과학과 독립적이었다. 특히, 분트의 학생들은 피로疲勞의 정확한 '생리-심리학적' 측정과 근육 활동의 실험 검사를 강조했다.[34] 초기 테일러주의자들 중에 학술 심리학과의 가교를 놓은 이들은 프랭크와 릴리언 길브레스Frank and Lillian Gilbreth 부부였다. 이들은 산업 경영 기술을 자신들의 아이들 12명에게 적용했고, 그중 둘은 『한 다스면 더 싸다Cheaper by the Dozen』를 통해 부모들의 이름을 영원히 남겼다. 뚜렷이 역전된 성 역할로서, 자신들의 공동 연구에 학계의 신임장을 받아 온 이는 프랭크가 아니라 릴리언이었다. 프랭크(1868~1924)는 건설업자였다. 그가 아마도 아이들이 정원의 나무 그루터기들을 제거하는 계약을 따내기 위해 봉인된 입찰을 제출하도록 하자는 생각을 해냈을 것이다. 릴리언(1878~1972)은 브라운 대학 심리학 박사 학위를 받았다. 학술 연구로부터 얻은 통찰과 전통적으로 여성적인 외교술과 인간관계 기술을 결합시킴으로써 테일러 시스템을 인간화한 것은 릴리언이었다.[35] 미국의 직장에 대한 길브레스 부부의 공헌 가운데에는 건의함과 직원 구내식당이 있다.[36]

길브레스 부부는 사진과 스톱워치를 결합하여 테일러의 방법론에 과학적 특징을 더함으로써 시간 동작 연구(시간과 작업 능률과의 상관 조사-옮긴이)를 창안했다. 테일러처럼 단순히 생산성의 시간을 관리하기보다는 노동자의 행위를 자세히 조사함으로써 산업 노동에 인적 요소의 과학적 평가를 도입한 것이다. 길브레스 부부는 일련의 '서블리그therblig'(그들의 성姓인 Gilbreth의 철자를 거꾸로 쓴 것) 16가지를 고안하여 '찾다', '쥐다', '계획하다', '쉬다'와 같이 공장 노동에 관련된 모든 물리적 행위와 정신의 결정을 설명했다. 이를 정확히 기록하기 위해 길브레스 부부는 고속영화 카메라, 길게 노출된 스틸 사진, 플래시 라이트, 그리고 특히 입체경(깊이감을 더하기 위해 당시에 광범위하게 쓰였으며, 여전히 골동품 가게 어디에나 있는)을 이용했다. 개념적으로, 사진은 이 세계의 객관적인 '진실'을 포착하지만, 길브레스 부부의 사진술은 실험 조건에 깊은 영향을 미쳤다. 정통 테일러주의의 스톱워치 방식의 부정확성과 주관성을 제거하는 대신, 길브레스 부부의 거대한 기구는 종종 자연스러운 인간 동작에 개입했다. 그러나 사진은 또한 긍정적으로 노동자들의 협력을 이끌어내는 실마리로도 쓰였다. 사진은 실험 대상자들에게 매일의 일상을 깨는 휴식을 주었고, 그들을 임시 영화 세트 위의 스타로 만들었으며, 심지어 문맹에다 가장 교육받지 못한 이들이 "영화 속 재료들 혹은 도구들에 손대어" 새로운 최상의 방안을 개발하는 데 대한 의견을 내놓을 수 있게 했다.[37] 기술의 중개를 통해 노동자와 관리자 모두 끌어올 수 있는 그들의 능력 덕분에, 길브레스 경영 컨설턴트 쪽으로 수익성 높은 계약들이 밀려들었다. 심리학 교육에서보다는 심리학적 명민함에서, 그들은 하이젠베르크Heisenberg의 불확정성의 원리의 사회적 등가물을 발견하고, 그것을 이용했다. 즉, 인간을 관찰하는 것은 인간의 행동을 바꾼다는 것이다.[38]

잘 통제된 실험을 이용하여 가설을 검증하는 천재적인 학계의 심리학자들이 단독으로 발견한 이 원리는 미국의 사회 과학의 연구 방식을 바꾸었다. 1924년에 창립된 웨스턴 일렉트릭 컴퍼니Western Electric Company(AT&T의 자회사로 전화기를 생산했다.)는 시카고에 있는 회사 산하 호손 공장Hawthorne Works에서 일련의 연구를 수행할 능률 향상 전문가 그룹을 임명했다. 실험자들은 조명 조건과 노동자 생산성 관계 실험부터 시작했다. 당연히 그들은 조명이 밝을수록 사람들이 더 열심히 일한다는 결과를 얻었다. 그러나 그들은 조명이 어두워질 때 마찬가지로 생산성이 증가한다는 것을 알아냈다. 그리고 심지어 조명의 변화가 전혀 없을 때 일정 그룹의 실험 대상자들의 생산성이 증가했다. 이 사실로부터, 그들은 관찰된다—본인이 실험 참여자들임을 안다—는 단순한 사실이 노동자들의 사기와 생산성을 고취한다는 결론을 내렸다. 과학적 관리법의 목적은 이제 이러한 통찰을 이용하여 노동자 만족도를 극대화하도록 공장을 재설계하는 것이 되었다. 1933년, 대공황으로 인해 마침내 호손 실험이 막을 내렸을 때, 인간관계에 관한 학술 전문학과가 생겨났다.

이러한 발전에서 중요한 인물은 지구의 반대쪽에서 산업 조사단으로 오면서 처음으로 미국인 동료 학자들의 관심을 끈, 오스트레일리아의 심리학자, 엘턴 메이요Elton Mayo(1880~1949)였다. 곧 메이요는 하버드 경영 대학원에 자리를 얻고, 시카고에서 실험을 주관했다. 그가 봉착한 가장 어려운 문제들 중 하나는 성과를 줄이게 되는 노동자들의 '태업'이었다. 메이요는 자신의 심리학 계보에 따라 태업의 원인을 설명하는 데에 노동자들의 정서적 부적응을 크게 강조했다. 프로이트와 피아제Piaget의 방법론을 펼치면서, 메이요는 노동자들의 불행을 해결하기 위해 대규모 상담 프로그램을 실시했다. 정교한 '분석' 조직이 이러한 인터뷰—1930년에만 13,000명의 노동자들과 인터뷰 실시—의 결과들에 대하여 양적 분석과 질적 해석 모두를 수행했다. 일부 관리자들과 실험자들은 총 통계 자료를 가지고 명백히 고칠 수 있는 불만 사항들을 다루게 된 것에 만족했다. 반면, 또 다른 이들은 학문적 기술을 공장의 조업 속에 스며들게 함으로써 공장 감독자를 비전문적 정신과 의사로 바꿀 기회를 보았다.

결국 메이요는 오스트레일리아인 인류학자이자 동료인 W. 로이드 워너w. Lloyd Warner를 데려왔고, 이 W. 로이드 워너는 개인의 심리적 결함으로서가 아니라 공장 문화, 단체정신, 노동자들이 암묵적이긴 하지만 집단적으로 그들의 일상 업무를 조정하여 관리의 틈입과 싸우게 하는 연대의 구조로서 태업을 설명했다. 워너는 심지어 공장 내 파벌을 시카고 갱 혹은 그가 록펠러 재단 연구비를 지원받아 연구했던 오스트레일리아 '토템 씨족들'로 비유했다.[39]

미국의 공립학교 어린이들은 과학적 IQ 검사의 발전에 있어서 일종의 개척지였으나, 미국의 공장 노동자들은 과학적 관리법의 기술에 완강히 저항했다. 능률 향상 전문가들은 미국의 지독한 계급 갈등의 현장을 비난했다. 이들의 전문가로서의 지위에의 요구는 과학적 객관성과는 거의 관계가 없었고, 대신에 그들은 노동력을 지배하는 관리자 쪽에 편승했다. 그러나 능률 향상 전문가들이 실제로 실험 조건을 실행했을 때, 그들은 완강히 반항하는 피실험자들로서가 아닌 공장 실험 참여자들로서의 노동자들에 직면했다. 시카고에서 개인들의 연구는 집단 연구로 결실을 맺었고, 그와 더불어 진정한 사회 과학이 출현했다.

과학적 사회 공헌과 이주자 빈민가

같은 시기, 같은 도시에서, 또 다른 변화에 의해 사회사업과 자선 활동이 객관적인 경험 사회 과학의 형태를 띠어 가고 있었다. 1890년대와 1920년대 사이에, 두 가지 형태의 서로 경쟁적인 개인 자선 활동이 사람들이 참가하는 실험을 수행했다. 양쪽 모두 시카고 이민자 빈민가의 뿌리 뽑힌 정체성 문제와 동화에의 도전들을 다루었다. 둘 다 연구 조사 결과를 내고 공공 개혁을 이루기 위해 현지 조사를 행했다. 또한 두 활동 모두 감정이 아닌 학술적 목적을 자선 행위의 목표로 삼았다. 한쪽은 사회 복지관으로서 이웃을 실험 현장으로 삼아 더 넓은 사회 변화로 향해 가는 당면 목표로서 지역 정보와 지역 개선을 추구했다. 억만장자 자본가들의 거대 자선 재단과 연합한 다른 한쪽은 도시 자체를 연구소로 삼아 국가적인, 심지어 세계적인 규모로 적용될 수 있는 일반 정책 제안 창출을 목표로 했다. 사회 복지관은 현저하게 여성 사회 과학자들의 창조적 산물이었던 반면, 결국 사회 복지관을 대체한 '과학적 사회 공헌'은 정장 차림의 사업가들의 고도로 남성적 영역에서 비롯되었다.

1900년대 초까지 설립된 400여 개 이상의 미국의 사회 복지관 가운데, 제인 애덤스 헐하우스Jane Addams's Hull-House는 물론 가장 중요했다. 런던의 이스트 엔드로 가서 짓밟히고 학대받은 사람들에게 도덕적 향상을 이루고자 한, 토인비 홀의 옥스퍼드 대학 사람들을 모델로 삼은 헐하우스는 기독교적 자선과 노블리스 오블리주와 빅토리아 시대 미국의 엘리트 여성들(다수가 미혼인)에게 희귀했던 새로운 기회, 즉 빈자들과 친밀한 삶을 살아가는 기회를 결합한 것이었다. 애덤스(1860~1935)는 개인 유산과 대학 교육을 받은 여성들이 주재하는 모금 행사 네트워크를 통해 헐하우스를 운영했다. 빅토리아 시대풍의 대저택에서 13개 건물로 이루어진 복합 단지로 성장한 이 기관은 개혁주의적 성향과 포괄적인 공동체적 영향력이라는 점에서 할레의 프랑케 재단과 현저하게 닮았다. 헐하우스에는 공장 노동자들을 위한 유치원과 보육 시설, 공동 주방, 상이한 이해관계와 세대별 그룹의 요구를 만족시키는 클럽, 체육관과 수영장, 그리고 3층짜리 숙소가 있었다. 많은 사회 복지 사업 봉사자들이 자유로운 가족 관계와 동거의 형태로 살았다. 미술관과 연주회, 도서관과 서점, 성인들을 위한 야간 학교와 존 듀이(근처 시카고 대학의 유명한 실용주의 철학자) 같은 이들의 공개 강의를 통해 문화적, 교육적 복지 활동이 그 사명의 부수적 요소가 아닌 필수적 요소가 되었다.

지역 복지관 이상으로 헐하우스는 또한 지식 생산이 활발히 이루어지는 현장으로서 기능했다. 구성원들은 27권의 책을 썼고, 최근 설립된 「미국 사회학 저널American Journal of Society」에 50편 이상의 논문을 게재했다. 공동 집필된 혁신적인 사회 조사인 『헐하우스 맵스 앤 페이퍼스Hull-House Maps and Papers』는 시카고 12번가, 폴크가, 홀스테드가, 제퍼슨가로 둘러싸인 이 지역 다인종 주민들의 전형적인 모습을 상세히 기록한 것이다. 이 책은 유대인, 체코인, 이탈리아인들에 각각의 장을 할애했고, 미성년 노동과 노동 착취 공장의 노동 조건을 폭로했으며, 미국의 가장 다양한 주요 도시 가운데 하나에 존재하는 수입 불평등과 이민자 민족별 거주 양상을 표현하기 위해 (오늘날에는 당연한) 색깔로 구분된 지도들을 처음으로 사용했다.[40] 이 책은 시카고 대학 사회학 교수들의 강의 요목으로 자리를 잡았다. 심지어 이들 연구자들은 헐하우스를 '사회 연구소'로서 대학 부설화하려는 노력을 보이기도 했다. 그러나 애덤스는 이러한 용어를 거부했는데, 그녀가 썼듯이 "복지관은 그 표현이 시사하는 것 이상으로 훨씬 더 인간적이고 자발적인 곳"이기 때문이다.[41]

개혁가들은 복지관을 인간 실험의 장으로 보았다. 그러나 빈민가 거주자들에 대한 객관적인 데이터를 수집하는 한정된 장소로서가 아닌, 계급, 성, 민족, 이데올로기의 경계선을 넘어서는 만남을 실행하는 장소로서 보았다. 헐하우스에서 높아지는 지식의 더 넓은 개념은 특히 1886년 헤이마켓 폭동Hay-market Riot을 둘러싼 계급투쟁의 결과로 조직된 노동자들의 사회 과학 클럽working people's social science club(WPSSC)에서 두드러졌다. WPSSC는 그 이름이 의미하는 바대로 노동자들을 학술 지식으로 무장시키는 역할을 한 것도, 노동자 자신들의 불리한 조건을 기록하도록 조사 기술을 가르치는 역할을 한 것도 아니었다. 그 대신, WPSSC는 경쟁적인 정치적 관점들, 심지어는 극단적인 관점들을 끌어다 민주적으로 교류할 수 있게 했다. 줄리아 래스롭Julia Lathrop(1858~1932)은 헐하우스를 "모든 사람들의 정직한 사상에 호의"를 보이는 "자유로운 연단"으로, WPSSC를 "폭넓은 범위의 다양한 사회 이론을 지닌 사람들이 만날 수 있는" 장소로 불렀다.[42] 노동자 회원들은 이 미래의 아동 복지 행동주의자의 관점으로 '불만'이나 '견해'가 아닌 '사상'이나 심지어 '이론'을 품었다. 지식은 지역적이고, 참여적이고, 경쟁적이고, 주관적이며, 당파적이기조차 했다. '사회'과학은 사람들이 서로를 가르치는 것이었기 때문이다.

　사회 복지관과 대조적으로, 더 거대한 사회 공헌 재단이 사회 병폐에 관하여 질문이 아닌 답을 찾았다. 존 D. 록펠러John D. Rockefeller, Sr.와 앤드류 카네기 Andrew Carnegie 등과 같은 재벌들은 열린 결말의 토론을, 특히 노동자들과 사회 학자들과의 토론을 거의 참지 못했다. 20세기 초에 이르자, 이들은 자신들처럼 돈이 어떻게 쓰이는지 신경 쓰는 사람들에게는 재산을 기부하는 것이 실제로 엄청나게 어려운 일임을 깨달았다. 그리하여 이들은 과학적인 기부를 목표로 삼았다. 카네기 재단Carnegie Corporation 지도자들은 한동안 사회 복지관과 다른 자선단체들로부터 받는 도움 요청에 둘러싸여 있다고 느꼈다. 그리하여 그들은 "의미 있고 유익할 수 있는 사회 체제 속에서 그러한 힘들을 찾아내는" 좀 더 활동적인 "주도권"을 위해 "자비로운 감수성"과 "수동적인 분류"를 끝내기로 결정 내렸다.[43] 로라 스펠먼 록펠러 기념 재단Laura Spelman Rockfeller Memorial(LSRM)에서 과학적 사회 공헌의 새로운 관료주의적 모델이 결국 그 이름의 시조가 된 존 록펠러의 미망인 같은 부유한 여성들의 개인적 기부 활동을 대체했다. 초기 수 년간, LSRM은 전통적으로 걸스카우트와 구세군 같은 여성 운동을 후원했다. (LSRM은 또한 마리 퀴리에게 라듐 1그램을 지원하기 위해 100,000달러를 모금했다.) 그러나 1929년에 이르자, LSRM 같은 재단들은 금융 자본가들과 법인 이사회 라는 낡은 사상의 남성적 영역을 사회 과학적 연구 의제의 주요 결정자로 만들 었다. 아이러니하게도, 이때는 바로 여성들이 학계에서 발 디딜 곳을 찾게 된 시기, 즉 헐하우스의 두 졸업생, 이디스 애봇Edith Abbott과 소포니스바 브레컨리 지Sophonisba Breckenridge가 시카고 대학 교수로 임명되었던 시기였다.

　재단의 후원을 받는 사회 과학의 세 가지 특징들이 훔볼트 연구 대학의 지적 자유로부터의 깊은 일탈을 나타내며 아래에서 설명될 20세기 후반 '거대과학' 에 영향을 끼쳤다. 첫째, 재단 공무원들은 그들이 중요하다고 생각하는 특정 프로젝트에 돈을 보내기 위해 그리고 기부금 수혜자들의 노력이 평가될 수 있는 기준을 제시하기 위해 보조금과 계약을 사용했다.[44] 둘째, 공동 과제를 행하는 학자들의 학제 간 연구 팀이 세미나 지도자와 박사 과정 학생들의 자발적인 연구보다 선호되었다. 마지막으로, 가장 순수한 과학에서조차 실용적 결과들이 기대되었다. 호손 실험은 이러한 이데올로기를 구현했다.—실제로 록펠러 재단의 후원을 받고 있었으므로 놀라운 일은 아니다.

시카고 대학(록펠러 재단의 기부로 창립되었다.)의 인종 관계론에 관한 사회학 연구는 더욱 관련 깊은 실례이다. 헐하우스의 남유럽과 동유럽 이민자들 이후에, 남부 흑인들의 대이주(제1차 세계대전 이후 흑인들이 남부 농촌 지역에서 더 나은 일자리를 찾아 북부 공장 지역으로 대대적인 이주를 했던 것을 가리킨다.-옮긴이)와 함께 시카고에는 더욱 커다란 이주의 물결이 일어났다. 제1차 세계대전 이후, 짐 크로Jim Crow 법(미국 남부 인종차별법의 통칭으로 재건 시기가 공식적으로 막을 내린 1877년부터 강력한 민권운동이 전개된 1950년대까지 효력을 발휘했다.-옮긴이)과 목화다래바구미(1882년 멕시코에서 텍사스 주로 옮겨와 목화의 씨와 봉우리를 먹어치웠다. 이후 약 30년간 미국 남부 농가에 큰 피해를 입혔다.-옮긴이) 때문에 흑인들은 북부로 이동할 수밖에 없었다. 백인인 로버트 E. 파크Robert E. Park(1864~1944)는 이 이동에 흥미를 가졌고, 소위 사회학의 시카고학파 수장으로서 이를 연구했다. 파크는 터스키기 학원Tuskegee Institute의 부커 T. 워싱턴Booker T. Washington 밑에서 일했다. 부커 워싱턴은 1913년 시카고 대학에 합류하기 이전에 남부 흑인들에게 자립과 실용 기술을 가르쳤다. 1919년 인종 폭동 이후, 그는 흑인 학생인 찰스 S. 존슨Charles S. Johnson(1893~1956)과 함께 『시카고의 흑인The Negro in Chicago』(1922)을 썼다. 새로운 경험 사회학의 전형으로서 이 책은 헐하우스에서 볼 수 있는 다인종 동화同化의 실용적 실험보다 훨씬 더 공평하고, 객관적이며, 비당파적인 방법론을 채택했다. 흑인 여성 현지 조사원들이 인근 지역이 아닌 238개가 넘는 도시 구역에 분포된 274개 가정에 대한 자료를 수집했다.[45] 파크는 명백히 '사회 정치가들' 의 '탐구' 를 멀리했다. 그는 특히 여성의 사회 복지 사업이 비과학적 성격을 띤다고 생각하고 이를 경멸했다. 그는 진정한 사회학자들은 다민족 이주자들에 대한 광범위한 가정을 세우고 이를 검증하기 위해 지역적인 것과 개인적인 것을 버려야 한다고 생각했다. 그리하여 파크의 5단계 민족 순환 이론은 접촉, 갈등, 경쟁, 조정, 동화를 통한 발전을 가정하여, 모든 유형의 다민족 만남에 적용할 수 있는 모델로 자임했다.[46]

재단의 보조금으로 탄생한, 사회 세계에 대한 가정을 검증하는 실험적 현지 조사는 결국 도서관을 기반으로 하는 해석적이고 문헌학적인 방법론과 초기 사회 과학 학문 분과를 특징짓는, 결론에 이르지 못하는 '변증법' 을 대체했다.[47] 국가적 전망, 막대한 부, 대학과 자비로운 자선가들이 행할 수 없는 자본 투자에 대한 민첩한 기업적 접근으로써, 자선 재단은 어떤 종류의 사회적 지식에 거대한 자원을 넘겨주었다. 즉, 통계학적 지식, 일반화될 수 있는 지식, 주관적인 당파적 편견에서 자유로운 지식, 그리하여 자유롭게 공공 정책에 영향을 끼칠 수 있는 지식 말이다. 록펠러 재단은 객관성을 자신하여, 1920년대에는 러시아의 볼셰비키 정권이 기아와 질병을 퇴치하고 연구소와 병원을 세우는 것을 후원하기조차 했다.[48]

재단의 자선 후원이 없었다면, 사회 과학적 현지 조사의 새로운 형태들은 출현하지 못했을 것이다. 록펠러 재단은 사하라 사막 이남의 아프리카와 남태평양에 이르는 인류학 탐사처럼 광범위한 학문 연구를 후원하여, 지식의 발전과 식민지 행정가들의 필요 모두에 도움이 되는 연구 결과를 낳았다.[49] 전후 미국의 동성애와 자위에 대한 선정적인 새로운 연구 결과인, 미국인의 성행위에 대한 킨제이 보고서에도 록펠러 재단이 기금을 후원했다. 이와 같은 프로젝트들과 함께, 연구소는 과학의 공적 세계와 전 세계에 걸쳐 흩어져 있는 가장 사적인 개인의 삶을 결합할 수 있는 기관으로 점차 정말로 변화해 갔다. 침대에서부터 바깥까지 인간들이 만남을 이루는 전 공간은 이제 사회 과학적 전문가들의 영역에 들어간 것이다.

우주 시대 관리론

1969년, 냉전 시대의 정점에서, 나사NASA의 국장 제임스 웹James Webb은 연구소가 아직 정복하지 못한 한 공간, 즉 우주에 사회 과학적 기술을 적용하는 것을 알리는 『우주 시대 관리론Space Age Management』을 출간했다. "위대함을 열망하는 어떤 나라도 과거의 방법론에 계속 의존할 수 없다. 한 나라가 의도적으로 그리고 조직적으로 기술적 발전을 촉진하고 규제하지 않는다면 …… 그 나라는 분명 뒤처질 것이다."라고 그는 주장했다. 우주여행에의 도전은 기술적인 것만큼이나 관리상의 문제였다. 웹이 국장으로 있던 5년 동안, 나사의 인력은 75,000명에서 420,000명으로 증가했고, 연구소, 대학, 정부 기관, 산업체 수십 군데에 흩어져 있었다. 장인의 작업장은 "유기적 흐름 속에 행정관들을 조율함으로써 함께 연결시킨 다양한 전문가들로 이루어진, 적응적이고 문제 해결적인 한시적 시스템"으로 대체되었다. 웹의 도전은 이들 전문가들이 예산과 스케줄에 관한 새로운 기적을 수행하게 할 수 있음을 보장하는 것이었다.[50]

열전과 냉전으로 이루어져 온 30년은 웹의 분석에 영감을 주었다. 역사가들은 이 시기를 제2차 세계대전 이전 연구소의 작은 규모와 대조하여 '거대과학'의 시대라고 불렀다. 수소폭탄을 발명한 맨해튼 프로젝트로 시작한 과학자들은 눈에 보이지 않는 새로운 공간을 그들의 영역 하에 가져왔다. 과학자들은 원자를 분열시키고 DNA의 구조를 밝히는 등 숨겨진 가능성을 개발했다. 그들은 보이지 않는 위협에 대항하여 소아마비에서부터 밤하늘의 스푸트니크까지 동원했다. 그들의 업적에는 광대한 자원이 필요했고, 다양한 하위 프로젝트가 동시에 진행되어야 했으며, 세계적인 학제 간 시스템에서 협력하는 헌신적인 과학자, 기술자, 행정가, 노동자들의 거대한 팀이 참여해야 했다. 실험 과학자들에게는 전체주의적 경쟁자들에 대항하는 사활이 걸린 투쟁 속에서 미국의 민주주의에 이익이 되는 지식을 확대 생산할 임무가 주어졌다. 강한 압력 하에서, 이들 과학자들의 지도자들은 혁신의 안정된 흐름을 보장하기 위해 전전戰前 사회 과학에서 개발되었던 관행들을 자연스럽게 추구하게 되었다.

기업의 보조금 기부자들, 경영 전문가들, '인재들'은 모두 냉전 시대의 거대 과학 프로젝트에서 서로 연동하는 중심적 역할을 발견했다. 국가적 과학 정책의 황제 버니버 부시Vannevar Bush(1890~1974), 호손 조명 실험의 전문가, 그리고 전前 카네기 학교장은 기초 과학을 위한 연구 보조금의 거대 제국을 세우는 데 있어서 재단 사회 공헌 활동의 모범 사례를 채택하도록 연방정부를 설득했다.[51] 오늘날에는 평범한 일이지만, 보조금을 위한 자유롭고 개방된 경쟁은 미국과 소련의 경쟁 관계에서는 생각할 수 없는 것이었다. 거대과학이 중앙의 입안자들과 치열하게 경쟁하는 공무원들에 의해 지배되었기 때문이다.[52] '싱크탱크'는 또 다른 독특한 미국 연방의 관유寬裕의 산물로, 수표를 끊는 군(그리고 이후에는 민간) 공무원들은 꿈에도 생각지 않은 프로젝트들을 수행하려는 순수 지식욕을 이용한 것이다. 그 원형인 랜드RAND('연구와 개발')사社는 순수한 IQ가 특수 전문가들을 널리 알릴 수 있는 풍토에서만 가능한 무차별적인 학제 간 연구를 나타냈다. '세계를 도는 실험적 우주선'의 설계에 관한 첫 계획을 끝마친 랜드사는 또한 핵전쟁의 수학적 시뮬레이션, 아랍 계급 체계 연구, 산타모니카 지부에 있는 소련 경제부 장관의 실물 크기 모형을 개발했다.[53] 랜드사의 '시스템 분석가들'은 로버트 맥나마라Robert McNamara를 도와서 비용 편익 계산과 사상자 비율 계산을 베트남 전쟁 시기 백악관에 도입했고, 뉴욕 시를 도와서 위대한 사회Great Society(미국의 36대 대통령 린든 B. 존슨이 1964년에 정책 이념으로 내건 민주당의 목표-옮긴이) 시기에 도시 재건 프로그램을 설계했다.[54] 시스템 분석 자체는 제2차 세계대전 동안 사람, 무기, 도구를 조정하도록 고안된, 영국의 '오퍼레이션 리서치'에서 유래했다. 시스템 공학과 프로젝트 관리와 더불어, 이러한 사회 공학 툴킷은 테일러의 과학적 관리법의 최근 파생물이었다.[55]

냉전 시기의 미국은 미개발된 두뇌 집단이 객관적인 분석에 단련되고 선견지명이 있는 후원자들에 의해 보호받는다면, 미국의 군사적, 과학적, 사회적 도전들에 대처할 수 있다는 신념에 사로잡혀 있었다. 웹의 아폴로 우주 프로그램은 그 신념의 가장 분명한 표현이었다. 그것은 온 인류를 위한 박애적 임무("한 인간을 위한 작은 한 발자국이 인류를 위한 거대한 도약이 된다.")이며 가장 우수한 두뇌 집단 가운데 최고로 우수한 집단인 로켓 과학자들이 개발한 거대과학 관리 시스템 가운데에서도 가장 큰 시스템이기 때문이다. 그러한 통찰이 옳거나(달 착륙) 틀렸거나(베트남) 야심찬 결과를 낳았거나(위대한 사회, 핵에너지) 하는 경우들을 과거를 돌아보며 확인하는 것은 쉽다. 그럼에도 모든 단계에서 미국인들은 자신들의 성공과 실패 모두를 서양 유럽 혹은 전쟁 이전과의 비교 없이 냉전 초강대국의 독특한 경험들로 본다. 그리고 실제로 그러했다. 그럼에도, 거대과학 기관 빌딩의 벽돌은 이미 20세기 초에 놓였다. 그것은 단지 연구소의 두 외관, 즉 함께 융합된 물리적·사회적 외관일 뿐이었다. 새로운 기술이 아무리 눈이 부셔도, 아직 끝나지 않은 전쟁 때문에 근본적인 기관 혁신을 위한 시간이 별로 없다. 냉전이 종식된 지 거의 20년이 지난 오늘날에도 우리가 살고 있는 세계는 이러하다.

결론: 끝없는 프런티어

20세기 중반 무렵, 연구소는 이미 지식 기관으로서 엄청나게 막강한 지위에 올라 있었다. 1945년 여름, 전시戰時에 미국의 과학적 성과를 주도한 버니버 부시는 전후 과학의 진보에 있어서 '끝없는 프런티어endless frontier'를 예언했다. 그러나 또한 그가 한때 지휘에 관여한 맨해튼 프로젝트는 인류에 보다 암울한 운명을 드리웠다. 히로시마와 나가사키에 투하된 원자 폭탄은 전통적으로 기성 종교의 몫이었던 초월적인 책임을 과학자들에게 부여했다. "나는 죽음의 신, 세상의 파괴자이다." 최초의 버섯구름이 '트리니티Trinity'라고 너무나 적절하게 명명된 곳에서 폭발해 솟아오르는 것을 목격한 후, 핵무기의 아버지 J. 로버트 오펜하이머J. Robert Oppenheimer는 (그가 산스크리트어로 읽은) 『바가바드 기타』에서 인용하여 이렇게 말했다.

14년 후, 월터 M. 밀러 주니어Walter M. Miller Jr.는 냉전 시대의 가장 유명한 공상 과학 소설 가운데 하나인 『리보위츠를 위한 찬송A Canticle for Leibowitz』을 발표했다. 공군 사수射手로서 1944년에 몬테카시노의 오래된 수도원을 무너뜨린 폭격에 참가한 밀러는 수도원의 파괴로부터 깊은 영향을 받았다. 그의 소설은 핵전쟁으로 모든 것이 사라진 삭막한 풍경에서, 유일하게 살아남은 지식 기관인 한 수도원을 배경으로 시작된다. 26세기, 한 수사가 리보위츠라는 사람이 남겨둔 책 저장고를 발견한다. 기술자이자 개종한 유대인으로, 현대판 카시오도루스인 리보위츠는 20세기의 엄청난 불바다로부터 지식을 보존하기 위해 미국 남서부의 사막에 대수도원을 세웠다. 우스꽝스럽게도, 진상을 이해할 길 없는 수사들은 그의 회로도와 식료품 목록('파스트라미 1파운드, 양배추 통조림 한 개, 베이글 여섯 개')을 똑같은 존중심을 갖고 대한다.[1] 그러나 이러한 텍스트들이 결국, 3700년대에 새로운 대화재가 전 세계를 뒤덮으며 수사들을 우주로 내몰기 전에, 사람들로 하여금 문명을 재건할 수 있게 한다. 이 판타지 시나리오가 에둘러 말하고 있는 것은 진지한 지식인들이 비드와 플뢰리의 아보 이후 처음으로 임박한 종말의 위협에 직면한 밀러의 현실 세계였다. 오펜하이머 같은 원자 공학자들은 수사들이 지켜 온 시간의 수호자 역할을 횡탈했다. 1947년 그들은 '운명의 날 시계Doomsday Clock'를 발명했다. 시계바늘이 자정이 되기 몇 분 전을 가리키고 있는 이 시계는 핵무기로 인한 대재앙의 가능성을 반영하기 위해 계속해서 앞뒤로 조정되었다.[2]

연구소의 파괴적 잠재력이 처음으로 세상을 두려움에 떨게 만든 이래 60년이 넘는 시간이 흘렀다. 그동안 냉전이 시작되었다 종식되었고, 면역에서부터 정보 기술까지, 달 착륙에서부터 유전자 지도까지 인간의 상상력을 고취하고 인간의 삶을 향상하는 연구소의 끊임없는 능력을 보여 주는 경이로운 발명과 발견이 계속해서 이어졌다. 오늘날 우리는 아마겟돈과 '끝없는 프런티어' 사이의 딜레마가 후자 쪽으로 귀착되어 가는 (그렇게 보이는) 시대에 살고 있다. 1989년 소비에트 공산주의의 몰락 이후 핵무기로 인한 대재앙의 위험은 현저하게 줄어들었다. 그리고 핵무기 공격을 미연에 방지하고 방어하기 위해 컴퓨터 네트워크를 설계한 냉전 시대의 전사들은 이제 초고속 정보 통신망의 선도자로 칭송 받는다.[*3] 획기적인 역사적 사건들은 수도원이 아니라 연구소가 계속해서 학문의 생명을 좌우할 것임을 단정해 보였다. 그 밖에도 20세기 후반의 지식의 민주화와 상업화 같은 경향은 지금 '지식 사회'의 요구에 부응하도록 현존하는 기관들을 압박하고 있다. 무엇보다도 연구소는 우월한 지위를 바탕으로 어떤 곳은 퇴화시키고 또 어떤 곳은 새로운 역할을 부여하면서 다른 기관들의 기본적 임무를 재조정하고 있다.

기관의 생명

이 책은 서양 역사에서 지식이 적어도 여섯 차례 근본적으로 재발명되었다고 주장해 왔다. 각 장은 어떻게 새로운 기관이 앞선 기관은 예상하지도 적응하지도 못한 전면적인 변화에 대응하면서 그 자리를 대신했는지를 보여 주었다. 실제로 각 기관은 지식을 추구하기 위해 완전히 새로운 명분과 관습을 창출함으로써 앞선 모든 기관을 대체했다. 이것은 이 책에 설명된 기관 가운데 연구소를 제외한 다른 모든 기관이 현존하지 않는다는 의미가 아니다. 수도원은 주류에서 밀려났지만, 도서관, 대학, 전문학교, 서신 공화국의 보조 기관들─박물관이나 심지어 학회까지도─은 여전히 서양 세계 전체는 물론 그 너머 대부분의 지역에서 태양만큼이나 친숙하다. 무엇이 그 기관들의 생존을 설명하는가? 그 기관들은 어떤 형태로 연구소의 보호 아래에서 버티는가? 이 책

---

* 폴 바란Paul Baran이 핵무기 공격으로 파괴된 네트워크를 통해 메시지를 발송하는 수단으로서 패킷 교환 방식을 개발하기 시작한 것은 냉전 시대의 싱크탱크였던 랜드사ᵐᵉ에서였다. 후에 이 적응성과 확장성이 뛰어난 기술은 뜻밖에도 인터넷의 급격한 팽창을 가능하게 했다.

에서 우리는 기관의 변화와 부상의 순간에만 초점을 맞춰 왔다. 하지만 현재의 지식 체계를 이해하기 위해서는 새로운 기관이 세력을 차지하게 되면 지난 기관은 어떤 식으로 생명을 유지하는지 잠시 검토할 필요가 있다.

우리는 새로운 지식 기관이 부상할 때마다 그 기관이 앞선 기관을 흡수하여 그곳에 새로운 목적을 부여하거나, 완전히 다른 임무를 수용하여 그곳을 뒤떨어뜨리는 것을 보아 왔다. 최초의 두 기관이 첫 번째 패턴을 증명한다. 고대에 도서관은 제국의 대리자로서 퍼져 나가며 그리스 문화를 지중해 지역 전역에 이식했다. 수도원은 후에 서양에서 로마 제국이 붕괴하는 가운데 형성되었다. 그러나 아우구스티누스 같은 기독교인들은 오래전부터 그리스-로마 도서관의 학문 전통을 받아들이고 성서의 이해와 분석에 도움이 되도록 그것을 재창조했다.[4] 실제로 모든 수도원은 성서, 규율, 예배 관련 도서와 관례집, 달력과 콤푸투스 사본 등을 보관한 자체적인 소규모의 도서관을 갖고 있었다. 이제 도서관은 정치적 권력의 도구라는 이전의 명분을 빼앗기고, 헌신적인 독서와 끈기 있는 기다림을 위한 보조적인 역할로 바뀌면서, 단지 성문 텍스트의 창고에 불과했다. 그리고 오늘날에도 여전히 필요한 것이면 무엇이든 담을 준비가 된 빈 그릇으로 남아 있다. 수사들은 최초로 도서관의 속성과 목적을 재정립했고, 그럼으로써 이후의 모든 학자들을 위한 선례를 만들었다. 그 결과 도서관은 지식의 추구에 없어서는 안 되는 보조자로서 존속하고 있지만, 더 이상 능동적으로 지식을 형성하고 응용하는 기관으로서의 모습은 찾아볼 수 없다.

반면, 12세기에 대학이 부상했을 때, 수도원은 온전히 남았지만 시대에 뒤처졌다. 새롭게 도시화해 가는 세계에서 시골의 기관은, 즉 점점 이동성이 증가하는 사회에서 안정성에 기초를 둔 기관인 수도원은 새로운 시대에 적합하게 재창조될 수 없었다. 오늘날에도 그렇듯이, 사람들은 계속 영적 피난처로서 수도원에 모여들었다. 유럽의 지적 부흥의 선구자인 아벨라르조차 수사 베르나르와의 대결 후에 수도원으로 물러나 은거했다. 그러나 불과 몇 세대 만에, 종교적 학문의 보존이라는 측면에서 대학이 수도원을 능가해 버렸다. 대학은 신학과 졸업생을 통해 구두로 기독교의 가르침을 전파했고, 법률가나 의사의 훈련과 같은 완전히 새로운 기능을 추가했다. 수도원은 지식을 체계화하는 기관으로서의 능력을 결코 회복하지 못했다. 밀러가 예견한 것처럼, 오직 문명을 황폐화하는 대격변만이 수도원을 학문 기관으로 복권시킬 수 있을 것이다.

이렇게 각 기관은 모든 것을 포괄하는 새로운 명분을 내세워 지식에 대한 이전의 관습을 다양한 방식으로 제거하거나 재정의하면서 앞선 기관을 대체했다. 서신 공화국에서 인문주의자들은 새로운 발견의 정당성을 입증하기 위해 원거리 서신 교환을 이용하고 고대의 수사修辭적 모범을 되살림으로써, 종교적 마찰에 의해 지적으로 파탄한 대학을 혁격하게 앞질렀다. 하지만 서신 공화국은 다시 전문학교의 학자들에 의해 전복되었다. 그들은 이름에서만 중세 우니베르시타스와의 연속성을 인지할 수 있는 빈사 상태의 대학을 쇄신하고 철저히 재설계했다. 실제로 피히테 같은 몇몇 사람들은 학기學期의 폐기를 적극적으로 주장했고, 그 결과 새로운 '연구 대학'은 과거의 관습에서 완전히 벗어났다. 특히, 서신 공화국에서 그토록 사랑 받은 고상한 편지는 학자들이 대면 세미나에 전념해야 하는 세계에서 아무런 쓸모도 없었다. 전문학교의 학생들은 서신 교환을 오늘날 우리가 이메일과 전화를 이용하듯이 단지 편의상 이용했을 뿐이다. 책도, 박물관도, 학회도 마찬가지였다. 이들은 한때 정전화된 텍스트에 근거하지 않은 지식을 정당화하는 데 필수적인 기능을 수행했고, 교육, 오락, 복지를 위한 다양한 공적·학문적 역할을 통해 계속해서 번성을 누렸다. (지금도 그렇다.) 그러나 이제 지식에 대한 이들의 기여를 결정하는 것은 항상 미술사에서부터 동물학에 이르기까지 전문학교의 연구 계획이다. 본질적으로, 앞선 도서관의 운명을 따라가고 있는 것이다.

홈볼트의 시대까지만 해도 여전히 통합되어 있었던 지식의 역사는 19세기 들어 두 갈래로, 즉 전문학교와 연구소로 나뉘었다. 자연 과학과 사회 과학은 물론 연구 대학 내의 전문학교에서 안정된 위치를 확보했다. 그러나 파스퇴르와 그의 이름을 딴 연구소는 인문학 학자들이 그저 논의만 하던 방법을 통해 인류를 실질적으로 진보시키면서, 독립적인 연구소 또한 혁신적인 의학적·사회적 이익을 산출해 낼 수 있다는 것을 보여 주었다. 사회 과학자들 역시 그들의 전문 지식으로, 무엇보다도 특히 상당한 규모의 박애주의적 보조금의 도움으로 산업, 학교, 주변 환경을 변화시키면서, 상아탑의 안팎에서 근거지를 찾아냈다. 오늘날에도 여전히 연구소와 연구 대학은 부분적으로 겹치는, 서로 맞물리는 지식 기관으로서 공존하고 있다. 연구소가 점점 지배적인 기관으로 부상하고 있지만, 전문학교는 수도원처럼 쇠퇴할 위험은 없다. 학문의 전문가들에게는 지식의 끊임없는 확산에 제도적으로 대처하는 결정적인 수단이 남아 있다. 그러나 지금까지 지식의 역사에서 중심적인 동력은 앞선 기관을 대체하는 단 하나의 기관이었기 때문에, 이번에는 연구소가 전문학교를 개혁하고 아마도 재창조할 것이다.

'지식 사회'의 기원

1945년 이래, 지식의 생산, 응용, 보급에 있어서의 주도적인 경향은 연구소의 계속된 헤게모니를 확고하게 지지하고, 동시에 전문학교의 권위를 특히 전통적인 인문학에서 손상해 왔다. 전후 미국 고등 학문의 민주화는 사회 과학적 관습에 기초하여 대학의 급격한 팽창을 꾀했고, 전문학교의 핵심에는 경쟁에서 패한 잔재만이 남았다. 자연 과학에서 삶을 고양하는 발견과 영리적인 발명은 연구소와 사업계의 연계를 다양화하면서, 지식의 상업화와 민영화를 이끌고 많은 과학자를 순수하고 공익적인 연구라는 전문학교의 가치에서 멀어지게 했다. 끝으로, 냉전 시대의 비밀 컴퓨터 연구소에서 기획된 인터넷은 민주주의와 상업주의의 요구에 이바지하려는 '절대 도서관universal library'의 오래된 꿈을 되살리면서, 대중에게 전문학교 밖에서 정보를—그리고 아마도 지식을—완전히 공유할 수 있는 능력을 부여했다. 지난 1970년대에 사회 분석가들은 여전히 연구 대학을 탈공업화 경제의 제도적 기둥이라고 말했다.[5] 하지만 한 세대가 더 지나자, 연구소가 대학 안팎에서 우리의 자랑스러운 '지식 사회'의 성장을 주도하면서, 상황은 바뀌고 있다.

민주화

1960년대에 이르자, 고등 교육에 대한 보편적인 열망이 아메리칸 드림의 불변의 요소가 되었다. 제대 군인 원호법, 베이비 붐, 스푸트니크 발사 이후 연방 정부의 교육 및 과학 부문 자금 지원의 대대적인 확대, 베트남 전쟁 동안의 징집 유예 쟁탈전 등의 복합적인 영향으로 전후 시대에 재적생 수는 급격히 늘어났다. 1960년대 초반에 몇 개의 캠퍼스에서 10만 명에 가까운 학생을 보유했던 캘리포니아 대학 시스템의 총장 클라크 커는 미국의 새로운 '거대 종합 대학multiversity'을 세계 최초의 진정한 민주주의적 고등 교육 기관이라고 역설했다. 노사 관계 전문가인 커는 거대 종합 대학을 다양한 요구와 후원자를 만족시키는, 여러 개의 중심을 가진 거대한 관리 시스템, 즉 그가 칭한 것처럼, "행정 규칙으로 결합되고 돈으로 추진되는 메커니즘"으로 보았다.[6] 그러나 1963년 커가 '지식 산업'에 대한 찬가를 발표하자마자 캘리포니아의 주요 캠퍼스인 버클리에서 학생들이 인간관계의 심각한 위기라며 그를 비판하고 나섰다. 1964년에 미국 남부에서 인종 차별에 대한 항의로 시작된 시위는 커를 겨냥한 본격적인 폭동으로 이어졌다. 그가 학생의 지적 자유를 훼손했다는 이유에서였다. 학생 급진주의의 모태인 자유 발언 운동Free Speech Movement 활동가들 또한 그들과 대학 관료의 교류에 개재하는, 인간성을 박탈하는 기술을 표적으로 삼았다. 어떤 학생은 거대 종합 대학의 운영을 돕는 초대형 컴퓨터에 대한 분노를 터뜨리며 "나를 구부리거나, 접거나, 찢거나, 자르지 마시오."라는 슬로건과 함께 IBM 펀치 카드를 몸에 둘렀다.[7]

학생들의 반反문화는 냉전 시대의 대학에서 구조적인 변화가 일어나는, 즉 연구소의 가치관과 관습이 인문학 전문학교를 핵심으로 하는 점점 노쇠해지는 기관을 대체하는 순간에 폭발했다. 1967년, 커가 해고된 것과 같은 해에 캘리포니아 대학 시스템은 캘리포니아의 고등학교 졸업생을 각 주에 속한 세 단계의 일반 대학과 2년제 대학에 기계적으로 분류하여 넣으려는, 커의 '종합 계획'의 실행을 보조하기 위해 지능 검사를 이용하면서, 다시 사회 과학으로 관심을 돌렸다.[8] 20세기 초반에 유행한 IQ 테스트의 직접적인 결과인, 이제는 보편화된 SAT는 노골적으로 학구적 성취도가 아닌 지적 능력을, 기초 지능에 훨씬 더 가까워 보이는 자질을 측정하기 위해 설계되었다. 1940년대에, 저명한 화학자이자 버니버 부시의 전시戰時 대리인이었던 하버드 대학 총장 제임스 코넌트는 SAT가 미국 엘리트 교육 제도의 주축으로 자리매김하는 데 기여했다. 그리고 코넌트는 1945년 「자유 사회에서의 보통 교육General Education in a Free Society」이라는 영향력 있는 보고서를 통해 하버드 대학에 그레이트 북스 프로그램Great Books program을 도입하려고 힘썼지만, 그럼에도 전후 인구 통계는 인문학과 자연 과학을 필수로 하는 중핵 교육 과정보다는 SAT가 그의 영구적인 유산으로 남을 것임을 보증했다. 1968년은 인문학과 자연 과학 전공 학생들이 경영이나 교육 같은 분야에서 직업적인, 실용적인, 예비 전문가적인 훈련을 요구하는 학생들보다 우세했던 마지막 해였다. 1970년대에 들어서자 장의학葬儀學과 레크리에이션에서부터 사회사업과 특히 컴퓨터 과학에 이르기까지 새로운 (때로는 사이비) 전문학교가 범람했다.[9] 13세기를 회상하게 하는 형태로, 대학이 지식 경제의 하인으로서 중세의 역할을 되풀이함에 따라, 폭동을 일으키던 학생들 또한 자격증을 추구하는 흐름으로 되돌아갔다.

한편, 반문화 신념을 고수한 1960년대의 베테랑들은 한 비평가의 표현으로 '기관을 통한 대장정'을 계획했다. 1980년대에 종신 교수로 성장하면서 그들은 대학 내부에서 고전적 인문주의에 반대하는 운동을 이끌었다.[10] 그사이 여성과 아프리카계 미국인 등이 이룬 성과는 전통적인 커리큘럼을 시대착오적인 것으로 만들었다. 학생들은 1988년에 스탠퍼드 대학에서 1960년대 저항 운동을 재연하며 "어이, 어이, 허허, 서양 문화는 없어져야 해Hey, hey, ho ho, Western Culture's gotta go."라는 슬로건을 외침으로써, 그러한 주장에 찬동했다. (이 슬로건은 전체의 지적 전통이 아니라 필수 과목에 대한 언급이었다.) 한때 정신의 참다운 구조물을 공급해 주는 것으로 여겨졌던 교양 학문 프로그램은 고전적 문헌학자들이 그것을 만든 지 2세기가 지난 지금, 유럽의 지식인 남성에 대한 옹호할 수 없는 찬양으로 그 역할이 바뀌었다. 개설 과목의 보다 높은 타당성과 보급성에 대한 민주적 요구가 전보다 더 많은 전공의 확산을 허용하는 순간, 연구 대학은 인문주의, 신인문주의, 그리고 어떤 형태로든 성문화된 정전으로부터 벗어났다. 아울러 서양 문명의 정전에 대한 공격, 직업 교육적 학문 분야의 성장, 지성에 대한 주관적·인문주의적 평가에서 SAT나 평량평균(GPA) 같은 정량적 지표로의 대체는 전문학교가 처음 설립된 바로 그 토대를 잠식했다.

무엇보다도, 전문학교는 언어와 문화의 숙달이 대학 입학을 위한 주된 전제 조건을 구성했을 때 그랬듯, 초등 교육과 중등 교육의 대중 시스템을 위한 길잡이로서의 역할을 하지 못했다. 대신 연방 정부로부터 대규모의 보조금을 지원 받은 교육 대학의 사회 과학자들이 연구 대학의 다른 분야에 있는 학자들로부터 예비 대학 수준의 커리큘럼과 교육 표준을 설계하는 임무를 넘겨받았다.[11] '정치적 올바름'을 둘러싼 반발과 저항의 외침에도 불구하고, 전문학교가 교수법에 대한 예전의 지도적인 영향력을 조용히 포기한 것은 빌헬름 폰 홈볼트가 세운, 포괄적인, 통합된, 다단식의 교수 및 연구 시스템으로부터의 가장 필연적인 이탈을 의미한다.

상업화

1980년대에 인문학 전문학교는 혼란에 빠졌지만, 자연 과학과 공학 분야는 연구 대학의 안팎에서 경제 성장의 동력으로서 번영을 누렸다. 이때도 연구소의 제도적 팽창은 전후의 풍부한 선례를 기반으로 이루어졌다. 그의 독창적인 보고서 「과학: 끝없는 프런티어Science: The Endless Frontier」(1945)에서 버니버 부시는 전후戰後 기초 과학에 대한 연방 정부의 자금 지원이 전문학교의 자율성을 존중하는 것은 물론 강화하기까지 할 것임을 시사했다. 공적 자금의 투입에 따른 실용적이고 응용과학적인 결과를 요구하는 의회의 포퓰리스트들과 싸우면서, 전前 MIT 공학자는 대학은 계속해서 기초 연구를 수행할 것이며, 그 성과의 개발과 마케팅은 다른 독립체에게 넘길 것이라고 확언했다.[12] 하지만 학계 동료의 평가라는 가장 높은 기준이 국립 과학 재단National Science Foundation이나 국립 보건 연구원National Institutes for Health 같은 정부 기관을 통한 보조금의 수여를 좌우했다 하더라도, 연방 정부의 지원은 많은 과학자를 보조금을 좇는 기업가로 변모시켰다. 부시가 대학 연구소와 외부의 후원자 사이에 확립한 접점은 둘 사이의 예전의 경계를 허물면서, 사실상 사람, 아이디어, 조직의 관습이 빠르게 끊임없이 회전하는 공간을 창출해 냈다.

연구소의 매력은 대학으로부터 가장 뛰어난 과학적 지성의 소유자 가운데 일부를 완전히 끌어들였다. 상당수가 연구의 자율성을, 때로는 정부 기관에서, 하지만 무엇보다도 기업 세계에서 더 큰 경제력과 영향력을 보장하는 지위와 맞바꾸었다. 유명한 IQ 검사자 루이스 터먼의 아들이자 부시의 제자인 프레더릭 터먼Frederick Terman 밑에서 스탠퍼드 대학은 1950년대에 이미 첨단 기술 연구 개발의 중심지가 되었고, 여기에서 발전하여 후에 세계에서 가장 강력한 첨단 기술 연구 개발 단지가 형성되었다.[13] '실리콘 밸리의 아버지'라고 불리는 터먼은 지역의 산업 연구소(대다수는 방위 산업체에 속한)와 제휴를 맺었다. 이것은 전후 연구 대학의 두드러진 특징이었다. 그는 자신의 제자로서 오늘날 가장 커다란 IT 회사 가운데 하나의 공동 설립자인 윌리엄 휴렛William Hewlett과 데이비드 패커드David Packard에게, 그리고 지금 모든 컴퓨터에서 찾아볼 수 있는 실리콘 기반 집적 회로(IC)의 전신이라고 할 수 있는 트랜지스터의 발명자 윌리엄 쇼클리William Shockley에게 결정적인 지원을 제공했다. 스탠퍼드의 캠퍼스 바로 너머에 위치한 실리콘 밸리의 기업가들, 취미 생활자들, 해커들은 개인용 컴퓨터를 연구소의 이익과 권력을 극대화하는 발명품 가운데 하나로 만들었다. 19세기 연구소의 기술 연구회와의 놀랄 만한 연속성을 예증하는 컴퓨팅은 자격증 없는 땜장이들에게 열려 있는 아마도 최후의 주요한 공학 분야가 되었다. 산 호세의 한 차고에서, 쉽게 구입할 수 있는 집적 회로를 조잡하게 이어 붙여 최초의 애플 컴퓨터를 만든, 대학 중퇴자 스티브 워즈니악Steve Wozniak과 스티브 잡스Steve Jobs를 보라.

오늘날 실리콘 밸리는 대학(스탠퍼드와 버클리, MIT와 하버드, 듀크와 채플 힐)에 기초한, 그리고 컴퓨팅, 전자 공학, 제약, 생명 공학 등의 상업적 부산물에 둘러싸인 여러 '지식 도시' 가운데 가장 특출하다.[14] 캠퍼스 안에서나 밖에서나 번성할 수 있는 연구소의 능력은 그러한 많은 분야를 연구 대학을 위축시킬 정도로 성장시켰다. 현재 연구 대학의 틀 안에 남아 있는 것은 단지 일부분일 뿐이다. 세계 최고 수준의 대학 가운데 대다수가 사실상 의료 센터의 그림자 속에 움츠리고 있다. 하버드 대학조차, 2007년 기준으로 13,000명의 전체 교직원 가운데 거의 11,000명이 의과 대학에 근무했다.[15] 보다 규모가 큰 보스턴 대학의 급속히 떠오르는 유전학과 생명 과학 제국에는 수천 명이 빽빽하게 몰려 있다. 무엇보다도 컴퓨팅은 변변찮아 보이는 지역에서 가까운 피더 스쿨(다른 대학이나 대학원으로 인재를 보내는 학교-옮긴이)의 도움도 없이 지성의 집결을 이루어 왔다. 또 한 명의 대학 중퇴자인 빌 게이츠Bill Gates는 자신이 공동으로 설립한 마이크로소프트를 앨버커키에서 이전한 뒤 시애틀을 세계의 소프트웨어 수도로 만들었다. 펀치 카드로 유명했던 IBM이 PC로 애플과 치열한 경쟁을 벌이고 마이크로소프트와 예기치 못했던 엄청난 이윤을 남기게 되는 운영 체제의 생산 계약을 체결했을 때, 게이츠에게는 절호의 기회가 찾아왔다. 그 결과 역사상 최고의 갑부가 된 게이츠는 그 뒤 자신의 부를, 그 이전에 다른 재계 거물들이 그랬듯이, 세계에서 가장 큰 자선 재단을 세우는 데 사용했다.

새로운 지식 경제는 대학의 많은 학자들을 그들의 전문적인 학문 네트워크로부터 꾀어내어 기업의 경영자, 관리자, 사내 연구자로 이어지는 연고의 중심으로 만들었다. 이제 '대학 자본주의' 현상은 연구 대학과 사업계 양자 간의 교류와 상호 영향을 위한 확고한 경로들을 뒷받침하고 있다.[16] 많은 대학 캠퍼스에서 기술 이전 사무실은 수익성 있는 과학적 혁신의 특허와 면허를 취득하는 데 적극적인 역할을 맡고 있다. 교수들은 종종 자신들의 연구 결과를 보다 넓은 과학 공동체의 이익을 위해 발표하기보다는 독점적으로 이용하는 쪽을 택한다. 기업과 대학은 여러 가지 점에서 서로 입장을 바꾸고 있다. 대학의 관리자는 학부로 하여금 학생들의 이수 학점을 늘리고 교수들의 학문적 성과를 평가하게 하기 위해 다시 기업 경영 기법으로 관심을 돌리는 반면, 마이크로소프트 같은 첨단 기술 회사들은 아낌없는 장기 휴가와 최신식 기업 캠퍼스를 제공함으로써, 심지어 아무런 제한 없는 학문적 연구까지 지원함으로써 뛰어난 인재를 잡으려고 경쟁한다.[17] 비슷한 방식으로, 맥킨지 앤 컴퍼니McKinsey & Co. 같은 경영 컨설팅 회사들은 학계에서 유능한 인재를 모집하여, 그들을 실험적 사회 과학자로 만든다. 경제적 이익을 위해 '인재를 모을' 목적으로 병원과 공장, 그리고 그 밖의 시설들을 재설계하면서 경영 컨설턴트들은 학문적·전문적 자격증의 제약 없이, 이익을 거두고 지배력을 얻기 위해 학구적 방법론을 적용한다.[18] 대다수의 '지식 노동자'에게 지적 흥분을 가장 잘 느낄 수 있는 곳은 학문적 자유의 전통적 안식처가 아니라 연구소의 실험주의가 기업의 기업 정신과 만나 맞물려 돌아가는 곳이다.

인터넷

지식 사회의 중심에는 통신망으로 연결된 컴퓨터가 있다. 컴퓨터는 연구소에서 태어나 상업에 의해 대중화된 정보 기기이다. 1945년에 쓴 에세이 「우리가 생각하는 대로As We May Think」에서 버니버 부시는 하나의 완전한 도서관을 대신하게 될 개인용 데스크톱 기계 장치를 구상했다.[19] 사용자는 키보드와 스크린을 이용해 인류가 수집한 모든 지식을 불러낼 수 있다. 기계의 기억 장치는 지식을 다량의 텍스트를 통해 기록함으로써, 검색자가 예전 어느 때보다 더 발전된 문명이 초래한 학문의 과부하에 대처할 수 있게 한다. 그가 '메멕스Memex'라고 칭한 것에 대한 부시의 꿈은 1930년대부터 구상되었지만, 그의 시대에 컴퓨터는 그 꿈을 실현할 만한 기회를 거의 주지 않았다. '컴퓨터' 라는 용어는 원래 제2차 세계대전 동안 수작업으로 지루한 탄도 계산을 하기 위해, 그 다음에는 최초의 디지털 컴퓨터로서 수소 폭탄의 탄도 계산을 수행한 에니악 같은 거물을 정비하기 위해 징집된 여성을 가리키는 말이었다. 연구소의 장인匠人 전통에 충실하게도, 해군 제독 그레이스 호퍼Grace Hopper와 루이스 해입트Lois Haibt는 진공관을 교체하는 지루한 일을 끝내고 포트란이나 코볼 같은 고급 프로그래밍 언어를 설계하는 일로 자리를 옮겼다.[20] 부시가 예측한 대로, 1960년대에 들어선 뒤에야 비로소 컴퓨터 과학자들이 '(인류의) 기록을 생산하고 저장하고 참고하는 (새로운) 방법을 실행하기' 시작했다. 부시의 에세이에서 영감을 받은 사람들 중에는 컴퓨터 마우스의 발명자 더글러스 엥겔바트Douglas Engelbart, 그리고 저서 『미래의 도서관Libraries of the Future』(1965)에서 다수의 사용자들이 접근할 수 있는 통신망으로 연결된, 그리고 그들의 질문과 응답으로부터 배우고 그에 따라 끊임없이 적응해 가는 디지털화된 도서관을 묘사한 J. C. R. 리클라이더Licklider 등이 있다.[21]

부시는 소통 행위를 가속화하고 시공간의 제약을 제거함으로써 그의 전망을 실현할 네트워크를 인간적인 것이든 전자적인 것이든 전혀 예상하지 못했다. 우리가 사이버공간이라고 부르는 가상의 영역은 컴퓨터 스크린에 시각화되고 인간의 지시에 즉각적인 반응을 보이는 '닫힌 세계'를 창조하려는 냉전 시대 연구소의 노력에서 비롯되었다.[22] 사이버공간의 지적인 조상인 MIT의 수학자 노버트 위너Norbert Wiener는 부시가 그에게 전쟁 동안 방공 포격의 자동화 임무를 명한 뒤 기계의 제어 및 기계와의 상호 작용에 대한 포괄적인 이론을 개발했다. 전쟁이 끝나자 자신의 평화주의자 본능으로 돌아간 그는 '조타수'를 뜻하는 고대 그리스어에서 딴 '사이버네틱스'를 '인간의 인간다운 쓸모'를 깨우치는, 자연 과학과 사회 과학의 가교로서 제시했다.[23] 위너의 사이버네틱스

서클에서 활동한 MIT의 인지 심리학자 리클라이더는 이 새로운 '인간-컴퓨터 공생 관계'의 아마도 가장 열렬한 지지자가 되었다.[24] 북극을 넘어오는 소련의 폭격기를 탐지하기 위해 설계된, 미군의 전산화된 SAGE('Semi-Automatic Ground Environment'의 약자로 반자동 반공 시스템을 말한다.−옮긴이) 조기 경보 시스템의 전문가 리클라이더는 컴퓨터 네트워크를 기술의 꿈에서 공학의 현실로 바꾸는 데 공헌했다. 바로 국방부의 싱크탱크인 고등 연구 기획국Advanced Research Projects Agency(ARPA)에서 얼마 후에 인터넷의 모태인 ARPANET을 구축한 것이다.

전쟁과 무기 개발을 위한 과학의 활용에 의해 그늘진 분위기 속에서 태어난 컴퓨터와 컴퓨터 네트워크는 곧 연구 대학, 기업, 그리고 결국에는 보다 광범위한 소비자 시장으로 퍼져 나갔다. 초기 인터넷 개척자들의 '사이버문화'는 종교에 의해 정치화된 중세 대학의 굴레에서 벗어난 초기의 근대 서신 공화국과 놀랄 만한 유사성을 띠고 있다. 1960년대 후반에서 1980년대 초반 사이에, 현대의 지식−권력 복합체의 심부에서 일하는 젊고 반사회적인 지식인들은 컴퓨터를 조직적 통제의 상징에서 개인의 표현과 공공연한 협동을 촉진하는 기술로 변화시켰다. 스튜어트 브랜드Stewart Brand는 그들의 (인간) 네트워크의 중심에 서서, 샌 프란시스코 베이 지역의 반反문화와 실리콘 밸리 방위 산업체의 학술 연구소 사이의 놀라운 만남을 모색했다. 브랜드는 자신이 만든 잡지 『전지구 카탈로그Whole Earth Catalog』의 한 면에서 대안적인 생활양식을 들어 노버트 위너를 찬양했다. 1968년에는 더글러스 엥겔바트의 이제는 전설이 된 마우스, 하이퍼텍스트, 온라인 네트워킹 시연을 필름에 담았다. 또 1984년에는 해커 컨퍼런스를 개최했다. 여기에는 스티브 워즈니악과 다른 PC 개척자들이 참석했다. 그리고 최근에는 우리가 서문에서 기술한 '만 년의 도서관'을 제안했다. 브랜드와 같은 중재자들은 히피 공동 생활체, 마약을 통한 환각 체험, 그레이트풀 데드Grateful Dead(히피 문화를 대표하는 미국의 5인조 록 그룹으로, 그들의 음악은 환각적이고 몽환적이었다.-옮긴이)의 콘서트와 연관된 연대라는 마찬가지로 유토피아적인 가치와 함께 컴퓨터 네트워킹 문화를 퍼뜨렸다.[25] 신용이 떨어진 서신 공화국의 고전적 인문주의를 대체하는 미국 특유의 반문화적 인문주의에서 비롯된 오늘날의 정보 이상주의는 1960년대의 가장 영구적인 유산 가운데 하나이며, 미국 역사에 깊은 뿌리를 두고 있다.[26]

1990년대에 내려진, 인터넷을 상업적인 인터넷 서비스 공급자들에게 개방하겠다는 결정은 단지 미국과 세계 전역의 컴퓨터 연구소에 있는 수천 명의 사용자들이 이미 효과적으로 네트워크를 대중화했다는 인식의 결과였을 뿐이다.[27] PC는 가정으로, 학교로, 직장으로 보급되었고, 곧 나이, 관심사, 기술 수준을 불문하고 모든 사용자들을 네트워킹 문화에 참여시켰다. 1989년 공산주의의 실패 이후 오래지 않아, 월드 와이드 웹의 발달과 함께 소비자가 이끄는 새로운 세계주의가 꽃을 피웠다. 정보를 입수하고 소비함으로써 시민의 권력이 강화될 수 있다는 믿음은 지금 세계주의의 주요한 이데올로기적 토대 가운데 하나로 작용하고 있다. 인터넷 사용자들은 스스로 정보를 재구성하여 이용할 수 있게 만든다. 예를 들어 위키피디아Wikipedia는 사용자들이 직접 만들고 계속 업데이트하는 온라인 백과사전으로, 그 신뢰성은 점점 향상되고 있다.[28] 인터넷의 가장 성공적인 검색 엔진인 구글은 페이지를 인기도에 따라 정렬하기 위해 "비할 데 없을 만큼 민주적인 웹의 본질에 의지하고 있다." 즉, "페이지 A에서 페이지 B로의 연결"이란 "페이지 A로써 페이지 B에 투표"를 뜻하는 것이다.[29] 그러한 알고리즘은 현대 소비자 경제의 특징인 '군중의 지혜'를 정보 과잉의 문제에 적용한다.[30]

그러나 사실 민주화된, 상업화된 인터넷은 부시나 리클라이더가 구상한 자동화된 도서관 이상의 훨씬 더 많은 요구를 충족하고 있다. 연구소는 엄청나게 많은 정보를 손쉽게 이용할 수 있도록 제공해 왔고, 그 결과 이제는 많은 사람들이 정보를 지식 자체와 동일시한다. 인간이 컴퓨터를 사용하는 데 익숙해지는 동시에 그 사용 형태를 새롭게 바꾸면서 '인간-컴퓨터 공생 관계'는 매우 성공적으로 발전했고, 그에 따라 온라인에서 찾을 수 있는 텍스트, 이미지, 음악, 게임, 그리고 수많은 유용한 생산물과 정보에의 쉽고 즉각적인 접근을 보장하는 데 정교한 기술은 더 이상 필요하지 않게 되었다. 다만 인터넷이 지식사회에 대한 연구소의 가장 강력한 과학 기술적 공헌을 계속해서 구현할지, 아니면 온라인 커뮤니티를 완전히 새로운 지식 기관의 기원으로 만들지 확인하는 일이 남아 있을 뿐이다.

오늘날의 지식

오늘날 연구소와 전문학교는 유일하게 남아 있는 지식 기관이다. 미국뿐만 아니라 전 세계적으로 그렇다. 오직 이슬람 세계에서만 전통적인 마드라사가 서양식 대학과 함께 번성하고 있다. 그러나 이제는 테러리스트 훈련 캠프로 기능하면서 마드라사는 대다수 무슬림의 인간적 가치를 대변하는 매우 다른 종류의 기관으로서의 능력을 재앙이라 할 수 있을 만큼 약화해 버렸다.[31] 서양의 두 역사적인 경쟁자는 오래전부터 대학의 패권을 인정해 왔다. 중국은 메이지 일본이 독일의 연구 대학을 모범으로 받아들인 선례를 따라, 20세기 초에 유가의 시험 체계를 폐지했다. 그러나 학자다운 정치적 행동주의—심지어 순교까지 포함하는—라는 중국의 유가 전통은 1989년에 베이징 대학 학생들이 주도한 천안문 사태 내내 철저하게 지켜졌다.[32] 이미 살펴본 바와 같이, 인도에는 19세기 이래로 영어를 사용하는 대학들이 생겨났고, 이것은 오늘날 첨단 기술의 발전을 촉진하는 전통이 되었다. 구루, 현자 그리고 샤스트라는 요가나 아유르베다 요법 같은, 서양의 커리큘럼에는 없는 몇몇 분야에 여전히 남아 있다. 하지만 1900년대 초반에 이미 인도의 연구소 연구원들은 요가샤스트라의 주장을 평가하기 위해 요가 수행자들에게 심전도 측정기와 호흡 모니터를 붙여 놓았다.[33]

이제 연구소의 실험 과학과 그 성과는 서양의 지식 체계가 세계에서 가장 우월하다는 것을 증명하는 주요한 수단으로서 기능한다. 결국 연구소는 오로지 서양만의 기관이다. 비非서양의 유사 기관은 없다. 또한 그것이 모든 사회에 주는 이익을 구체적으로 논증할 수 있는 유일한 기관이며, 문화적으로, 언어적으로 특수한 지식의 정전에 거의 구애 받지 않고 국제적인 경계를 가로질러 나아갈 수 있는 유일한 기관이다. 최근 수십 년 동안 중국과 인도 양쪽 모두 수천 명의 학생들을 북미 대학에 보내고 있다. 그들은 전통적으로 과학과 공학 분야에 들어간다. 스탠퍼드나 MIT 같은 연구 대학은 여전히 이러한 외국인 과학자 가운데 가장 뛰어난 인재들을 미국의 지식 경제로 공급한다. 1990년대 후반, 놀랍게도 실리콘 밸리의 첨단 기술 관련 신생 기업의 29%를 중국과 인도 출신 이민자들이 경영하고 있었다.[34] 그러나 연구소의 바로 그 이동성이 곧 세계화의 추세와 맞물리면서 그러한 기업들을 미국에서 완전히 벗어난 다른 곳으로 끌어들일지도 모른다. 타이완과 방갈로르 같은 중심지는 이미 그 수혜자가 되었으며, 그러한 현상은 틀림없이 전 세계의 지식 도시에서 계속해서 일어날 것이다.[35]

연구소가 전 세계적으로 패권을 차지하고 있는 가운데, 지금 우리는 과학 기술의 끊임없는 과대 선전과 미국의 덧없는 승리주의가 판치는 분위기 속에서 영속적인 것과 순간적인 것을 분별해야 하는 과제에 직면하고 있다. 자랑스러운 '정보 시대'의 선도자들은 종종 지식이란 언제나 사람과 사람을 연결하는 것에 관한 것이었지, 정보를 수집하는 것에 관한 것이 아니었다는 사실을 잊는다. 컴퓨터와 인터넷은 그것이 지닌 민주적 잠재력에도 불구하고 단지 우리로 하여금 수십 년 전, 의욕적인 미국의 창의력의 시대에 구상된 첨단 기술 제품에 대한 꿈을 실현하게 할 뿐이다. 위키스wikis(사용자가 직접 편집할 수 있는 웹사이트-옮긴이)나 블로그 같은, 총괄하여 웹 2.0이라고 불리는 새로운 전자 공학적 공동체는, 전통적으로 신임된 문화의 수문장들을 몰아냄으로써, 온라인에서 신뢰할 만한 지식의 추구를 더—덜이 아니라—어렵게 만든다.[36] 상대적으로, 여전히 전문학교를 지배하는 집중적이고, 본질적이고, 이성적인—그리고 엘리트주의적인—토론에 대한 정말로 민주적인 대안을 제시하는 네트워크 포럼은 거의 없다. 지식과 정보의 광범위한 융합은 전문학교가 텍스트와 사상을, 미술과 음악을, 그리고 문화의 다른 산물들을 해석하는 방법에 관해 우리가 더 이상 높이 평가하지 않는다는 것을 반영한다. 그럼에도 인터넷은, 항상 연구소의 강점이었던 경험적이고 기술적인 노하우에 의문을 제기할 만한 어떠한 문제도 일으키지 않았다. 그것의 성과에 대한 대중의 매료는 연구소의 헤게모니에 의해 제기되는 지루한 문제를 해결하려는 우리의 시도를 혼란에 빠뜨린다. 과학의 자연 조작과 인간의 핵심적 가치 사이의 갈등은 오늘날의 가장 격한 정치적 토론들을 야기한다. 건강관리 산업에서, 연구소가 전후에 이룬 가장 확실한 성공—질병 치료에 있어서—은 우리의 가장 훌륭한 사회 과학적 정책 결정 시스템과 기업 경영 시스템을 앞질러 갔고, 그 결과 급상승한 비용과 불공평한 분배로 인해 위협 받고 있다. 그리고 아마도 장래에 문명의 가장 커다란 도전이 될, 계속되는 환경 파괴는 기술에 의해 야기된, 오직 더 나은 기술만이 그로부터 우리를 구할 수 있을 것 같은 재앙으로서 다가오고 있다.

이러한 도전들에도 불구하고, 과학에 대한 무한한 신뢰는 계속해서 가치관에 대한 인문주의적 논의를 시대에 뒤처지고 감상적인 것으로 표현한다. 인간에 대한 정의조차도 아직까지 확정되지 않았다. 정보 이론의 분석 도구는 유전자 암호 해독의 길잡이가 되었다. 하버드 대학의 유전학자 월터 길버트Walter Gilbert는 이렇게 선언했다. "누구나 주머니에서 CD를 꺼내 '여기 인간이 있소. 이게 바로 나요!' 라고 말할 수 있게 될 것이다."[37] 컴퓨터화는 경제학을 엄격하게 정량적인 학문으로 바꾸어 놓았고, 그럼으로써 그 종사자들이 인간의 행동에 대한 방대한 데이터 세트를 능숙하게 다룰 수 있게 하고, 또한 합리성과 선택이라는 인간의 본질적인 특성을 재정의할 수 있는 용기를 주었다.[38] 학제 간 연구는 인지 신경 과학이나 진화 생물학 같은 분야에서 가장 강력한 영향력을 발휘하면서, 학과의 경계를 초월하는 데에서 오는 흥분은 물론 오만까지도 불러일으킨다. 그러한 분야에 종사하는 사람들은 인문학 학자들과 그들 고유의 전문 영역에서 맞서며, 왜 우리가 신을 믿는지, 자식을 사랑하는지, 적을 싫어하는지, 친구를 돕는지—대개 호메로스나 셰익스피어를 읽음으로써 답을 얻는 문제들—에 대해 설명한다. 인문주의 전통 가운데 가장 오래된 철학조차도 여러 방면에서 거의 추상적 수학의 하위 분야가 되어 버렸다.

지식 사회가 세계화됨에 따라 연구소의 가치관은 서양식 대학이 번성하고 있는 상황에서도 계속해서 전문학교의 관습을 재구성하고 그 임무를 재정의할 것 같다. 이것은 보다 긍정적인 변화를 일으킬 가능성이 있다. 사람들은 미래에도 여전히, 대학이라고 불리는 장소에서 가르치고, 배우고, 연구할지 모른다. 그러나 연구소는 아마 대학을 활발한 제도적 실험과 교육학적 혁신의 공간으로 변화시킬 것이다. 온라인에서 성문화된 지식에의 보편적인 접근이 가능해지면, 그로 인해 대학은 화학자에 의해서든 영어 교수에 의해서든 직접 전달될 수밖에 없는, 성문화할 수 없는 경험적 학문—연구소의 영구한 특징인—에 집중하게 될지도 모른다. 전문학교의 지식 생산자들은 그들의 사상, 발명, 출판, 교수법을 자급자족의 단절된 부副전문가 공동체에 맞추는 대신, 대중의 요구에 대한 연구소의 참여를 본받을지도 모른다. 상아탑 밖의 공간—기업, 정부, 병원, 이웃, 사회 복지 단체, 초등학교와 중등학교—과 더 많은 접촉을 하면서 학자들은 실험적 환경에서 그들의 학문을 응용하고 정련할 수 있는 기회를 얻을 수도 있다. 지난 60년 동안 지식은 이 모든 방면에서 비록 들쭉날쭉하고, 불완전하고, 경쟁적이긴 했지만, 변화의 움직임을 보여 왔다. 미래의 발전상은 물론 예측할 수 없다. 그것은 수십 년, 아니 어쩌면 수백 년이 걸릴지도 모른다. 또한 그것은 미국 밖에서 일어날지도 모른다. 그리고 혁명적인 변화보다는 미묘한 형태를 띨 수도 있다. 다음 세대의 과제는 끊임없는 실험, 민주적인 평등, 그리고 사회적인 진보라는 연구소의 가치관을 확실하게 제도화하는 것이다.

감사의 말

이 책의 아이디어는 하버드 대학 명예 교우회Harvard Society of Fellows에서 탄생했다. 우리는 이 모임을 통해 3년 동안 무한한 지적 자유를 누렸으며, 그로부터 우리가 학자로서의 인생을 바친 학술 기관에 대한 결정적인 관점을 얻었다. 우리의 계획은 오리건 대학의 학부생을 대상으로 시험되었다. 학생들은 '지식의 조직화'라는 과목의 일부로서, 토론을 벌이고, 모의 보조금 신청서를 작성하고, 원고를 필사하는 등의 과제를 기꺼이 감수했다. 우리는 제일 먼저 그들에게 감사의 마음을 전한다. 또한 오리건 대학의 도서관 사서들에게도 고마움을 표해야 할 것이다. 그들은 최신의 디지털화된 정보 기술을 추구하는 동시에, 훌륭한 설비를 갖춘 도서관 건물에 소장된 물리적인 책을 이용할 수 있게 해주었다. 고대의 선조처럼 현대의 연구 도서관이 일으킨 시너지 효과가 없었다면 이 책의 존재는 불가능했을 것이다.

학계의 여러 동료들은 그들의 식견과 참고 문헌 목록은 물론 진행 중인 저작까지도 아낌없이 제공해 주었다. 칼 애펀Karl Appuhn, 존 카슨John Carson, 마이클

고딘Michael Gordin, 엘렌 허먼Ellen Herman, 데이비드 멘젤David Mengel, 이타이 니먼 Itay Neeman, 대니얼 포프Daniel Pope, 헬무트 퍼프Helmut Puff, F. 자밀 라게프F. Jamil Ragep에게 감사의 마음을 전한다. 마야 자사노프Maya Jasanoff와 글렌 메이Glenn May는 우리를 W. W. 노튼 앤 컴퍼니W. W. Norton & Company의 최고의 편집자 스 티브 포먼Steve Forman에게 소개해 주었다. 스티브는 이 기획의 조타수로서, 그 의 정교한 안내가 없었다면 우리는 출항도 귀항도 못했을 것이다.

이 책은 시작부터 진정한 협력 기획이었다. 이언 F. 맥닐리Ian F. McNeely는 구 상하고, 조사하고, 대부분의 장을 썼다. 한편, 리사 울버턴Lisa Wolverton은 2장의 초고를 쓰고, 나머지 장을 다듬고, 책이 전체적으로 주제에 충실하도록 조율했 다. 이 책을 우리의 아이들, 마고와 징에게 애정을 담아 바친다.

옮긴이의 말: 지식의 역사학, 그리고 미래학

현대 사회는 지식 산업 사회이다. 다시 말해 부가 가치를 창출하는 원천이 곧 지식이라는 의미이다. 하지만 조금만 돌이켜 생각해 보면 지식은 언제나 새로운 가치를 만들어 내는 근원이었다. 다만 지식이라는 비물질적인 가치의 중요성이 현대에 와서야 보편적으로 인식되었을 뿐이다. 그 배경에는 지식의 대중화 혹은 민주화가 있다. 과거와 달리 이제 지식은 '학자'만의 것이 아니다. 원한다면 누구나 지식을 추구하여 생산하고 전파할 수 있다. 그리고 그 중심에는 인터넷이라는 막강한 네트워크가 있다.

그렇다면, '지식'이란 무엇일까? 예컨대 컴퓨터 앞에 앉아 웹 서핑을 통해 보고 듣는 모든 것이 지식일까? 지식의 대중화는 질적인 팽창뿐만 아니라 양적인 팽창 또한 야기했다. 그 결과 우리는 보배를 찾아 무한한 바다를 헤매는 숙명에 놓이고 말았다. 바로 '정보'라는 이름의 바다이다. 물론 양적인 팽창은 외연의 확대라는 긍정적인 측면으로 해석해야 할 것이다. 그러기 위해서는 정보가 곧 지식이라는 이단에 빠지지 않는 것이 중요하다. 요컨대 그야말로 무한한 정보 속에서 지식을 구별해 내는 혜안이 지식 사회를 살아가는 현대인의 필수적인 미덕인 것이다.

『지식의 재탄생』은 '지식이란 무엇일까?' 라는 질문의 답을 찾아 정보의 바다를 항해하는 지식 탐구자에게 나침반과도 같은 책이다. 나침반은 일종의 길잡이이다. 즉, 목적지를 향해 방향을 가리킬 뿐이다. 이 책도 마찬가지이다. 나침반처럼 이 책도 답을 위한 길을 안내할 뿐이다. 그리고 답을 찾는 것은 탐구자의 몫으로 남아 있다.

우리는 항상 과거를 연구한다. 이른바 역사학이다. 역사학의 기본적인 목적은 과거에 대한 이해이다. 그러나 과거에 대한 이해는 역설적이게도 현재에 대한 해석과 미래에 대한 예측을 수반한다. 지식의 길잡이로서 『지식의 재탄생』이 선택한 방법론도 역사학이다. 이 책은 한마디로 '지식의 역사' 를 개괄한 역사책이다. 좀 더 구체적으로 말하면, 이 책은 지식을 생산하고 보존하고 전달한 '지식 기관' 의 역사를 설명한다. 때로는 유형적이고 때로는 무형적인 지식 기관은 시대가 요구하는 방식으로 지식을 다루며 각 시대의 지식 중추로서 기능한다. 따라서 시대가 변하면 기존의 지식 기관은 도태되고 새로운 지식 기관이 부상한다. 동시에 이것은 지식에 대한 접근 방식의 변화를 의미한다.

결국 '지식이란 무엇일까' 라는 질문에는 절대적인 답이 존재하지 않을 가능성이 크다. 지식은 현실과 동떨어진 고고한 가치가 아니다. 오히려 역사의 흐름에 따라 부침을 거듭하는 지극히 현실적인 가치이다. 그리고 다시 한 번 강조하지만, 현대 사회는 지식 산업 사회이다. 이제는 지식이 곧 힘이다. 그러므로 우리는 지식의 과거를 이해하고, 지식의 현재를 지배하고, 지식의 미래를 전망할 필요가 있다.

이처럼 지식의 역사학은 인류 문명의 진정한 진보를 위한 길이며, 그렇기에 미래학이기도 하다. 이에 『지식의 재탄생』은 독창적인 안목과 광범위한 논거로써, 지식의 역사학, 더 나아가 미래학을 위한 훌륭한 지침이 되어 줄 것이다.

끝으로 오랜 기다림을 견뎌 주신 살림 출판사 여러분께 감사와 사과의 말씀을 드리는 바이다. 그리고 아낌없는 도움을 주신 그분께도 한없는 감사의 마음을 전한다.

주

서문

1. http://www.longnow.org/projects/conferences/10klibrary and Stewart Brand, *The Clock of the Long Now: Time and Responsibility* (New York: Basic Books, 1999), 93-104.

1장

1. Peter Green, *Alexander to Actium: The Historical Evolution of the Hellenistic Age* (Berkeley: University of California Press, 1990), 44-48, 72-73, 85-89.

2. Eva C. Keuls, *The Reign of the Phallus: Sexual Politics in Ancient Athens* (New York: Harper & Row, 1985).

3. Henri Irénée Marrou, *A History of Education in Antiquity* (Madison: University of Wisconsin Press, 1982), 26-35.

4. Rudolf Pfeiffer, *History of Classical Scholarship from the Beginnings to the End of the Hellenistic Age* (Oxford: Clarendon Press, 1968), 16-56.

5. Randall Collins, *The Sociology of Philosophies: A Global Theory of Intellectual Change* (Cambridge, Mass.: Harvard University Press, 1998), 87-88.

6. Ibid., 101-102.

7. Luciano Canfora, *The Vanished Library* (Berkeley: University of California Press, 1989), 49.

8. L. D. Reynolds and Nigel Guy Wilson, *Scribes and Scholars: A Guide to the Transmission*

of Greek and Latin Literature (Oxford: Oxford University Press, 1991), 5 ff. 그리고 특히 이
일화를 다룬 12쪽에는 『일리아스』 3권 423-426절에 대한 제노도토스의 재해석이 나온다.

9. Arnaldo Momigliano의 전문용어와 저작들을 상술한 Alain Le Boulluec의 "Alien
   Wisdom," in *Alexandria, Third Century BC: The Knowledge of the World in a Single
   City*, eds. Christian Jacob and François Polignac (Alexandria: Harpocrates, 2000), 56-69.

10. "Letter of Aristeas to Philocrates," in *Alexandria, Third Century BC*, 70-71.

11. P. M. Fraser, *Ptolemaic Alexandria* (Oxford: Oxford University Press, 1972), vol. I, 770-
    775; Nita Krevans, "Callimachus and the Pedestrian Muse," in *Callimachus II*, eds.
    Annette Harder, Gerry C. Wakker, and Remco F. Regtuit (Groningen: Peeters, 2002),
    173-184.

12. Philip of Thessalonica. Mary Margolies DeForest의 *Apollonius' Argonautica: A
    Callimachean Epic* (Leiden: E. J. Brill, 1994), 33에서 인용.

13. Christian Jacob and François Polignac, "The Alexandrian Mirage," in *Alexandria, Third
    Century BC*, 17.

14. Derk Bodde의 *China's First Unifier: A Study of the Ch'in Dynasty As Seen in the Life of
    Li Ssu, 280?-208 B.C.* (Leiden: E. J. Brill, 1938), 82-83, 그리고 Tsuen-hsuin Tsien의
    Written on Bamboo and Silk: The Beginnings of Chinese Books and Inscriptions
    (Chicago: University of Chicago Press, 1962), 12에서 번안.

15. Oliver Moore, *Chinese* (Berkeley: University of California Press, 2001), 54-72; Bodde,
    China's First Unifier, 147-161.

16. Mark Edward Lewis, *Writing and Authority in Early China* (Albany: State University of
    New York Press, 1999), 325-331. 이러한 주장의 가장 극단적인 형태는 20세기 초의 중
    국 학자 캉유웨이(康有爲)에게서 나왔다. 그는 한나라의 사서들이 왕위를 찬탈하려는 왕
    망王莽의 시도에 합법성을 부여하기 위해 엄청난 수의 '고전' 텍스트들을 위조했다고
    주장했다. Liang Qichao, *Intellectual Trends in the Ch'ing Period*, trans. Immanuel C. Y.
    Hsü (Cambridge, Mass.: Harvard University Press, 1959), 92 참조.

17. Lewis, *Writing and Authority*, 4, 337-362.

18. Tsien, *Written on Bamboo and Silk*, 74-76.

19. Canfora, *Vanished Library*, 78-80.

20. Steve Fuller and David Gorman, "Burning Libraries: Cultural Creation and the Problem

of Historical Consciousness," *Annals of Scholarship* 4 (1987): 105-119.

21. Canfora, *Vanished Library*, 66-70.

22. Scott L. Montgomery, *Science in Translation: Movements of Knowledge through Cultures and Time* (Chicago: University of Chicago Press, 2000), 89-137.

23. Garth Fowden, *The Egyptian Hermes: A Historical Approach to the Late Pagan Mind*, 2nd ed. (Princeton, N.J.: Princeton University Press, 1993), 177-186.

24. Maria Dzielska, *Hypatia of Alexandria* (Cambridge, Mass.: Harvard University Press, 1995), 83-94.

25. Peter Brown, *Power and Persuasion in Late Antiquity: Towards a Christian Empire* (Madison: University of Wisconsin Press, 1992).

2장

1. Gregory the Great, *The Dialogues of Saint Gregory* (London: P.L. Warner, 1911), 68; R. A. Markus, *Gregory the Great and His World* (Cambridge: Cambridge University Press, 1997), 52.

2. 베네딕투스의 삶에 대한 그레고리우스의 출처는 오늘날 뜨겁게 반박되었다. Francis Clark의 *The "Gregorian" Dialogues and the Origins of Benedictine Monasticism* (Leiden, Neth.: E. J. Brill, 2003)을 보라.

3. Saint Augustine, *Confessions*, trans. Henry Chadwick (Oxford: Oxford University Press, 1991), 21.

4. Harry Y. Gamble, *Books and Readers in the Early Church: A History of Early Christian Texts* (New Haven: Yale University Press, 1995), 203-241.

5. Elaine Pagels and Karen L. King, *Reading Judas: The Gospel of Judas and the Shaping of Christianity* (New York: Viking, 2007).

6. Gamble, *Books and Readers*, 98-100.

7. Ibid., 205, 216.

8. Bart Ehrman, *The Orthodox Corruption of Scripture: The Effect of Early Christological Controversies on the Text of the New Testament* (Oxford: Oxford University Press, 1993).

9. Kim Haines-Eitzen, *Guardians of Letters: Literacy, Power, and the Transmitters of Early*

Christian Literature (Oxford: Oxford University Press, 2000).

10. Colin H. Roberts, *Manuscript, Society, and Belief in Early Christian Egypt* (Oxford: Oxford University Press, 1979), 15, 20; T. C. Skeat, "Early Christian Book Production: Papyri and Manuscripts," in *The Cambridge History of the Bible*, ed. G.W.H. Lampe (Cambridge: Cambridge University Press, 1969), vol. 2, 54-79; Gamble, *Books and Readers*, 63-66.

11. Augustine, *Confessions*, 15.

12. Peter Brown, *Late Antiquity* (Cambridge, Mass.: Harvard University Press, 1987), 12-15; Robert Kirshner, "The Vocation of Holiness in Late Antiquity," *Vigiliae Christianae* 38, 2 (June 1984): 105-124.

13. James W. McKinnon, "Desert Monasticism and the Later Fourth-Century Psalmodic Movement," *Music & Letters* 75, 4 (Nov. 1994): 505-506.

14. Douglas Burton-Christie, "Listening, Reading, Praying: Orality, Literacy, and Early Christian Monastic Spirituality," *Anglican Theological Review* 83, 2 (Spring 2001): 197-221; idem, *The Word in the Desert: Scripture and the Quest for Holiness in Early Christian Monasticism* (Oxford: Oxford University Press, 1993).

15. Marcia L. Colish, *Medieval Foundations of the Western Intellectual Tradition* (New Haven, Conn.: Yale University Press, 1997), 49. 카시오도루스에 끼친 카시아누스의 영향에 대해서는 다음의 책을 보라. James J. O' Donnell, *Cassiodorus* (Berkeley: University of California Press, 1979), 199-204. 또한 비바리움에 대해서는 189-193을 보라.

16. Cassiodorus Senator, *An Introduction to Divine and Human Readings*, trans. Leslie Webber Jones (New York: Columbia University Press, 1946), 67, 70, 110-111.

17. L. D. Reynolds, ed. *Texts and Transmission* (Oxford: Oxford University Press, 1983), xv, 434, xvi.

18. L. D. Reynolds and N. G. Wilson, *Scribes and Scholars: A Guide to the Transmission of Greek and Latin Literature* (Oxford: Oxford University Press, 1991), 86; Reynolds, *Texts and Transmission*, 132.

19. *The Rule of Saint Benedict*, trans. Anthony C. Meisel and M. L. del Mastro (New York: Doubleday, 1975), 63.

20. 베네딕투스 수도회의 규율이 수도원장의 규율에서 유래했는지 혹은 그 반대인지를 놓고

논란이 거세다. Joseph Dyer, "Observations on the Divine Office in the Rule of the Master," in *The Divine Office in the Latin Middle Ages: Methodology and Source Studies, Regional Developments, Hagiography*, ed. Margot E. Fassler and Rebecca A. Baltzer (Oxford: Oxford University Press, 2000), 73-98.

21. Jean Leclercq, *The Love of Learning and the Desire for God: A Study of Monastic Culture*, trans. Catharine Misrahi, 3rd ed. (New York: Fordham University Press, 1982), 11-17, 21.

22. 다음 책에서 번안. Dom Cuthbert Butler, *Benedictine Monachism: Studies in Benedictine Life and Rule* (Cambridge, Eng.: Speculum Historiale, 1924), 281, 42.

23. *Rule of Saint Benedict*, ch. 22, 70.

24. Eliatar Zerubavel, *Hidden Rhythms: Schedules and Calendars in Social Life* (Berkeley: University of California Press, 1981), 32.

25. James W. McKinnon, "The Book of Psalms, Monasticism, and the Western Liturgy," in *The Place of the Psalms in the Intellectual Culture of the Middle Ages*, ed. Nancy Van Deusen (Albany: State University of New York Press, 1999), 49-50.

26. Joseph Dyer, "The Psalms in Monastic Prayer," in *Place of the Psalms*, 59-65.

27. Leclercq, *Love of Learning*, 73.

28. Paul Saenger, "Silent Reading: Its Impact on Late Medieval Script and Society," *Viator* 13 (1982): 383; idem, *Space Between Words: The Origins of Silent Reading* (Stanford, Calif.: Stanford University Press, 1997).

29. Scott G. Bruce, "Monastic Sign Language in the Cluniac Customaries," in *From Dead of Night to End of Day*, eds. Susan Boynton and Isabelle Cochelin (Turnhout: Brepols, 2005), 273-286.

30. *Rule of Saint Benedict*, ch. 38, 79.

31. Margot Fassler, "The Office of the Cantor in Early Western Monastic Rules and Customaries: A Preliminary Investigation," *Early Music History* 5 (1985): 29-51.

32. Rosamond McKitterick, *History and Memory in the Carolingian World* (Cambridge: Cambridge University Press, 2004), 156-173.

33. Boynton and Cochelin, *From Dead of Night*, passim.

34. Mayke de Jong, *In Samuel' s Image: Child Oblation in the Early Medieval West* (Leiden:

E. J. Brill, 1996); John Boswell, "*Expositio* and *Oblatio*: The Abandonment of Children and the Ancient and Medieval Family," *American Historical Review* 89 (1984): 10-33.

35. David Hiley, *Western Plainchant* (Oxford: Clarendon, 1993), 10-13.

36. Faith Wallis, *Bede: The Reckoning of Time* (Liverpool: Liverpool University Press, 1999), xx.

37. J. L. Heilbron, *The Sun in the Church: Cathedrals as Solar Observatories* (Cambridge, Mass.: Harvard University Press, 1999).

38. Wallis, *Bede*, xxi-xxii, xxvi-xxviii; Charles W. Jones, "Bede's Place in Medieval Schools," in idem, *Bede, the Schools, and the Computus*, ed. Wesley M. Stevens (Ashgate: Variorum, 1994), chap. 5, 261-285.

39. Richard Landes, "Lest the Millennium Be Fulfilled: Apocalyptic Expectations and the Pattern of Western Chronography 100-800 C.E.," in *The Use and Abuse of Eschatology in the Middle Ages*, ed. Werner Verbeke, Daniel Verhelst, and Andries Welkenhuysen (Leuven: Leuven University Press, 1988), 137-211.

40. Wallis, *Bede*, 157 ff., 195.

41. *Historia ecclesiastica gentis Anglorum* 5.24, Colgrave and Mynors translation, Wallis, *Bede*, p. xv에서 인용.

42. Richard Landes, "The Fear of an Apocalyptic Year 1000: Augustinian Historiography, Medieval and Modern," *Speculum* 75 no. 1 (2000): 123-127.

43. David Pingree, "Astronomy and Astrology in India and Iran," *Isis* 54 no. 2 (Jun. 1963): 229-246; Edward C. Sachau, ed., *Alberuni's India* (Delhi: Low Price, 1989 [1910]), chs. 32-62, 특히 vol. 2., 10-11.

44. Sheldon Pollock, "The Cosmopolitan Vernacular," *Journal of Asian Studies* 57, 1 (Feb. 1998): 6-37. 라틴어와 산스크리트어의 비교에 대해서는 같은 저자의 다음 글 참조. "Cosmopolitan and Vernacular in History," *Public Culture* 12, 3 (2000): 591-625, and "The Sanskrit Cosmopolis, 300-1300 C.E.: Transculturation, Vernacularization, and the Question of Ideology," in *Ideology and Status of Sanskrit: Contributions to the History of the Sanskrit Language*, ed. Jan. E. M. Houben (Leiden: E. J. Brill, 1996), 197-248.

45. Sheldon Pollock, "Mimamsa and the Problem of History in Traditional India," *Journal of the American Oriental Society* 109, 4 (Oct.-Dec. 1989): 603-610; Jan E. M. Houben, "The

Brahmin Intellectual: History, Ritual, and 'Time Out of Time'," *Journal of Indian Philosophy* 30 (2002): 463-479.

46. Sally Hovey Wriggins, *Xuanzang: A Buddhist Pilgrim on the Silk Road* (Boulder, Colo.: Westview Press, 1996), 126; Sukumar Dutt, *Buddhist Monks and Monasteries of India: Their History and Their Contribution to Indian Culture* (Delhi: Motilal Banarsidass, 2000 [1962]), 319-348.

3장

1. Antony Black, *Guilds and Civil Society in European Political Thought from the Twelfth Century to the Present* (Ithaca: Cornell University Press, 1984), 19-23.

2. Abelard, "Historia Calamitatum," in *The Letters of Abelard and Heloise*, trans. Betty Radice and M. T. Clanchy (London: Penguin, 2003), 3.

3. Constant J. Mews, ed., *The Lost Love Letters of Heloise and Abelard* (New York: St. Martin's Press, 1999), 207; Abelard, *Letters*, 86. 또한 Constant J. Mews의 *Abelard and Heloise* (Oxford: Oxford University Press, 2005), 62-79를 보라.

4. John W. Baldwin, *The Scholastic Culture of the Middle Ages 1000-1300* (Lexington, Mass.: D. C. Heath, 1971), 38; M. T. Clanchy, *Abelard: A Medieval Life* (Oxford: Blackwell, 1997), 169. Stultilogia는 베르나르가 사용했던 단어다.

5. Bernard McGinn, "The Changing Shape of Late Medieval Mysticism," *Church History* 65, 2 (June 1996): 197-219; Barbara Newman, "'Sybil of the Rhine': Hildegard's Life and Times," in *Voice of the Living Light: Hildegard of Bingen and Her World*, ed. Barbara Newman (Berkeley: University of California Press, 1998), 11.

6. Stephen C. Ferruolo, "*Parisius-Paradisus:* The City, Its Schools, and the Origins of the University of Paris," in *The University and the City: From Medieval Origins to the Present*, ed. Thomas Bender (Oxford: Oxford University Press, 1988), 22-46; Baldwin, *Scholastic Culture*, 47-50.

7. M. Michèle Mulchahey의 "First the Bow is Bent in Study": *Dominican Education before 1350* (Toronto: Pontifical Institute of Medieval Studies, 1998), 518-519에서 번안.

8. Richard H. Rouse and Mary A. Rouse의 "*Statim invenire:* Schools, Preachers, and New

Attitudes to the Page," in *Renaissance and Renewal in the Twelfth Century*, ed. Robert L. Benson and Giles Constable (Cambridge, Mass.: Harvard University Press, 1982), 201-225 를 보라.

9. Mulchahey, "First the Bow is Bent in Study," 413.

10. Gaines Post, "Alexander III, the *Licentia Docendi*, and the Rise of the Universities," in *Anniversary Essays in Mediaeval History, by Students of Charles Homer Haskins*, ed. Charles H. Taylor (Boston: Houghton Mifflin, 1929), 255-277; Olaf Pedersen, *The First Universities:* Studium generale *and the Origins of University Education in Europe* (Cambridge: Cambridge University Press, 1997), 269-270.

11. 1250년경 파리의 인구는 약 80,000명, 볼로냐는 40,000명이었다.

12. H. Koeppler, "Frederick Barbarossa and the Schools of Bologna," *English Historical Review* 54, 216 (Oct. 1939): 577-607, 특히 590-593; J. K. Hyde, "Commune, University and Society in Early Medeval Bologna," in *University in Politics: Case Studies from the Late Middle Ages and Early Modern Perion*, ed. John W. Baldwin and Richard A. Goldthwaite (Baltimore: Johns Hopkins University Press, 1972), 17-46, 32에서 인용.

13. Lauro Martines, *Power and Imagination: City-States in Renaissance Italy* (Baltimore: Johns Hopkins University Press, 1979), 7-71.

14. J. K. Hyde, "Universities and Cities in Medieval Italy," in Bender, *The University and the City*, 18. 우니베르시타스의 형태와 기원에 대해서는 Black의 *Guilds and Civil Society*, 44, 49-65를 보라.

15. Alan B. Cobban, "Medieval Student Power," *Past and Present* 53 (Nov. 1971): 28-66. 사형에 관해서는 Hastings Rashdall의 *The Universities of Europe in the Middle Ages*, ed. F. M. Powicke and A. B. Emden (Oxford: Clarendon, 1936), vol. I, 171을 보라.

16. Hyde, "Universities and Cities," 19-20; Hyde, "Commune, University, and Society".

17. Lester K. Little, *Religious Poverty and the Profit Economy in Medieval Europe* (Ithaca: Cornell University Press, 1978), 180; John T. Noonan, Jr., *The Scholastic Analysis of Usury* (Cambridge, Mass.: Harvard University Press, 1957), 105-107; 단테와 처벌에 대해서는 James A. Brundage의 *Medieval Canon Law* (London: Longman, 1995), 77-78을 보라.

18. Brian Lawn, *The Salernitan Questions: An Introduction to the History of Medieval and*

Renaissance Problem Literature (Oxford: Clarendon, 1963), 171, 163, 173. 또한 40-46을 보라.

19. Monica Green, *The* Trotula: *A Medieval Compendium of Women's Medicine* (Philadelphia: University of Pennsylvania Press, 2001), 1-61, 특히 49-50. 그린은 트로툴라의 텍스트 세 권 가운데 하나만이 실제로 여성에 의해 쓰였다고 주장한다. 글래스고와 브로츠와프에서는 이미 중세에 가장 잘 보존된 트로툴라 사본이 유통되었다.

20. Benjamin of Tudela, *The World of Benjamin of Tudela: A Medieval Mediterranean Travelogue*, ed. Sandra Benjamin (Madison, NJ: Farleigh Dickinson University Press, 1995), 97.

21. Michael R. McVaugh의 "The Nature and Limits of Medical Certitude at Fourteenth-Century Montpellier," *Osiris* 6 (1990): 65에서 인용.

22. Luis García-Ballester, Lola Ferre, and Eduard Feliu, "Jewish Appreciation of Fourteenth-Century Scholastic Medicine," *Osiris* 6 (1990): 85-117.

23. Michael R. McVaugh, *Medicine before the Plague: Practitioners and Their Patients in the Crown of Aragon, 1285-1345* (Cambridge: Cambridge University Press, 1993).

24. Jürgen Miethke, "Die mittelalterlichen Universitäten und das gesprochene Wort," *Historische Zeitschrift* 251 (Aug.-Dec. 1990): 35-36. Brian Stock, *The Implications of Literacy: Written Language and Models of Interpretation in the Eleventh and Twelfth Centuries* (Princeton, N.J.: Princeton University Press, 1983).

25. Nancy Siraisi, *Taddeo Alderotti and His Pupils: Two Generations of Italian Medical Learning* (Princeton, N.J.: Princeton University Press, 1981), 237-246, 244-245.

26. Bohumil Ryba, ed., *Magistri Iohannis Hus Quodlibet. . . Anni 1411 Habitae Enchiridion* (Prague: Orbis, 1948), 218-227.

27. Howard Kaminsky, "The University of Prague in the Hussite Revolution: The Role of the Masters," in Baldwin and Goldthwaite, *Universities in Politics*, 79-106, 특히 90-99.

28. R. N. Swanson, *Universities, Academics, and the Great Schism* (Cambridge: Cambridge University Press, 1979), 2, 18.

29. 칼리프 알-마문 치하에서 처음 번성한 '지혜의 전당'은 실제로는 그의 전임자인 알-라시드에 의해 설립되었을 것이다.

30. A. I. Sabra, "Situating Arabic Science: Locality Versus Essence," *Isis* 87, 4 (Dec. 1996):

654-670.

31. Scott L. Montgomery, *Science in Translation: Movements of Knowledge through Cultures and Time* (Chicago: University of Chicago Press, 2000), 60-88, 89-137.

32. F. Jamil Ragep, "Tusi and Copernicus: The Earth's Motion in Context," *Science in Context* 14, 1-2 (2001): 145-163; idem, "Copernicus and His Islamic Predecessors: Some Historical Remarks," *Filozofski vestnik* 25, 2 (2004): 125-142.

33. Geraldine Brooks, *Nine Parts of Desire: The Hidden World of Islamic Women* (New York: Anchor Books, 1995), 41-42.

34. Brinkley Messick, *The Calligraphic State: Textual Domination and History in a Muslim Society* (Berkeley: University of California Press, 1993), 21-36.

35. Jonathan Berkey, *The Transmission of Knowledge in Medieval Cairo: A Social History of Islamic Education* (Princeton, N.J.: Princeton University Press, 1992), 161-181.

36. Francis Robinson, "Technology and Religious Change: Islam and the Impact of Print," *Modern Asian Studies* 27, 1 (Feb. 1993): 229-251; Johannes Pedersen, *The Arabic Book* (Princeton, N.J.: Princeton University Press, 1984); William A. Graham, "Traditionalism in Islam: An Essay in Interpretation," *Journal of Interdisciplinary History* 23, 3 (Winter 1993): 495-522.

37. Richard Bulliet, *Islam: The View from the Edge* (New York: Columbia University Press, 1994), 105-111, 130-131, 141, 146-151, 166-167, 180-183.

38. George Makdisi, *The Rise of Colleges: Institutions of Learning in Islam and the West* (Edinburgh: Edinburgh University Press, 1981); idem, *The Rise of Humanism in Classical Islam and the Christian West: With Special Reference to Scholasticism* (Edinburgh: Edinburgh University Press, 1990).

39. Jonathan Berkey, *The Formation of Islam* (Cambridge: Cambridge University Press, 2003), 226-27, 241.

40. Graham, "Traditionalism," 501-514; Berkey, *Transmission of Knowledge*, 21-43.

4장

1. *Histoire de la République des Lettres en France*에서 인용. Lorraine Daston, "The Ideal

and Reality of the Republic of Letters in the Enlightenment," *Science in Context* 4, 2 (1991): 367.

2. Hilde de Ridder-Symoens, "Mobility," in *Universities in Early Modern Europe, 1500-1800*, ed. idem (Cambridge: Cambridge University Press, 1996), 416-448.

3. Andrea Nye, *The Princess and the Philosopher: Letters of Elisabeth of the Palatine to René Descartes* (Lanham, Md.: Rowman & Littlefield, 1999), 21에서 번역.

4. Maarten Ultee, "The Republic of Letters: Learned Correspondence, 1680-1720," *Seventeenth Century* 2, 1 (1987): 100.

5. Walter Rüegg, "Themes," *Universities in Early Modern Europe*, 27.

6. M. de Vigneul-Marville in 1699. Paul Dibon이 "Communication in the Respublica Literaria of the 17th Century," *Res Publica Litterarum* 1 (1978): 42에서 인용.

7. 데카르트의 『방법서설』(1637)에 대한 열변에서 Marc Fumaroli가 "The Republic of Letters," *Diogenes* 143 (1988): 135-136에서 인용.

8. Pliny the Elder가 보고한 것처럼, Jonathan D. Spence가 *The Memory Palace of Matteo Ricci* (New York: Viking Penguin, 1984), 157에서 인용.

9. Giles Constable, "Petrarch and Monasticism," in *Francesco Petrarca: Citizen of the World*, ed. Aldo S. Bernardo (Albany: State University of New York Press, 1980), 53-100.

10. Francis Petrarch, *Letters of Old Age*, trans. Aldo S. Bernardo, Saul Levin, and Reta A. Bernardo (Baltimore: The Johns Hopkins University Press, 1992), vol. 2, 672; Morris Bishop, *Petrarch and His World* (Bloomington: Indiana University Press, 1963), 229-231.

11. Lisa Jardine, *Erasmus, Man of Letters: The Construction of Charisma in Print* (Princeton, N.J.: Princeton University Press, 1993), 150.

12. Dibon, "Communication in the Respublica Literaria," 46-53; 초기의 예에 대해서는 Ernest Wilkins, "On the Carriage of Petrarch's Letters," *Speculum* 35, 2. (Apr. 1960): 214-223.

13. Daston, "Ideal and Reality," 378.

14. Letter from Henri Justel in Henry Oldenbourg, *Correspondence*, ed. and trans. A. Rupert Hall and Marie Boas Hall (Madison: University of Wisconsin Press, 1965), vol. 4, 173-175 (letter #778). 이 분석에 대해서는 다음을 보라. David S. Lux and Harold J. Cook, "Closed Circles or Open Networks? Communicating at a Distance During the

Scientific Revolution," *History of Science* 36, 2 (1998): 179-211.

15. Peter Burke, "Erasmus and the Republic of Letters," *European Review* 7, 1 (1999): 5-17.

16. Geoffrey Symcox and Blair Sullivan, *Christopher Columbus and the Enterprise of the Indies: A Brief History With Documents* (New York: Bedford/St. Martins, 2005), 24-25.

17. Anthony Grafton, April Shelford and Nancy G. Siraisi, *New Worlds, Ancient Texts: The Power of Tradition and the Shock of Discovery* (Cambridge, Mass.: Harvard University Press, 1992), 36, 83-85; *Letters from a New World: Amerigo Vespucci's Discovery of America*, ed. Luciano Formiasano (New York: Marsilio, 1992), 30; David Marsh, book review, *Renaissance Quarterly* 47, 2 (Summer 1994): 399.

18. Grafton et al., *New Worlds, Ancient Texts*, 18-20, 36.

19. Robert S. Westman, "Proof, Poetics, and Patronage: Copernicus's Preface to *De Revolutionibus*," in *Reappraisals of the Scientific Revolution*, ed. David C. Lindberg and Robert S. Westman (Cambridge: Cambridge University Press, 1990), 167-206.

20. Nicholas Copernicus, *On the Revolutions*, trans. Edward Rosen (Baltimore: Johns Hopkins University Press, 1992 [1543]), xvi, 3-4.

21. Jane T. Tolbert, "Peiresc and Censorship: The Inquisition and the New Science, 1610-1637," *Catholic Historical Review* 89, 1 (2003): 34-35; Peter N. Miller, *Peiresc's Europe: Learning and Virtue in the Seventeenth Century* (New Haven, Conn.: Yale University Press, 2000).

22. Letter of May 12, 1635. Stillman Drake의 번역. http://shl.stanford.edu/Eyes/kircher/galileopeiresc.html.

23. Walter E. Houghton, "The English Virtuoso in the Seventeenth Century," *Journal of the History of Ideas* 3, 1 (Jan. 1942): 2, 3, 51-73 (Apr. 1942): 190-219; William Eamon, "Court, Academy, and Printing House: Patronage and Scientific Careers in Late Renaissance Italy," in *Patronage and Institutions: Science, Technology, and Medicine at the European Court, 1500-1750*, ed. Bruce T. Moran (Rochester, N.Y.: Boydell, 1991), 25-50; H. G. Koenigsberger, *Politicians and Virtuosi: Essays in Early Modern History* (London: Hambledon Press, 1986).

24. Thomas J. Müller-Bahlke and Klaus E. Goltz, *Die Wunderkammer: Die Kunst- Und Naturalienkammer Der Franckeschen Stiftungen Zu Halle (Saale)* (Halle: Verlag der

Franckeschen Stiftungen, 1998).

25. Lorraine Daston and Katharine Park, *Wonders and the Order of Nature, 1150-1750* (New York: Zone Books, 1998), 272-273.

26. Daston and Park, *Wonders*, 266, 255-301에서 번안. O. R. Impey and Arthur MacGregor, *The Origins of Museums: The Cabinet of Curiosities in Sixteenth and Seventeenth-Century Europe* (Oxford: Oxford University Press, 1985).

27. Paula Findlen, "Building the House of Knowledge: The Structures of Thought in Late Renaissance Europe," in *The Structure of Knowledge: Classifications of Science and Learning since the Renaissance*, ed. Tore Frängsmyr (Berkeley: University of California Press, 2001).

28. Paula Findlen, "Scientific Spectacle in Baroque Rome: Athanasius Kircher and the Roman College Museum," in *Jesuit Science and the Republic of Letters*, ed. Mordechai Feingold (Cambridge, Mass.: MIT Press, 2003), 256. 암모나이트에 대해서는 다음을 보라. Martha Baldwin, "The Snakestone Experiments: An Early Modern Medical Debate," *Isis* 86, 3 (1995): 394-418.

29. Grafton et al., *New Worlds, Ancient Texts*.

30. Daston and Park, *Wonders*, 231, 215-254.

31. Lorraine Daston, "Baconian Facts, Academic Civility, and the Prehistory of Objectivity," *Annals of Scholarship* 8 (1991): 337-363.

32. James Hankins, "The Myth of the Platonic Academy of Florence," *Renaissance Quarterly* 44, 3 (1991): 434-435, n18; Elaine Fantham, *Roman Literary Culture: From Cicero to Apuleius* (Baltimore: Johns Hopkins University Press, 1996), 48-51.

33. Frances Yates, "The Italian Academies," in *Renaissance and Reform: The Italian Contribution* (London: Routledge & Kegan Paul, 1983 [1949]), 6-29; Richard S. Samuels, "Benedetto Varchi, the Accademia Degli Infiammati, and the Origins of the Italian Academic Movement," *Renaissance Quarterly* 29, 4 (1976): 599-634.

34. Ian F. McNeely, "The Renaissance Academies between Science and the Humanities", http://hdl.handle.net/1794/2960; Frances Yates, *The French Academies of the Sixteenth Century* (London: Warburg Institute University of London, 1947).

35. Frances Yates, *Giordano Bruno and the Hermetic Tradition* (Chicago: University of

Chicago Press, 1964), idem, *The Rosicrucian Enlightenment* (London: Routledge & Kegan Paul, 1972).

36. Londa Schiebinger, *The Mind Has No Sex? Woman and the Origins of Modern Science* (Cambridge, Mass.: Harvard University Press, 1989), 17-35, 47-58, 82 ff.

37. Dena Goodman, *The Republic of Letters: A Cultural History of the French Enlightenment* (Ithaca: Cornell University Press, 1995), 90-135.

38. Mario Biagioli, "Etiquette, Interdependence, and Sociability in Seventeenth-Century Science," *Critical Inquiry* 22 (1996): 193-238.

39. Steven Shapin, *A Social History of Truth: Civility and Science in Seventeenth-Century England* (Chicago: University of Chicago Press, 1994), 65-125.

40. Henri Irénée Marrou, *A History of Education in Antiquity* (Madison: University of Wisconsin Press, 1982), 64.

41. John Meskill, *Academies in Ming China: A Historical Essay* (Tucson: University of Arizona Press, 1982), x-xii. 마테오 리치의 표기(academy와 literati) 모두 현대의 역사가 들에 의해서 차용되었다.

42. John Meskill, "Academies and Politics in the Ming Dynasty," in *Chinese Government in Ming Times: Seven Studies*, ed. Charles O. Hucker (New York: Columbia University Press, 1969), 149-174; Linda A. Walton, *Academies and Society in Southern Sung China* (Honolulu: University of Hawaii Press, 1999).

43. John W. Dardess, *Blood and History in China: The Donglin Faction and Its Repression, 1620-1627* (Honolulu: University of Hawaii Press, 2002); Charles O. Hucker, "The Tung-Lin Movement of the Late Ming Period," in *Chinese Thought and Institutions*, ed. John King Fairbank (Chicago: University of Chicago Press, 1957), 132-162; Benjamin A. Elman, "Imperial Politics and Confucian Societies in Late Imperial China," *Modern China* 15, 4 (Oct. 1989): 379-418.

44. Kai-wing Chow, *Publishing, Culture, and Power in Early Modern China* (Stanford, Calif.: Stanford University Press, 2004), 233-240.

45. Jerry Dennerline, *The Chia-Ting Loyalists: Confucian Leadership and Social Change in Seventeenth-Century China* (New Haven, Conn.: Yale University Press, 1981); William S. Atwell, "From Education to Politics: The Fu She," in *The Unfolding of Neo-*

Confucianism, ed. William T. De Bary (New York: Columbia University Press, 1975), 333-368; Chow, *Publishing, Culture, and Power*.

46. Benjamin A. Elman, *On Their Own Terms: Science in China, 1550-1900* (Cambridge, Mass.: Harvard University Press, 2005).

5장

1. Adam Smith, *An Inquiry into the Nature and Causes of the Wealth of Nations*, ed. Lawrence Dickey (Indianapolis: Hackett Publishing, 1993 [1776]), 8. 의무적인 공교육에 대한 그의 회의에 대해서는 181~192페이지를 보라. 그는 비록 제한적인 의미에서이기는 하지만 기본적으로 공교육에 대한 유보를 지지했다.

2. Denis Diderot, *Political Writings*, trans. and ed. John Hope Mason and Robert Wokler (Cambridge: Cambridge University Press, 1992), 21.

3. Johann Wolfgang von Goethe, *Faust*, trans. Stuart Atkins (Princeton, N.J.: Princeton University Press, 1994), 13-14.

4. Theodore Ziolkowski, *German Romanticism and Its Institutions* (Princeton, N.J.: Princeton University Press, 1990), 228-237.

5. James van Horn Melton, *Absolutism and the Eighteenth-Century Origins of Compulsory Schooling in Prussia and Austria* (Cambridge: Cambridge University Press, 1988), 23, 41, 52-53.

6. Kuno Francke, *Further Documents Concerning Cotton Mather and August Hermann Francke* (New York: n.p. 1897), 64.

7. Wolf Oschlies, *Die Arbeits- und Berufspädagogik August Hermann Franckes* (1663-1727) (Witten: Luther-Verlag, 1969), 25-45; Franz Hofmann, ed., *August Hermann Francke: Das Humanistische Erbe des Grossen Erziehers* (Halle: Francke Komitee, 1965), 33, 36-43, 60-64; Renate Wilson, *Pious Traders in Medicine: A German Pharmaceutical Network in Eighteenth-Century North America* (University Park: Pennsylvania State University Press, 2000).

8. Bart Ehrman, *Misquoting Jesus: The Story Behind Who Changed the Bible and Why* (New York: HarperCollins, 2005), 78-88, 102-105.

9. Donald F. Lach, "The Sinophilism of Christian Wolff," *Journal of the History of Ideas* 14, 4 (Oct. 1953): 562-565.

10. Jonathan Sheehan, *The Enlightenment Bible: Translation, Scholarship, Culture* (Princeton, N.J.: Princeton University Press, 2005), 98-101.

11. Emil Rössler, *Die Gründung der Universität Göttingen* (Göttingen: Vandenhoeck & Ruprecht, 1855), 8.

12. R. Steven Turner, "University Reformers and Professional Scholarship in Germany 1760-1806," in *The University in Society*, ed. Lawrence Stone (Princeton, N.J.: Princeton University Press, 1974), vol. 2, 509.

13. *Göttingische Anzeigen von gelehrten Sachen*, 2 Sep. 1775, 897-912; 24 Mar. 1785, 449-464.

14. William Clark, *Academic Charisma*, 53-63; Luigi Marino, *Praeceptores Germaniae: Göttingen 1770-1820* (Göttingen: Vandenhoeck & Ruprecht, 1995 [1975]), 259-262. 허위 광고는 강의 카탈로그의 심각한 문제가 되었다. 교수들이 강의하지도 않는 과정을 크게 광고했기 때문이다.

15. Sheehan, *Enlightenment Bible*, 184-185.

16. David Sorkin, "Reclaiming Theology for the Enlightenment: The Case of Siegmund Jacob Baumgarten (1706-1757)," *Central European History* 36, 4 (Dec. 2003): 503-530, 511-513; Marino, *Praeceptores Germaniae*, 283-288, 292-293. 할레 대학의 신학자 S. J. 바움가르텐과 J. S. 세믈러는 '조정(accommodation)' 이론을 개발했다.

17. Sheehan, *Enlightenment Bible*, 186-211.

18. Anthony J. La Vopa, *Grace, Talent, and Merit: Poor Students, Clerical Careers, and Professional Ideology in Eighteenth-Century Germany* (Cambridge: Cambridge University Press, 1988), 209-215, 239, 307-324. 이러한 혁신들은 그 세미나의 최초의 감독관인 J. M. Gesner와 연결된다.

19. Clark, *Academic Charisma*, 159, 166-177; idem, "On the Dialectical Origins of the Research Seminar," *History of Science* 27 (1989): 111-154, 특히 132-133. 이러한 혁신들은 그 세미나의 세 번째 감독관인 C. G. Heyne와 연결된다.

20. Anthony Grafton, "Polyhistor into *Philolog*: Notes on the Transformation of German Classical Scholarship, 1780-1850," *History of Universities 3* (1983): 159-192, 특히 179-

183. 미하엘리스의 다른 제자이자 하이네 밑에서 세미나에 참석했던 J. G. Eichhorn은 볼프가 호메로스에게 적용했던 방법을 발전시켰다. Anthony Grafton, "*Prolegomena* to Friedrich August Wolf," *Journal of the Warburg and Courtauld Institutes* 44 (1981): 101-129, 특히 121-124를 보라. 어떻게 히브리어 구약의 마소라 편집자들이 알렉산드리아의 호메로스 편집자들과 비슷한 존재로서 기능했는지를 보여 준다.

21. Wilhelm von Humboldt, *Briefe an Friedrich August Wolf* (Berlin: W. de Gruyter, 1990), 52-53.

22. Wilhelm von Humboldt, *On Language* (Cambridge: Cambridge University Press, 1999), 24.

23. Brian Hatcher, "Indigent Brahmans, Industrious Pandits: Bourgeois Ideology and Sanskrit Pandits in Colonial Calcutta," *Comparative Studies of South Asia, Africa, and the Middle East* 16, 1 (1996): 15-26, 특히 18-20.

24. Sheldon Pollock, "The Theory of Practice and the Practice of Theory in Indian Intellectual History," *Journal of the American Oriental Society* 105, 3 (July-Sept. 1985): 499-519, 특히 502, 506-507, 514-516.

25. A. Berriedale Keith, *A History of Sanskrit Literature* (Oxford: Oxford University Press, 1920), 403-411; A. S. Altekar, *Education in Ancient India*, 6th ed. (Varanasi: Nand Kishore & Bros., 1965), 17-18, 147-153, 162-164; Axel Michaels, ed., *The Pandit: Traditional Scholarship in India* (New Delhi: Manohar, 2001); Jonathan Parry, "The Brahmanical Tradition and the Technology of the Intellect," in *Reason and Morality*, ed. Joanna Overing (London: Tavistock, 1985), 200-225.

26. *Mahabharata* 12.59, Pollock의 "Theory of Practice," 512에서 논의.

27. William Ward, *A View of the History, Literature, and Religion of the Hindoos: Including a Minute Description of Their Manners and Customs* (London: Black, Parbury, and Allen, 1817), vol. 1, 282.

28. Pierre-Sylvain Filliozat, *The Sanskrit Language: An Overview* (Varanasi: Indica Books, 2000), 98-99.

29. Richard Lariviere, "Justices and *Panditas:* Some Ironies in Contemporary Readings of the Hindu Legal Past," *Journal of Asian Studies* 48, 4. (Nov. 1989): 757-769, 특히 759-762.

30. J. Duncan M. Derrett, "The British as Patrons of the Sastra," in *Religion, Law, and the*

State in India (New York: Free Press, 1968), 225-273, 특히 228, 247, 265-267. Hugh B. Urban, *Tantra: Sex, Secrecy, Politics, and Power in the Study of Religion* (Berkeley: University of California Press, 2003), 63-69.

31. *Friend of India* no. 1 (1820), M. A. Laird, "The Contribution of the Serampore Missionaries to Education in Bengal," *Bulletin of the School of Oriental and African Studies* 31, 1 (1968): 93-94, 98, 107에서 인용.

32. Hatcher, "Indigent Brahmans," 18-22, *The Parlour and the Streets: Elite and Popular Culture in Nineteenth-Century Calcutta* (Calcutta: Seagull Books, 1989), 189; Brian Hatcher, *Idioms of Improvement: Vidyasagar and Cultural Encounter in Bengal* (Calcutta: Oxford University Press, 1966), 49-52, 117-137; Samita Sinha, *Pandits in a Changing Environment: Centres of Sanskrit Learning in Nineteenth Century Bengal* (Calcutta: Sarat Book House, 1993).

33. Ian F. McNeely, "The Humboldts' Marriage and the Gendering of Intellectual Space," http://hdl.handle.net/1794/1439.

34. Anna von Sydow, ed., *Wilhelm und Caroline von Humboldt in ihren Briefen* (Berlin, 1909), vol. 3, 64.

35. Mary. J. Gregor (Lincoln: University of Nebraska Press, 1992).

36. 다음 책에도 유사한 언급들이 나온다. Terry P. Pinkard, *Hegel: A Biography* (Cambridge: Cambridge University Press, 2000), 371, 456, 611-612.

37. Daniel Breazeale, ed. *Fichte: Early Philosophical Writings* (Ithaca: Cornell University Press, 1988), 19-20, 147; Ziolkowski, *German Romanticism*, 232-236, 240-246.

38. G. H. Turnbull, *The Educational Theory of J. G. Fichte* (London: University Press of Liverpool, 1926), 170-259; 특히 191, 199, 208-211, 227-229.

39. 괴팅겐의 강의 카탈로그에는 1756년에 시작된 프리바트도첸텐이 등재되어 있지만, 최초로 공공 강당을 제공한 것은 베를린이었다. 베를린은 또한 강사가 교수 자격을 위해 논문(Habilitationsschrift)을 제출해야 한다는 요건을 처음으로 내걸었다. Alexander Busch, *Die Geschichte des Privatdozenten: Eine soziologische Studie zur großbetrieblichen Entwicklung der deutschen Universitäten* (Stuttgart: Ferdinand Enke Verlag, 1959), 1, 17n45, 29.

40. Rüdiger Safranski, *Schopenhauer and the Wild Years of Philosophy* (Cambridge, Mass.:

Harvard University Press, 1990), 252.

41. Busch, *Geschichte des Privatdozenten*, 42.

42. Karl Marx, "A Contribution to the Critique of Hegel's *Philosophy of Right*," in *Early Writings*, trans. Rodney Livingstone and Gregor Benton (New York: Vintage Books, 1975), 250.

43. Busch, *Geschichte des Privatdozenten*, 21n60.

44. Joseph Ben-David and Randall Collins, "Social Factors in the Origins of a New Science: The Case of Psychology," *American Sociological Review* 31 (1966): 451-465.

45. Gert Schubring, "Kabinett-Seminar-Institut: Raum und Rahmen des forschenden Lernens," *Berichte zur Wissenschaftsgeschichte* 23 (2000): 269-285; idem, "The Rise and Decline of the Bonn Natural Sciences Seminar," *Osiris* 5, 2nd ser. (1989): 57-93.

46. Gino Benzoni, "Ranke's Favorite Source: The Venetian *Relazioni*," in *Leopold von Ranke and the Shaping of the Historical Discipline*, ed. Georg Iggers and James Powell (Syracuse, N.Y.: Syracuse University Press, 1990), 45-58.

47. Bonnie G. Smith, *The Gender of History: Men, Women, and Historical Practice* (Cambridge, Mass.: Harvard University Press, 1998), 119, 103-129에서 인용.

48. Walter Prescott Webb, "The Historical Seminar: Its Outer Shell and Its Inner Spirit," *Mississippi Valley Historical Review* 42, 1 (June 1955): 9-10, 20; Carl Diehl, *Americans and German Scholarship 1770-1870* (New Haven, Conn.: Yale University Press, 1978); Caroline Winterer, *The Culture of Classicism: Ancient Greece and Rome in American Intellectual Life, 1780-1910* (Baltimore: Johns Hopkins University Press, 2002).

49. Ernest Gellner, *Nations and Nationalism* (Ithaca, N.Y.: Cornell University Press, 1983), 34-38; Bill Readings, *The University in Ruins* (Cambridge, Mass.: Harvard University Press, 1996), 12, 54-69.

6장

1. Helena M. Pycior, "Pierre Curie and 'His Eminent Collaborator Mme. Curie': Complementary Partners," in *Creative Couples in the Sciences*, ed. Helena M. Pycior, Nancy G. Slack, and Pnina G. Abir-Am (New Brunswick, N.J.: Rutgers University Press,

1995), 48; Helena M. Pycior, "Marie Curie's 'Anti-Natural Path:' Time Only for Science and Family," in *Uneasy Careers and Intimate Lives: Women in Science, 1789-1979*, ed. Pnima Abir-Am and Dorinda Outram (New Brunswick, N.J.: Rutgers University Press, 1987), 191-214.

2. Bernadette Bensaude Vincent, "Star Scientists in a Nobelist Family: Irène and Frédéric Joliot-Curie," in *Creative Couples*, 57-71, 특히 59, 61, 64.

3. Londa Schiebinger, *The Mind Has No Sex? Women in the Origins of Modern Science* (Cambridge, Mass.: Harvard University Press, 1991), 66-101.

4. Malcolm Nicholson, "Introduction" in Alexander von Humboldt, *Personal Narrative of a Journey to the Equinoctial Regions of the New Continent* (London: Penguin, 1995), xxxviii.

5. Humboldt, *Personal Narrative*, 129-130; idem, *Views of Nature: Or Contemplations on the Sublime Phenomena of Creation*, trans. E. C. Otté and Henry G. Bohn (London: Henry G. Bohn, 1850), 2; Humboldt, *Personal Narrative*, 225.

6. Andreas Daum, "Alexander von Humboldt, die Natur als 'Kosmos' und die Suche nach Einheit: Zur Geschichte von Wissen und seiner Wirkung als Raumgeschichte," *Berichte zur Wissenschaftsgeschichte* 23 (2000): 247. 나는 여기에 기술된, 공간의 측면에서 훔볼트의 작업에 담긴 구상에 대해 이 논문에 빚을 지고 있다.

7. Susan Faye Cannon, *Science in Culture: The Early Victorian Period* (New York: Dawson and Science History Publications, 1978), 73-110.

8. Daum, "Alexander von Humboldt," 247, 250, 254.

9. Jean Pierre Poirier, *Lavoisier: Chemist, Biologist, Economist* (Philadelphia: University of Pennsylvania Press, 1996), 94-96, 390-395, 401-405.

10. Lissa Roberts, "The Death of the Sensuous Chemist: The 'New' Chemistry and the Transformation of Sensuous Technology," *Studies in History and Philosophy of Science* 26, 4 (1995): 503-529.

11. Jan Golinski, "The Chemical Revolution and the Politics of Language," *The Eighteenth Century* 33, 3 (1992): 238-251.

12. Golinski, "Chemical Revolution," 245.

13. William H. Brock, *Justus von Liebig: The Chemical Gatekeeper* (Cambridge: Cambridge

University Press, 1997), 215-249.

14. Frederic L. Holmes, "The Complementarity of Teaching and Research in Liebig's Laboratory," *Osiris* 5, 2nd ser. (1989): 121-164.

15. Brock, *Liebig*, 63.

16. Personal communication, Dr. Dietmar Linder, Liebig-Museum, Universität Gieβen, June 29, 2006.

17. A. W. von Hofmann in 1875, J. B. Morrell가 인용. "The chemist breeders: the research schools of Liebig and Thomas Thomson," *Ambix* 19 (Mar. 1972): 36.

18. R. Steven Turner, "Justus Liebig versus Prussian chemistry: Reflections on early institute-building in Germany," *Historical Studies in the Physical and Biological Sciences* 13, 1 (1982): 131, 136, 137-138.

19. Brock, *Liebig* 48-51; Alan J. Rocke, *Nationalizing Science: Adolphe Wurtz and the Battle for French Chemistry* (Cambridge, Mass.: MIT Press, 2001), 36-41, 51, 65, 84.

20. Randall Collins, *The Sociology of Philosophies: A Global Theory of Intellectual Change* (Cambridge, Mass.: Harvard University Press, 1998), 524, 533-535.

21. Bruno Latour, "Give Me a Laboratory and I Will Raise the World," in *Science Observed: Perspectives on the Social Study of Science*, ed. Karen Knorr-Cetina and Michael Mulkay (Beverly Hills: Sage, 1983): 141-170.

22. Nancy Elizabeth Gallagher, *Medicine and Power in Tunisia, 1780-1900* (Cambridge: Cambridge University Press, 1983), 7-8, 12, 24-41, 83-88, 98.

23. Kim Pelis, *Charles Nicolle: Pasteur's Imperial Missionary* (Rochester, N.Y.: University of Rochester Press, 2006), 39, 66-73, 248; Anne Marie Moulin, "Patriarchal Science: The Network of the Overseas Pasteur Institutes," in *Science and Empires: Historical Studies about Scientific Development and European Expansion*, eds. Patrick Petitjean et al. (Dordrecht: Kluwer, 1992), 307-322.

24. Gerald Geison, *The Private Science of Louis Pasteur* (Princeton, N.J.: Princeton University Press, 1995).

25. John Carson, *The Measure of Merit: Talents, Intelligence, and Inequality in the French and American Republics, 1750-1940* (Princeton, N.J.: Princeton University Press, 2007), 131-144; Theta H. Wolf, *Alfred Binet* (Chicago: University of Chicago Press, 1973), 90-

91, 153-158, 167-181, 329.

26. Leila Zenderland, *Measuring Minds: Henry Herbert Goddard and the Origins of American Intelligence Testing* (Cambridge: Cambridge University Press, 1998), 66.

27. Ibid., 50-51. 인용의 출처는 하버드의 독일인 교수인 Hugo Munsterberg.

28. Carson, *Measure of Merit*, 180-182.

29. Zenderland, *Measuring Minds*, 121-122, 131, 138-141.

30. Carson, *Measure of Merit*, 162.

31. Paul D. Chapman, *Schools as Sorters: Lewis M. Terman, Applied Psychology, and the Intelligence Testing Movement, 1890-1930* (New York: New York University Press, 1988).

32. Andrew Dawson, "Origin of Scientific Management: Why Fred Taylor? Why (Not) Philadelphia?". http://www.gre.ac.uk/~da07/6-Research/taylor.doc.

33. Thomas P. Hughes, *American Genesis: A Century of Innovation and Technological Enthusiasm* (Chicago: University of Chicago Press, 1989), 250-260.

34. Anson Rabinbach, *The Human Motor: Energy, Fatigue, and the Origins of Modernity* (New York: Basic Books, 1990), 254, 274-276.

35. Jane Lancaster, *Making Time: Lillian Moller Gilbreth--A Life Beyond "Cheaper by the Dozen"* (Boston: Northeastern University Press, 2006), 111, 119, 126.

36. Peter Liebhold, "Seeking 'The One Best Way': Frank and Lillian Gilbreth's Time-Motion Photographs 1910-1924," *Labor's Heritage* 17, 2 (1995): 61n19.

37. Richard Lindstrom, "'They All Believe They Are Undiscovered Mary Pickfords': Workers, Photography, and Scientific Management," *Technology and Culture* 41, 4 (2000): 725-751.

38. Lancaster, *Making Time*, 156.

39. Richard Gillespie, *Manufacturing Knowledge: A History of the Hawthorne Experiments* (Cambridge: Cambridge University Press, 1991), 133-163.

40. Kathryn Kish Sklar, "*Hull-House Maps and Papers:* social science as women's work in the 1890s," in *The Social Survey in Historical Perspective, 1880-1940*, eds. Martin Bulmer et al. (Cambridge: Cambridge University Press, 1991), 111-147.

41. Mary Jo Deegan, *Jane Addams and the Men of the Chicago School, 1892-1918* (New

Brunswick, N.J.: Transaction Books, 1988), 35; Rivka Shpak Lissak, *Pluralism & Progressives: Hull House and the New Immigrants, 1890-1919* (Chicago: University of Chicago Press, 1989), 특히 4-7.

42. Shannon Jackson, *Lines of Activity: Performance, Historiography, Hull-House Domesticity* (Ann Arbor: University of Michigan Press, 2001), 73-75.

43. Ellen Condliffe Lagemann, *The Politics of Knowledge: The Carnegie Corporation, Philanthropy, and Public Policy* (Middletown, Conn.: Wesleyan University Press, 1989), 67-68.

44. Robert Kohler, *Partners in Science: Foundations and Natural Scientists, 1900-1945* (Chicago: University of Chicago Press, 1991), 15-40.

45. Martin Bulmer, "The Decline of the Social Survey Movement and the Rise of American Empirical Sociology," in *Social Survey*, ed. Bulmer, 300-304.

46. John H. Stanfield, *Philanthropy and Jim Crow in American Social Science* (Westport, Conn.: Greenwood, 1985), 53-54, 120.

47. Martin Bulmer and Joan Bulmer, "Philanthropy and Social Science in the 1920s: Beardsley Ruml and the Laura Spelman Rockefeller Memorial, 1922-1929," *Minerva* 19 (1981): 347-407; Sarah E. Igo, *The Averaged American: Surveys, Citizens, and the Making of a Mass Public* (Cambridge, Mass.: Harvard University Press, 2007), 25-30.

48. Alexei B. Kojevnikov, *Stalin's Great Science: The Times and Adventures of Soviet Physicists* (London: Imperial College Press, 2004), 80-85.

49. Donald Fisher, "Rockefeller Philanthropy and the Rise of Social Anthropology," *Anthropology Today* 2, 1 (Feb. 1986): 5-8.

50. James E. Webb, *Space Age Management: The Large-Scale Approach* (New York: McGraw Hill, 1969), 6-7, 15-16, 29. Webb에 대해서는 다음을 보라. Walter A. McDougall, ⋯ *The Heavens and the Earth: A Political History of the Space Age* (New York: Basic Books, 1985), 361-388. NASA의 운용에 대해서는 다음을 보라. Stephen B. Johnson, *The Secret of Apollo: Systems Management in American and European Space Programs* (Baltimore: Johns Hopkins University Press, 2002).

51. 부시와 호손 실험과의 관계에 관해서는 다음을 보라. Gillespie, *Manufacturing Knowledge*, 42; Daniel Lee Kleinman, *Politics on the Endless Frontier: Postwar*

Research Policy in the United States (Durham, N.C.: Duke University Press, 1995), 56-58.

52. Loren R. Graham, "Big Science in the Last Years of the Big Soviet Union," *Osiris*, 2nd ser., 7 (1992): 49-71; Mark R. Beissinger, *Scientific Management, Socialist Discipline, and Soviet Power* (Cambridge, Mass.: Harvard University Press, 1988); Slava Gerovitch, *From Newspeak to Cyberspeak: A History of Soviet Cybernetics* (Cambridge, Mass.: MIT Press, 2002).

53. Paul Dickson, *Think Tanks* (New York: Atheneum, 1971); William Poundstone, *Prisoner's Dilemma* (New York: Anchor Books, 1993), 84-96; David Hounshell, "The Cold War, RAND, and the generation of knowledge, 1946-1962," *Historical Studies in the Physical Sciences* 27, 2 (1997): 237-267.

54. David Jardini, "Out of the Blue Yonder: The RAND Corporation's Diversification into Social Welfare Research, 1946-1968" (Ph.D. Dissertation, Carnegie-Mellon University, 1996), 190-232, 304-343; Jennifer S. Light, *From Warfare to Welfare: Defense Intellectuals and Urban Problems in Cold War America* (Baltimore: Johns Hopkins University Press, 2003), 37-45, 108-113.

55. M. Fortun and S. S. Schweber, "Scientists and the Legacy of World War II: The Case of Operations Research (OR)," *Social Studies of Science* 23, 4 (Nov. 1993): 612-613, 620-628; Stephen Johnson, "Three Approaches to Big Technology: Operations Research, Systems Engineering, and Project Management," *Technology and Culture* 38, 4 (Oct. 1997): 891-919; Agatha C. Hughes and Thomas P. Hughes eds., *Systems, Experts, and Computers: The Systems Approach in Management and Engineering, World War II and After* (Cambridge, Mass.: MIT Press, 2000).

결론

1. Walter M. Miller, *A Canticle for Leibowitz* (New York: HarperCollins, 2006 [1959]), 26.
2. 운명의 날 시계의 발명자이자 관리자인 「핵 관련 논문집The Bulletin of Atomic Scientists」 은 오펜하이머도 기고자로서 참여했다. 이 논문집은 지금도 여전히 출간되고 있다.
3. Katie Hafner and Matthew Lyon, *Where Wizards Stay Up Late: The Origins of the*

Internet (New York: Simon & Schuster, 1996), 54-56, 62-63.

4. Anthony Grafton and Megan Williams, *Christianity and the Transformation of the Book: Origen, Eusebius, and the Library of Caesarea* (Cambridge, Mass.: Harvard University Press, 2006).

5. Daniel Bell, *The Coming of Post-Industrial Society: A Venture in Social Forecasting* (New York: Basic Books, 1973), 212-250. 피터 드러커는 '지식 노동자' 와 '지식 사회' 에 대한 초기의 주요한 이론가들 중 하나였다.

6. Clark Kerr, *The Uses of the University*, 4th ed. (Cambridge, Mass.: Harvard University Press, 1995 [1963]), 6, 15.

7. Steven Lubar, " 'Do Not Fold, Spindle or Mutilate' : A Cultural History of the Punch Card," *Journal of American Culture* 15, 4 (Winter 1992): 43-55; C. Michael Otten, *University Authority and the Student: The Berkeley Experience* (Berkeley: University of California Press, 1970), 159-188.

8. Nicholas Lemann, *The Big Test: The Secret History of the American Meritocracy* (New York: Farrar, Straus and Giroux, 1999), 5-9, 27-29, 39-56; 121, 125-140, 166-173.

9. Louis Menand, "College: The End of the Golden Age," *New York Review of Books* 48, 16 (October 18, 2001): 44-47; John Hardin Best, "The Revolution of Markets and Management: Toward a History of American Higher Education since 1945," *History of Education Quarterly* 28, 2 (Summer 1988): 177-189, 특히 185-186; Roger Geiger, "The College Curriculum and the Marketplace: What Place for Disciplines in the Trend toward Vocationalism?" *Change* 12, 8 (Nov.-Dec. 1980): 16-23, 53-54.

10. Russell Jacoby, *The Last Intellectuals: American Culture in the Age of Academe* (New York: Basic Books, 1987), 140-190. 이 현상에 대해서는 그에 반대하는 수많은 푸념들을 통해 가장 잘 살펴볼 수 있다. Allan Bloom, *The Closing of the American Mind* (New York: Simon and Schuster, 1987); E. D. Hirsch, *Cultural Literacy: What Every American Needs to Know* (Boston: Houghton Mifflin, 1987); Roger Kimball, *Tenured Radicals: How Politics Has Corrupted Higher Education* (New York: Harper & Row, 1990); Dinesh D' Souza, *Illiberal Education: The Politics of Race and Sex on Campus* (New York: Free Press, 1991).

11. Ellen Condliffe Lagemann, *An Elusive Science: The Troubling History of Education*

Research (Chicago: University of Chicago Press, 2000), 특히 165-183.

12. Daniel Lee Kleinman, *Politics on the Endless Frontier: Postwar Research Policy in the United States* (Durham, N.C.: Duke University Press, 1995).

13. Rebecca S. Lowen, *Creating the Cold War University: The Transformation of Stanford* (Berkeley: Univesity of California Press, 1997); AnnaLee Saxenian, *Regional Advantage: Culture and Competition in Silicon Valley and Route 128* (Cambridge, Mass.: Harvard University Press, 1994), 14-15, 20-25.

14. Margaret Pugh O'Mara, *Cities of Knowledge: Cold War Science and the Search for the Next Silicon Valley* (Princeton, N.J.: Princeton University Press, 2005); Roger Geiger, *Knowledge and Money: Research Universities and the Paradox of the Marketplace* (Stanford, Calif.: Stanford University Press, 2004).

15. 2007년 기준으로, 하버드 대학은 2,497명의 비非의과 대학 교직원과 10,674명의 의과 대학 교직원을 보고했다. 2007년 8월 18일 자 http://www.news.harvard.edu/glance 참고. 하버드 대학 의과 대학은 케임브리지 주 캠퍼스에서 몇 마일 떨어진 보스턴에 위치해 있다.

16. Sheila Slaughter and Larry L. Leslie, *Academic Capitalism: Politics, Policies, and the Entrepreneurial University* (Baltimore: Johns Hopkins University Press, 1997); Sheila Slaughter and Gary Rhoades, *Academic Capitalism and the New Economy* (Baltimore: Johns Hopkins University Press, 2004).

17. Daniel Lee Kleinman and Steven P. Vallas, "Science, capitalism, and the rise of the 'knowledge worker': The changing structure of knowledge production in the United States," *Theory and Society* 30 (2001): 451-492.

18. Christopher D. McKenna, *The World's Newest Profession: Management Consulting in the Twentieth Century* (Cambridge: Cambridge University Press, 2006); Lowell L. Bryan and Claudia I. Joyce, *Mobilizing Minds: Creating Wealth from Talent in the 21st-Century Organization* (New York: McGraw Hill, 2007).

19. Vannevar Bush, "As We May Think," *Atlantic Monthly* 176, 1 (July 1945): 101-108.

20. Jennifer S. Light, "When Computers Were Women," *Technology and Culture* 40, 3 (1999): 455-483.

21. Jay Hauben, "Vannevar Bush and J.C.R. Licklider: Libraries of the Future, 1945-1956,"

http://www.ais.org/~jrh/acn/acn15-2.articles/jhauben.pdf.

22. Paul N. Edwards, *The Closed World: Computers and the Politics of Discourse in Cold War America* (Cambridge, Mass.: MIT Press, 1997).

23. Norbert Wiener, *The Human Use of Human Beings: Cybernetics and Society* (Cambridge, Mass.: DaCapo Press, 1988 [1954]). 부시-위너 관계에 대해서는 다음을 보라. Howard Rheingold, *Tools for Thought: The People and Ideas Behind the Next Computer Revolution* (New York: Simon & Schuster, 1985), 101-103.

24. Licklider, "Man-Computer Symbiosis" in *In Memoriam: J.C.R. Licklider, 1915-1990*, ed. Robert W. Taylor (Palo Alto: Digital Systems Research Center, 1990).

25. Fred Turner, *From Counterculture to Cyberculture: Stewart Brand, the Whole Earth Network, and the Rise of Digital Utopianism* (Chicago: University of Chicago Press, 2006), 1-28, 54, 71-78, 91, 104-118, 136, 141-153.

26. Alfred D. Chandler Jr. and James W. Cortada, eds., *A Nation Transformed by Information: How Information Has Shaped the United States from Colonial Times to the Present* (Oxford: Oxford University Press, 2000).

27. Vinton Cerf, "How the Internet Came to Be," in *The Online User's Encyclopedia: Bulletin Boards and Beyond*, ed. Bernard Aboba (Reading, Mass.: Addison-Wesley, 1993), chap. 33. 더 비판적인 시각에 대해서는 다음을 보라. Rajiv C. Shah and Jay P. Kesan, "The Privatization of the Internet's Backbone Network," *Journal of Broadcasting and Electronic Media* (Mar. 2007): 93-109.

28. http://en.wikipedia.org/wiki/Wikipedia.

29. http://www.google.com/technology.

30. James Suroweicki, *The Wisdom of Crowds: Why the Many are Smarter than the Few and How Collective Wisdom Shapes Business, Economies, Societies, and Nations* (New York: Doubleday, 2004).

31. Robert W. Hefner and Muhammad Qasim Zaman, eds., *Schooling Islam: Modern Muslim Education* (Princeton, N.J.: Princeton University Press, 2007).

32. Timothy B. Weston, *The Power of Position: Beijing University, Intellectuals, and Chinese Political Culture, 1898-1929* (Berkeley: University of California Press, 2004).

33. Joseph S. Alter, *Yoga in Modern India: The Body Between Science and Philosophy*

(Princeton, N.J.: Princeton University Press, 2004), 73-108.

34. Richard Florida, *The Flight of the Creative Class: The New Global Competition for Talent* (New York: HarperCollins, 2005), 107-108; Saxenian, "Silicon Valley's New Immigrant High-Growth Entrepreneurs," *Economic Development Quarterly* 16, 1 (2002): 20-31, 특히 24-25.

35. 플로리다는 『창조적 계급의 비행Flight of the Creative Class』에서 인도와 중국보다는 유럽, 뉴질랜드, 호주가 지식 작업의 세계화의 첫 번째 수혜자가 될 가능성이 높다고 주장한다.

36. 이 논쟁에 대해서는 다음을 보라. Andrew Keen, *The Cult of the Amateur: How Today's Internet is Killing out Culture* (New York: Doubleday, 2007).

37. Lily Kay, *Who Wrote the Book of Life? A History of the Genetic Code* (Stanford, Calif.: Stanford University Press, 2000), 1.

38. Philip Mirowski, *Machine Dreams: Economics Becomes a Cyborg Science* (Cambridge: Cambridge University Press, 2002); Thomas Bender and Carl E. Schorske, *American Academic Culture in Transformation: Fifty Years, Four Disciplines* (Princeton, N.J.: Princeton University Press, 1997).

찾아보기

지식의 재탄생

초판 인쇄 | 2009년 8월 17일
초판 발행 | 2009년 8월 27일

지은이 | 이언 F. 맥닐리, 리사 울버턴
옮긴이 | 채세진
펴낸이 | 심만수
펴낸곳 | (주)살림출판사
출판등록 | 1989년 11월 1일 제9-210호

주소 | 413-756 경기도 파주시 교하읍 문발리 파주출판도시 522-2
전화 | 031)955-1350   기획·편집 | 031)955-4667
팩스 | 031)955-1355
이메일 | book@sallimbooks.com
홈페이지 | http://www.sallimbooks.com

ISBN 978-89-522-1240-5 03900

책임편집·교정 : 강훈

값 13,000원